西北民族大学经济学院文库

进出口报关实务
JINCHUKOU BAOGUAN SHIWU

贺彩银 编

中国社会科学出版社

图书在版编目（CIP）数据

进出口报关实务 / 贺彩银编 . —北京：中国社会科学出版社，2015.7

ISBN 978 - 7 - 5161 - 6477 - 8

Ⅰ.①进… Ⅱ.①贺… Ⅲ.①进出口贸易—海关手续—中国 Ⅳ.①F752.5

中国版本图书馆 CIP 数据核字（2015）第 152599 号

出 版 人	赵剑英
责任编辑	孔继萍
责任校对	李　楠
责任印制	何　艳

出　　版	中国社会科学出版社
社　　址	北京鼓楼西大街甲 158 号
邮　　编	100720
网　　址	http://www.csspw.cn
发 行 部	010 - 84083685
门 市 部	010 - 84029450
经　　销	新华书店及其他书店

印刷装订	北京市兴怀印刷厂
版　　次	2015 年 7 月第 1 版
印　　次	2015 年 7 月第 1 次印刷

开　　本	710×1000　1/16
印　　张	16.25
插　　页	2
字　　数	267 千字
定　　价	62.00 元

凡购买中国社会科学出版社图书，如有质量问题请与本社营销中心联系调换
电话：010 - 84083683
版权所有　侵权必究

"西北民族大学经济学院文库"编委会名单

孙光慧　陈永奎　马海涯　李长亮
杜才桢　羌　洲　李　鹏　刘　笠
张建深　王　超

总　序

西北民族大学经济学院已进入"而立之年",三十年来学院经历了一系列变革并逐步发展壮大,老、中、青三代教师在教学和科研中经历了许多艰辛的探索和努力,初步形成了具有自身特色的人才培养模式和科研重点及方向。近年来,学院积极探索应用型人才的培养方式、方法,教育教学研究不断深入,教学水平日益提高。同时,始终坚持以科研促进教学、围绕教学开展科研的教学科研协调发展之路,科研水平得到不断提升,科研成果丰硕。"西北民族大学经济学院文库"就是学院教师部分教学和科研成果的集中体现。该文库由两部分文集组成:一是案例教学系列教材;二是研究西部民族地区经济问题的学术专著。

培养高素质的人才,除了在教学内容、教学手段和教学方法上创新外,应用型人才的培养最有效的途径之一就是分析和研究在实际经济活动中所发生的具体事例和案例,由此不但可以取得经验教训,还可以理论联系实际,培养学生分析和解决问题的能力,深刻领会和把握有关的经济理论、方法和法规、惯例。本文库中的案例教学系列教材,是学院教师们多年教学的总结,也是教学改革的重要成果。案例教学系列教材具有内容新、针对性强、涉及面广等特点。在内容上,汇编了国内国外国际经济、金融、国际贸易领域的最新案例,并对其背景、原因及经验教训作了较为深刻的分析;案例的选取和编排,均是针对学生在专业学习过程中的重点和难点,便于自学;案例教学系列教材涉及学院经济学、国际经济与贸易、金融学和保险学专业实践性较强的各类课程。

"立足西北、服务民族"是西北民族大学的办学宗旨,经济学院始终秉承学校的这一办学宗旨,并将其具体落实在学院人才培养、科学研究和社会服务之中。在三十年的发展中,学院教师始终按照学科专业建设的要求,紧紧围绕西部少数民族经济发展中的重大理论问题和现实问题积极开展经济及相关问题的研究,完成了多项国家社科基金项目、省部级课题,承接了许多相关行业、企业和政府部门的委托研究课题,发表了一系列高质量的学术论文,出版了多种学术专著,一大批科研成果获得科研奖励。本文库中的学术专著,是学院教师近年来在区域经济、贸易经济、金融保险和制度经济等领域陆续开展科研所取得的学术成果,也反映了学院通过科研不断深化教学内容的探索之路。这些学术专著的特点是关注区域性、现实性问题,突出理论和实际的结合,为相关学科发展和实践问题的解决提供科学依据和意见建议。

理想和现实总是有很大的差距。"西北民族大学经济学院文库"出版的初衷是给读者提供一批高水平的案例教学教材和学术著作,但是呈现在读者面前的实际成果却存在着学术功力不足、学术视野狭窄等诸多缺点,万望学术同人包涵和指正,使我们在未来的教学和科研中不断努力提升自己的学术水平。

西北民族大学经济学院

院长　孙光慧

前　言

在各国经济日趋开放和竞争的当代，国际贸易已成为经济发展的重要引擎。依据古典和新古典贸易理论，各国实施自由贸易将会使其福利得到极大提升。然而，基于规范对外贸易活动、保护国内市场、促进产业升级、提振竞争力的现实需要，各国都或多或少地实施着对外贸易的政策干预和调整，政府通过对外贸易法案和规章授权本国海关对进出口贸易进行有序监督和管理。在此背景下，通晓海关报关业务流程、掌握海关报关相关知识，对于国际贸易专门人才来说，意义重大。

本书紧密联系我国对外贸易和报关业务的现实发展状况，结合我国最新发布的报关业务法律法规和操作规范，系统阐述目前我国与报关活动有关的对外贸易和海关管理的系列制度及措施等报关专业知识的同时，具体深入地分析了报关程序、进出口商品归类以及报关单填制等报关的基本操作技能。

本书分为四部分，主要内容归纳如下：

第一部分是报关活动基本概念的辨析。主要包括报关与通关、报关单位与海关，这部分内容在第一章"报关与报关单位概述"和第二章"通关与海关管理"中介绍。《中华人民共和国海关法》的修订和新的报关水平测试考试正式启动，这些最新的概念和内容将在这部分中阐述。

第二部分介绍我国的对外贸易管制制度。为维护对外贸易秩序，促进对外经济贸易和科技文化交往，我国实施对外贸易管制制度。对外贸易管制制度的构成与支撑制度的法律体系是密不可分的，其中包括法律、行政法规、部门规章和国际条约或协定。由于管制制度所涉及的内容是不断发展和扩充的,特别是 2013 年以来报关相关法律法规修改变化较多,本部分写作过程中,依据或引述最新的法律法规介绍对外贸易管制制度及其法律体系、对外贸易经营者管理制度、进出口许可证制度、出入境检验检疫制度、进出口货物外汇管理制度、贸易救济制度。

第三部分介绍海关监管货物的报关。根据货物进出境的不同目的,海关监管货物分为五类,分别在第四章"海关监管货物及一般进出口货物报关程序"、第五章"保税加工与保税物流货物的报关管理"、第六章"暂时进出境货物报关程序"中进行介绍。这一部分的内容编排采取总分式,第四章总述各种海关监管货物的概念、特征和报关的基本流程区别,第四章第二节至第六章分别介绍多种监管货物的具体报关监管。

第四部分是报关技能训练环节。主要包括第七章"商品归类"和第八章"进出口货物报关单的填制"。这部分写作重点突出实践,增加了区别于以往教材的内容,其中包括我国进出口商品归类的基本操作流程和报关过程中所使用的各种单据。第四部分将理论知识和实务操作相结合,能够进一步加深学生对书中内容的理解和把握,并达到对学生实践能力提升的最终目的。

本书在内容编写上采用了"引导案例—学习目标—章节正文—知识链接—练习题"的模式,更易于学生理解、掌握和应用相关知识点,达到学以致用的目的。

本书内容具有如下特点:

1. 内容新颖

本书将海关报关实务的基本知识与我国最新颁布的报关业务法律、法规和操作规范相结合,力求做到跟进知识前沿。在编写上,本书以报关流程为主线安排内容,重点章节采用逻辑框图对知识点加以总结,便于学生识记掌握。

2. 案例充分

本书每章都以案例导入开篇。在案例中提出问题,引导每章核心内容的展开。同时,章中各节也穿插时效性很强的新闻案例,旨在帮助学生将知识转化为技能,增强业务办理能力,使之胜任报关工作。

3. 实践性强

本书每章末配有课后习题及答案,便于学生自学。重点章节增加章节实训，作为报关实践教学内容。本书文末附有丰富的单据样例，可供学生参阅。通过习题、实训内容及单据样例的学习，增强学生解决报关实际问题的能力。

本书在写作和出版过程中得到了西北民族大学相关部门的大力支持，特别是经济学院孙光慧教授、那颖教授及其他同事的鼓励与帮助，在此一并表示衷心感谢。

本书在编写过程中参考了大量国内外相关著作、教材及文献资料，国家最新颁布的相关法律法规，同时还借鉴和吸收了大量网络新闻报道及案例，在参考文献中已有列出，但挂一漏万在所难免，在此向原作者表示诚挚的谢意。

由于作者水平有限，教材中难免存在疏漏和错误，恳请同行专家、学者及读者朋友批评指正并提出宝贵意见。

目　录

第一章　报关与报关单位概述 ……………………………………… (1)
　　第一节　报关概述 …………………………………………………… (2)
　　第二节　报关单位 …………………………………………………… (14)
　　本章小节 ……………………………………………………………… (26)

第二章　通关与海关管理 ……………………………………………… (29)
　　第一节　海关概述 …………………………………………………… (30)
　　第二节　海关的权力 ………………………………………………… (42)
　　第三节　通关与海关 ………………………………………………… (49)
　　本章小节 ……………………………………………………………… (53)

第三章　对外贸易管制概述 …………………………………………… (56)
　　第一节　对外贸易管制制度及其法律体系 ………………………… (57)
　　第二节　对外贸易经营者管理制度 ………………………………… (63)
　　第三节　进出口许可证制度 ………………………………………… (65)
　　第四节　出入境检验检疫制度 ……………………………………… (76)
　　第五节　进出口货物外汇管理制度 ………………………………… (81)
　　第六节　贸易救济制度 ……………………………………………… (87)
　　本章小节 ……………………………………………………………… (101)

第四章　海关监管货物及一般进出口货物报关程序 ………………… (104)
　　第一节　海关监管货物概述 ………………………………………… (104)

第二节　一般进出口货物报关程序 ……………………………（108）
　　本章小节 ……………………………………………………………（121）

第五章　保税加工与保税物流货物的报关管理 …………………（125）
　　第一节　保税加工货物报关管理 …………………………………（126）
　　第二节　保税物流货物报关程序 …………………………………（142）
　　本章小节 ……………………………………………………………（153）

第六章　暂时进出境货物报关程序 …………………………………（156）
　　第一节　暂时进出境货物概述 ……………………………………（157）
　　第二节　暂时进出境货物报关程序 ………………………………（160）
　　本章小节 ……………………………………………………………（173）

第七章　商品归类 ……………………………………………………（177）
　　第一节　《商品名称及编码协调制度》概述 ……………………（178）
　　第二节　《商品名称及编码协调制度》归类总规则 ……………（181）
　　第三节　我国海关进出口货物商品分类目录 ……………………（188）
　　第四节　我国进出口商品归类的基本操作流程 …………………（191）
　　本章小节 ……………………………………………………………（199）

第八章　进出口货物报关单的填制 …………………………………（202）
　　第一节　进出口货物报关单概述 …………………………………（202）
　　第二节　进出口货物报关单表头各栏目的填报 …………………（206）
　　第三节　进出口货物报关单表体主要栏目的填报 ………………（227）
　　本章小节 ……………………………………………………………（235）

课后题答案 ……………………………………………………………（238）

参考文献 ………………………………………………………………（241）

第一章

报关与报关单位概述

引导案例

进出口货物申报不实,报关企业是否应承担法律责任

2005年6月15日,华讯电子设备有限责任公司(以下简称华讯公司)委托新远国际运输代理有限公司(以下简称新远公司)以一般贸易方式向某海关申报进口缝合机3台,申报价格每台15.4万美元。某海关经查验发现,当事人实际进口缝合机6台,少报多进3台,涉嫌漏缴税款人民币47.7万元。某海关对此立案调查,并查明如下事实:2005年6月13日,华讯公司在收到外商寄来的6台缝合机发票、装箱单和通过互联网发送的3台缝合机发票的电子邮件后,委托新远公司以一般贸易方式办理报关事宜。华讯公司业务员在向新远公司移交报关单据时未仔细核对,只将3台缝合机发票的电子邮件、6台缝合机的装箱单及到货通知提供给报关企业驻厂客服人员;而新远公司驻厂客服人员认为报关时不需要装箱单,只将收到的3台缝合机的发票及到货通知传真给该公司报关员。新远公司报关员收到上述发票和到货通知后,向货运公司调取了6台缝合机的随货发票和记录缝合机编号、发票号码和运单后,也未认真核对从货运公司调取单证与华讯公司提供资料有关内容是否一致,便直接以3台缝合机的数量向某海关办理申报进口手续,致使申报内容不符合进口货物的实际情况。

根据案件调查所掌握的证据情况,某海关认为,本案进口货物收货人华讯公司并无以伪报、瞒报方式逃避海关监管、偷逃应缴税款的主观故意,涉案缝合机进口数量申报不实(少报多进)是由于该公司业务员及新远公司报关员未认真核查有关单证、工作疏忽所致。根据《海关法》和《海关行政处罚实施条例》的有关规定，华讯公司以及受华讯公司委托从事涉案货物报关业务的新远公司应承担相应的法律责任。2005年7月22日，某海关根据《海关行政处罚实施条例》的规定，对华讯公司做出处罚款人民币20万元的行政处罚决定；另根据《海关行政处罚实施条例》第十七条的规定，对报关企业新远公司罚款人民币8万元，并暂停该公司15天报关业务。

（资料来源：刘浩宇：《进出口货物申报不实　报关企业是否应承担法律责任》）

学习目标

1. 掌握报关的含义。
2. 熟知进出境运输工具、货物和物品的基本通关规则。
3. 熟悉海关对报关单位的管理。

第一节　报关概述

一　报关的含义

报关是指进出口货物收发货人、进出境运输工具负责人、进出境物品的所有人或者他们的代理人向海关办理货物、物品或运输工具进出境手续及相关海关事务的过程。报检、报验先于报关手续办理。

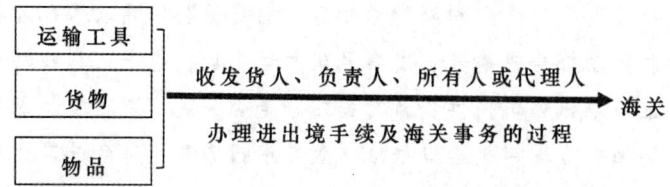

图1-1　报关定义

报关定义分析：设关地进出境并办理海关手续是运输工具、货物、物品进出境的基本规则。国际贸易、国际交流和交往活动往往是通过运输工具、货物、物品和人员的进出境来实现的。《中华人民共和国海关法》规定："进出境运输工具、货物、物品，必须通过设立海关的地点进境或者出境。在特殊情况下，需要经过未设立海关的地点临时进境或者出境的，必须经国务院或者国务院授权的机关批准，并依照本法规定办理海关手续。"因此，由设立海关的地点进出境并办理规定的海关手续是运输工具、货物、物品进出境的基本规则，也是进出境运输工具负责人、进出口货物收发货人、进出境物品的所有人应履行的一项基本义务。

报关、通关和清关概念含义不同。报关是从海关管理相对人的角度出发，仅指向海关办理进出境手续及相关手续。通关比报关的范围大，不仅包括海关管理相对人向海关办理有关手续，还包括海关对进出口货物、进出境运输工具、进出境物品进行监督管理，核准其进出境的管理过程。清关是指一票进出境货物全部办结了报检、报关手续，检验检疫机构及海关均已经给予放行，该票货物当事人可以凭海关已加盖放行章的"装货单"、"提货单"或相关"场站单"办理该票货物的出口装运或进口提货。

知识链接

关境与国境

关境和国境都是一个立体的概念。关境（Custom Territory）指适用于同一海关法或实行同一海关制度的领域。国境则指一个主权国家的领土范围界线，包括其领域内的领水、领陆、领空。在一般情况下，国境的范围与关境的领域是一致的，货物进出国境也就是进出关境。但在有些情况下，二者又不一致。如结成关税同盟的成员国之间，货物进出各成员国国境不征关税。因此对于每个成员国来说，其国境小于关境，如欧盟。若在国内设保税区、报税仓库、自由港、自由贸易区等特定区域，进出特定区域的货物都是免税的，则该国的国境大于关境。我国的国境大于关境，我国单独关境有香港、澳门和台、澎、金、马单独关税区。

二 报关的分类

（一）按照报关对象

按照报关监管的对象不同，可以分为进出境运输工具、进出境货物和进出境物品报关（见图1-2）。进出境运输工具作为货物、人员及其携带物品的进出境载体，其报关主要是向海关直接交验随附的、符合国际商业运输惯例、能反映运输工具进出境合法性及其所承运货物、物品情况的合法证件、清单和其他运输单证。进出境货物报关按照海关监管货物类别不同，具有不同的报关程序，比较复杂，本书的后续章节将重点讲述。进出境物品是指进出境人员随身携带、托运、邮递、速递的物品，因为进出境物品不具有贸易性质，因此其报关采取自用与合理数量为限原则。行李物品自用，是指进出境旅客本人自用、馈赠亲友而非营利；合理数量，是指海关根据进出境旅客旅行目的和居留时间所规定的正常使用数量。邮递物品合理数量，是指海关对进出境邮递物品规定的征、免税限制。

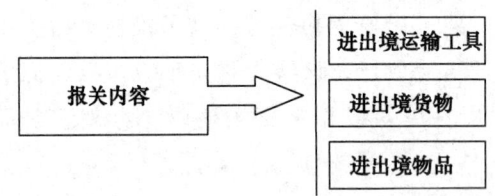

图1-2 报关分类（按内容）

（二）按照报关目的

按照报关目的不同，分为进口报关、出口报关和转关报关（见图1-3）。由于海关对运输工具、货物、物品的进出境有不同的管理要求，运输工具、货物、物品根据进境或出境的目的分别形成了一套进境报关和出境报关手续。另外，由于运输或其他方面的需要，有些海关监管货物需要办理从一个设关地点至另一个设关地点的海关手续，在实践中产生了"转关"的需要，转关货物也需办理相关的报关手续。

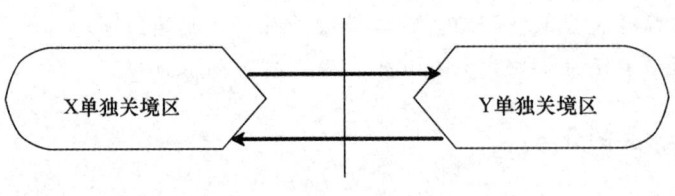

图1-3 按照报关目的分类

（三）按报关实施者

报关是一项专业性较强的工作，进出境运输工具、货物、物品的所有人由于各种原因不能或不愿自理报关的，可以委托代理人代为办理报关手续。而我国对进出境物品的代理报关人没有特殊要求，但进出境货物的代理报关人则必须是在海关注册登记的报关企业。我国《海关法》规定："进出口货物，除另有规定的外，可以由进出口货物收发货人自行办理报关纳税手续，也可以由进出口货物收发货人委托海关准予注册的报关企业办理报关纳税手续。"根据这一规定，进出口货物的报关又可分为自理报关和代理报关两类。

1. 自理报关

进出口货物收发货人自行办理报关手续为自理报关。需要注意，进出口货物收发货人只能为本企业办理报关业务，不能为他人办理报关业务。

2. 代理报关

代理报关是指报关企业接受进出口货物收发货人的委托代理其办理报关手续的行为。这里报关企业是指有权接受他人委托办理报关纳税手续的企业。报关企业从事代理报关业务必须依法取得报关企业注册登记许可，并向海关注册登记。报关企业可以采用两种不同的形式代理报关。直接代理报关与间接代理报关的区别如表 1-1 所示。（1）直接代理报关是指报关企业接受委托人的委托，以委托人的名义办理报关手续的行为。代理人的代理权限的取得、形式和效力是基于委托人的委托授权，因此报关企业必须得到代理人的明确授权，才能行使报关代理权。同时代理人代理行为的法律后果直接作用于被代理人。（2）间接代理报关是指报关企业接受委托人的委托以报关企业的名义向海关办理报关纳税手续的行为。海关视同报关企业自己报关，其法律后果直接作用于报关企业。

表 1-1　　　　　直接代理报关与间接代理报关的区别

代理方式	行为属性	法律责任
直接代理报关	以委托人名义	①法律后果直接作用于被代理人 ②报关企业应承担相应的法律责任

续表

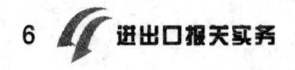

代理方式	行为属性	法律责任
间接代理报关	以自身名义，视同为自己报关	①法律后果直接作用于代理人 ②报关企业承担收发货人报关的法律责任

（四）按进出口货物报关形式

按进出口货物报关形式不同，可分为纸质报关单报关和电子报关单报关。《海关法》第二十五条规定："办理进出口货物的海关申报手续，应当采用纸质报关单和电子数据报关单的形式。"电子数据报关单和纸质报关单均具有法律效力。纸质报关单报关形式是指进出口货物的收发货人、受委托的报关企业，按照海关的规定填制纸质报关单，备齐随附单证，向海关当面递交的申报方式。电子数据报关单报关是指进出口货物的收发货人、受委托的报关企业通过计算机系统按照《中华人民共和国海关进出口货物报关单填制规范》的要求向海关传送报关单电子数据并且备齐随附单证，同时根据海关计算机系统反馈的审核及处理结果办理海关手续的过程。

报关申报日期是指申报数据被海关接受的日期。不论以电子数据报关单方式申报或者以纸质报关单方式申报，海关以接受申报数据的日期为接受申报的日期。以电子数据报关单方式申报的，申报日期为海关计算机系统接受申报数据时记录的日期，该日期将反馈给原数据发送单位，或者公布于海关业务现场，或者通过公共信息系统发布。电子数据报关单经过海关计算机检查被退回的，视为海关不接受申报，进出口货物收发货人、受委托的报关企业应当按照要求修改后重新申报，申报日期为海关接受重新申报的日期。海关已接受申报的报关单电子数据，人工审核确认需要退回修改的，进出口货物收发货人、受委托的报关企业应当在10日内完成修改并且重新发送报关单电子数据，申报日期仍为海关接受原报关单电子数据的日期；超过10日的，原报关单无效，进出口货物收发货人、受委托的报关企业应当另行向海关申报，申报日期为海关再次接受申报的日期。以纸质报关单方式申报的，申报日期为海关接受纸质报关单并且对报关单进行登记处理的日期。

三　报关时间

（一）进出境运输工具的报关时间

海关对进出境运输工具的监管范围不同，报关的时间不同。依据《海关法》可知，进出境运输工具的监管范围是船舶、车辆、航空器和其他运输工具。《海关法》第十四条规定："进出境运输工具到达或者驶离设立海关的地点时，运输工具负责人应当向海关如实申报，交验单证，并接受海关监管和检查。停留在设立海关的地点的进出境运输工具，未经海关同意，不得擅自驶离。进出境运输工具从一个设立海关的地点驶往另一个设立海关的地点的，应当符合海关监管要求，办理海关手续，未办结海关手续的，不得改驶境外。"

（二）进出境物品的报关时间

进出境物品包括行李物品、邮递物品、跨境贸易电子商务进出境物品。行李物品的报关时间是个人携带进出境时进行报关。进出境邮递物品运抵海关监管现场后由邮递经营企业向海关提交《中华人民共和国海关进出境快件个人物品申报单》、每一进出境快件的分运单、进境快件收件人或出境快件发件人身份证件影印件和海关需要的其他单证。跨境贸易电子商务进出境物品，应由本人或其代理人如实填制《中华人民共和国海关跨境贸易电子商务进出境物品申报清单》[①]，逐票办理物品通关手续。

（三）进出境货物的报关时间

依据《中华人民共和国海关进出口货物申报管理规定》和海关总署公告2014年第56号（《关于跨境贸易电子商务进出境货物、物品有关监管事宜的公告》）的相关规定，进出境货物报关形式分为一般报关和特殊报关，其中特殊报关主要指的是提前报关、集中报关、定期报关和清单核放、汇总申报。

1. 一般报关

进口货物的收货人、受委托的报关企业应当自运输工具申报进境之日起14日内向海关申报。进口转关运输货物的收货人、受委托的报关企业应当自运输工具申报进境之日起14日内，向进境地海关办理转关运输手

[①] 《货物清单》、《物品清单》与《进出口货物报关单》等具有同等法律效力。

续，有关货物应当自运抵指运地之日起14日内向指运地海关申报。出口货物发货人、受委托的报关企业应当在货物运抵海关监管区后、装货的24小时以前向海关申报。超过规定时限未向海关申报的，海关按照《中华人民共和国海关征收进口货物滞报金办法》征收滞报金。

2. 提前报关

"提前"是指为缩短进出口货物通关时间，便捷通关企业可在进口货物运运后抵港前、出口货物运入海关监管场所前3天内。报关前提是在能够确定其进出口货物的品名、规格、数量的条件下，提前向海关办理报关手续并递交有关单证，货物运抵后由海关监管现场直接验放。为减少海关审单作业中确定商品归类、审定完税价格或认定原产国别的工作时间，便捷通关企业还可按海关有关规定向海关申请在货物正式报关前预先确定商品归类、完税价格或原产地。

3. 集中报关

特殊情况下，经海关批准，进出口货物的收发货人、受委托的报关企业，可以自装载货物的运输工具申报进境之日起1个月内向指定海关办理集中申报手续。集中申报采用向海关进行电子数据报关单申报的方式。集中申报的进出口货物税率、汇率的适用，按照《关税条例》的有关规定办理。

集中申报企业应当向海关提供有效担保，并且在每次货物进、出口时，按照要求向海关报告货物的进出口日期、运输工具名称、提（运）单号、税号、品名、规格型号、价格、原产地、数量、重量、收（发）货单位等海关监管所必需的信息，海关可以准许先予查验和提取货物。集中申报企业提取货物后，应当自装载货物的运输工具申报进境之日起1个月内向海关办理集中申报及征税、放行等海关手续。超过规定期限未向海关申报的，按照《中华人民共和国海关征收进口货物滞报金办法》征收滞报金。

4. 定期报关

经电缆、管道、输送带或者其他特殊运输方式输送进出口的货物，经海关同意，可以定期向指定海关申报。

5. 清单核放、汇总申报

电子商务企业或其代理人应在运载电子商务进境货物的运输工具申报

进境之日起 14 日内，电子商务出境货物运抵海关监管场所后、装货 24 小时前，按照已向海关发送的订单、支付、物流等信息，如实填制《货物清单》，逐票办理货物通关手续。电子商务企业或其代理人应于每月 10 日前（当月 10 日是法定节假日或者法定休息日的，顺延至其后的第一个工作日，第 12 月的清单汇总应于当月最后一个工作日前完成），将上月结关的《货物清单》依据清单表头同一经营单位、同一运输方式、同一起运国/运抵国、同一进出境口岸，以及清单表体同一 10 位海关商品编码、同一申报计量单位、同一法定计量单位、同一币制规则进行归并，按照进、出境分别汇总形成《进出口货物报关单》向海关申报。电子商务企业或其代理人未能按规定将《货物清单》汇总形成《进出口货物报关单》向海关申报的，海关将不再接受相关企业以"清单核放、汇总申报"方式办理电子商务进出境货物报关手续，直至其完成相应汇总申报工作。

四 报关的基本内容

由于进出境运输工具、进出境物品、进出境货物的性质不同，海关对其监管要求也不一样。三者的报关形式、报关程序和报关要求也有所区别。

（一）进出境运输工具报关的基本内容

国际贸易的交货任务、国际间人员往来及携带物品进出境，除经其他特殊运输方式外，都要通过各种运输工具的国际运输来实现。根据《海关法》的规定，所有进出我国关境的运输工具必须经由设有海关的港口、空港、车站、国界通道、国际邮件交换局（站）及其他可办理海关业务的场所申报进出境。进出境申报是运输工具报关的主要内容。根据海关监管的要求，进出境运输工具负责人或其代理人在运输工具进入或驶离我国关境时，均应如实向海关申报运输工具所载旅客人数、进出口货物数量、装卸时间等基本情况。根据海关监管的不同要求，不同种类的运输工具报关时所需递交的单证及所要申明的具体内容也不尽相同。总的来说，运输工具进出境报关时须向海关申明的主要内容有：运输工具进出境的时间、航次；运输工具进出境时所载运货物情况，包括过境货物、转运货物、通运、溢短卸（装）货物的基本情况；运输工具服务人员名单及其自用物品、货币、金银情况；运输工具所载旅客情况；运输工具所载邮递物品、行李物品的情况；其他需要向海关申报清楚的情况，如由于不可抗力原因，被迫在未设关地点停泊、降落或者抛掷、起卸货物、物品等情况。除此以外，运输工具报关时还需提交运输工具从事国际合法性运输必备的相关证明文件，如船舶国籍证书、吨税证书、海关监管簿、签证簿等，必要时还需出具保证书或缴纳保证金。进出境运输工具负责人或其代理人就以上情况向海关申报后，有时还需应海关的要求配合海关查验，经海关审核确认符合海关监管要求的，海关做出放行决定。至此，该运输工具报关完成，可以上下旅客、装卸货物或者驶往内地、离境。

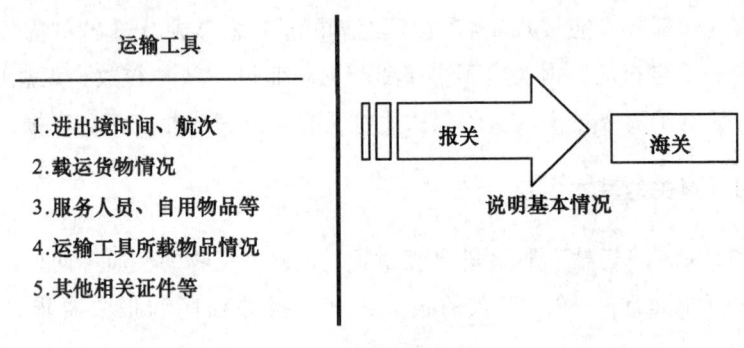

图 1-4 运输工具报关基本内容

（二）进出境物品报关的基本内容

《海关法》规定，个人携带进出境的行李物品、邮寄进出境的物品，应当以自用合理数量为限。所谓自用合理数量，对于行李物品而言，"自用"指的是进出境旅客本人自用、馈赠亲友而非为出售或出租；"合理数量"是指海关根据进出境旅客旅行目的和居留时间所规定的正常数量；对于邮递物品，则指的是海关对进出境邮递物品规定的征、免税限制。自用合理数量原则是海关对进出境物品监管的基本原则，也是对进出境物品报关的基本要求。需要注意的是，对于通过随身携带或邮政渠道进出境的货物要按货物办理进出境报关手续。

1. 进出境行李物品的报关

当今世界上大多数国家的海关法律都规定对旅客进出境采用"红绿通道"制度。我国海关也采用了"红绿通道"制度。我国海关规定，进出境旅客在向海关申报时，可以在分别以红色和绿色作为标记的两种通道中进行选择。带有绿色标志的通道称为"无申报通道"（又称"绿色通道"），适用于携运物品在数量和价值上均不超过免税限额，且无国家限制或禁止进出境物品的旅客；带有红色标志的通道称为"申报通道"（又称"红色通道"），适用于携带有应向海关申报物品的旅客。对于选择红色通道的旅客，必须填写"中华人民共和国海关进出境旅客行李物品申报单"（以下简称申报单，参见本章式样表1-1）或海关规定的其他申报单证，在进出境地向海关做出书面申报。

　　进出境行李物品的报关要严格按照《中华人民共和国禁止进出境物品表》和《中华人民共和国限制进出境物品表》进行申报。自2008年2月1日起，海关在全国各对外开放口岸实行新的进出境旅客申报制度。进出境旅客没有携带应向海关申报物品的，无须填写申报单，选择"无申报通道"通关。除海关免于监管的人员以及随同成人旅行的16周岁以下旅客以外，进出境旅客携带有应向海关申报物品的，须填写申报单，向海关书面申报，并选择"申报通道"通关。持有中华人民共和国政府主管部门给予外交、礼遇签证的进出境旅客，通关时应主动向海关出示本人有效证件，海关予以免验礼遇。

表1-2　　　　　　　　　　中国籍旅客带进物品限量表

类别	品　种	限　量
第一类物品	衣料、衣着、鞋、帽、工艺美术品和价值人民币1000元以下（含1000元）的其他生活用品	自用合理数量范围内免税，其中价值人民币800元以上、1000元以下的物品每种限一件
第二类物品	烟草制品 酒精饮料	①香港、澳门地区居民及因私往来香港、澳门地区的内地居民，免税香烟200支，或雪茄50支，或烟丝250克；免税12度以上酒精饮料限1瓶（0.75升以下） ②其他旅客，免税香烟400支，或雪茄100支，或烟丝500克；免税12度以上酒精饮料限2瓶（1.5升以下）

续表

类别	品种	限量
第三类物品	价值人民币 1000 元以上，5000 元以下（含 5000 元）的生活用品	①驻境外的外交机构人员、我出国留学人员和访问学者、赴外劳务人员和援外人员，连续在外每满 180 天（其中留学人员和访问学者物品验放时间从注册入学之日起算至毕业结业之日止），远洋船员在外每满 120 天任选其中 1 件免税 ②其他旅客每公历年度内进境可任选其中 1 件征税

2. 进出境邮递物品的报关

进出境邮递物品的申报方式由其特殊的邮递运输方式决定。我国是《万国邮政公约》的签约国，根据《万国邮政公约》的规定，进出境邮包必须由寄件人填写“报税单”（小包邮件填写绿色标签），列明所寄物品的名称、价值、数量，向邮包寄达国家的海关申报。进出境邮递物品的“报税单”和绿色标签随同物品通过邮政企业或快递公司呈递给海关。

进境邮递物通关程序分为四个步骤：①邮递经营企业向海关申报；②海关接受申报并对邮递物品进行查验；③收件人缴纳税款；（对超出免税额的邮递物品，海关开具《旅客行李、个人邮递物品进口税款缴纳证》交由快递企业送达收件人或通知收件人到现场领取。）④邮件放行。出境邮递物品通关程序也分为四个步骤：①寄件人交寄邮递物品；②经营企业向海关申报；③海关查验。④放行。需要注意的是邮递出境物品海关不予征税。

- 物品
  - 行李物品
    - 绿色通道：不超过免税限额（自用合理）
    - 红色通道：不适合在绿色通道的物品，需要填写《进出境旅客行李物品申报单》
  - 邮递物品
    - 寄件人填写“报税单”
    - 小包邮件填写绿色标签

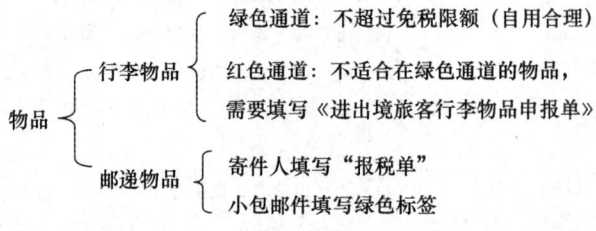

图 1－5　进出境物品报关基本内容

案例　进境邮包惊现绿树蟒

日前，厦门海关驻邮局办事处在进境邮包接连查获活体绿树蟒，共计20条。这也是近年来厦门海关首次在进境邮包内查获活体动物。经专业机构鉴定，这两次查获的20条蟒蛇为绿树蟒，属于《濒危野生动植物种国际贸易公约》附录Ⅱ中保护物种，禁止进出境。

（资料来源：《进境邮包惊现绿树蟒》，海关总署网站，2013年9月27）

（三）进出境货物报关的基本内容

进出境货物申报要区分海关监管货物的类别，不同的海关监管货物具有不同的报关内容。其中，海关监管货物主要分为五大类，包括一般进出口货物、保税货物、特定减免税货物、暂时进出境货物，以及过境、转运、通运货物和其他尚未办结海关手续的货物。

一般来说，进出境货物报关时，报关人员要做好以下几个方面的工作：①进出口货物收发货人接到运输公司或邮递公司寄交的"提货通知单"或根据合同规定备齐出口货物后，应当做好向海关办理货物进出境手续的准备工作，或者签署委托代理协议，委托报关企业向海关报关。②准备好报关单证，在海关规定的报关地点和报关时限内以书面和电子数据方式向海关申报。进出口货物报关单或海关规定的其他报关单（证）是报关单位向海关申报货物情况的法律文书，申报人必须认真如实填写，并对其所填制内容的真实性和合法性负责，承担相应的法律责任和经济责任。除此之外，还应准备与进出口货物直接相关的商业和货运单证，如发票、装箱单、提单等。属于国家限制性的进出口货物，应准备国家有关法律、法规规定实行特殊管制的证件，如进出口货物许可证等。同时准备其他海关可能需要查阅或收取的资料、证件，如贸易合同、原产地证明等。报关单证准备完毕后，报关人员要把报关单上的数据经电子计算机传送给海关，并在海关规定时间、地点向海关递交书面报关单证。③经海关对报关电子数据或者书面报关单证进行审核后，在海关认为必要的情况下，报关人员要配合海关进行货物的查验。④属于应纳税、应缴费范围的进出口货物，报关单位应在海关规定的期限内缴纳进出口税费。⑤上述手续完成，进出口货物经海关放行后，报关单位可以安排装卸货物。除了以上工作外，对于保税加工货物、减免税进口货物、暂时进出口货物，在进出场前还需办理备案申请等手续；对于保税、减免税进口货物、暂时进出口货物，进出境后还需在规定时间、以规定的方式向海关办理核销、结案等手续。

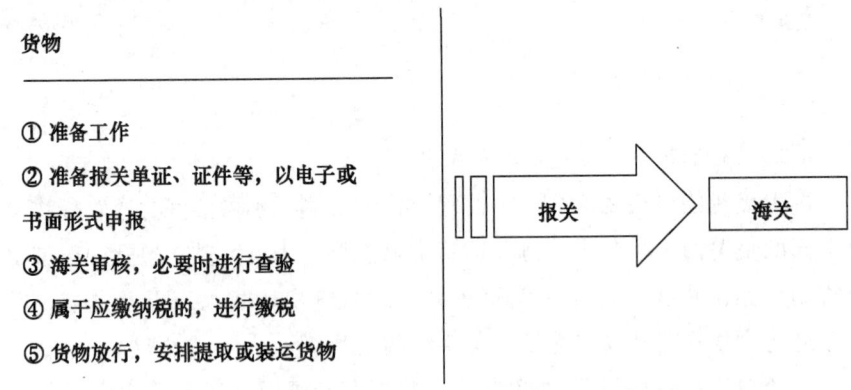

图1-6　货物报关基本内容

第二节　报关单位

一　报关单位概念

《海关法》规定：进出口货物收发货人、报关企业办理报关手续，必须依法经海关注册登记。未依法经海关注册登记，不得从事报关业务。报关企业和报关人员不得非法代理他人报关，或者超出其业务范围进行报关活动。

报关单位是指依法在海关注册登记的进出口货物收发货人和报关企业。依法向海关注册登记是法人、其他组织或者个人成为报关单位的法定要求。

中华人民共和国海关是报关单位注册登记管理的主管机关。报关单位办理报关业务应当遵守国家有关法律、行政法规和海关规章的规定，承担相应的法律责任。报关单位对其所属报关人员的报关行为应当承担相应的法律责任。除法律、行政法规或者海关规章另有规定外，办理报关业务的报关单位，应当按照海关总署令第221号（《中华人民共和国海关报关单位注册登记管理规定》）到海关办理注册登记。报关单位注册登记分为报关企业注册登记和进出口货物收发货人注册登记。报关单位应当在每年6月30日前向注册地海关提交《报关单位注册信息年度报告》。报关单位所属人员从事报关业务的，报关单位应当到海关办理备案手续，海关予以核发证明。报关单位可以在办理注册登记手续的同时办理所属报关人员备案。已经在海关办理注册登记的报关单位，再次向海关提出注册登记申请的，海关不予受理。

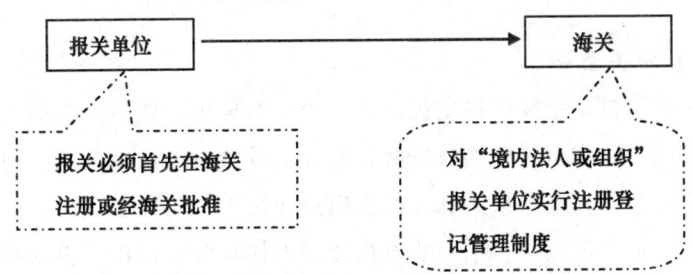

图1-7　实行注册登记管理制度是报关的前提条件

二　报关单位的类型

（一）进出口货物收发货人

进出口货物收发货人是指依法直接进口或者出口货物的中华人民共和国关境内的法人、其他组织成员个人。

进出口货物收发货人主要分为两大类，从事贸易性质进出口的收发货人和从事非贸易性质的进出口货物收发货人。从事贸易性质的进出口货物收发货人，指的是依法向国务院对外贸易主管部门或者其委托机构办理备案登记的对外贸易经营者。从事非贸易性质的进出口货物收发货人，是指对于一些未取得对外贸易经营者备案登记表但按照国家有关规定需要从事非贸易性进出口活动的单位,如境外企业、新闻、经贸机构、文化团体等依法在中国境内设立的常驻代表机构,少量货样进出口的单位,国家机关、学校、科研院所等组织机构,临时接受捐赠、礼品、国际援助的单位,国际船舶代理企业等,在进出口货物时,海关也视其为进出口货物收发货人。必须注意的是,进出口货物收发货人只有在海关注册登记后,方能为本企业办理进出口货物报关,并且只能为本企业办理报关业务,不能为他人办理报关业务。

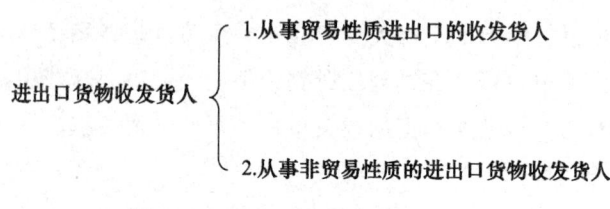

图 1-8　进出口货物收发货人定义

(二) 报关企业

报关企业,是指按照规定经海关准予注册登记,接受进出口货物收发货人的委托,以进出口货物收发货人的名义或者以自己的名义,向海关办理代理报关业务,从事报关服务的境内企业法人。

进出口货物报关是一项专业性很强的工作。有些进出口货物收发货人由于经济、时间、地点等方面的原因不能或者不愿自行办理报关手续,便在实践中产生了委托报关的需要。报关企业正是为进出口货物收发货人提供报关服务的企业。目前,我国从事报关服务的报关企业主要有两类:一类是经营国际货物运输代理等业务,兼营进出口货物代理报关业务的国际货物运输代理公司等;另一类是主营代理报关业务的报关公司或报关行。

三　海关对报关单位的管理

(一) 报关单位注册登记制度

1. 进出口货物收发货人注册登记

(1) 从事贸易性质的进出口货物收发货人注册登记

进出口货物收发货人应当按照规定到所在地海关办理报关单位注册登记手续。进出口货物收发货人在海关办理注册登记后,可以在中华人民共和国关境内口岸或者海关监管业务集中的地点办理本企业的报关业务。

进出口货物收发货人申请办理注册登记，应当提交下列文件材料，另有规定的除外：①《报关单位情况登记表》；②营业执照副本复印件以及组织机构代码证书副本复印件；③对外贸易经营者备案登记表复印件或者外商投资企业（台港澳侨投资企业）批准证书复印件；④其他与注册登记有关的文件材料。上述材料提交复印件的，同时向海关交验原件。注册地海关依法对申请注册登记材料进行核对。经核对申请材料齐全、符合法定形式的，应当核发《中华人民共和国海关报关单位注册登记证书》。除海关另有规定外，进出口货物收发货人《中华人民共和国海关报关单位注册登记证书》长期有效。

（2）非贸易性质的进出口活动办理临时注册登记手续

下列单位未取得对外贸易经营者备案登记表，按照国家有关规定需要从事非贸易性进出口活动的，应当办理临时注册登记手续：①境外企业、新闻、经贸机构、文化团体等依法在中国境内设立的常驻代表机构；②少量货样进出境的单位；③国家机关、学校、科研院所等组织机构；④临时接受捐赠、礼品、国际援助的单位；⑤其他可以从事非贸易性进出口活动的单位。

临时注册登记单位在向海关申报前，应当向所在地海关办理备案手续。特殊情况下可以向拟进出境口岸或者海关监管业务集中地海关办理备案手续。办理临时注册登记，应当持本单位出具的委派证明或者授权证明以及非贸易性活动证明材料。临时注册登记的，海关可以出具临时注册登记证明，但是不予核发注册登记证书。临时注册登记有效期最长为1年，有效期届满后应当重新办理临时注册登记手续。已经办理报关注册登记的进出口货物收发货人，海关不予办理临时注册登记手续。

（3）进出口货物收发货人注册登记内容的变更

进出口货物收发货人企业名称、企业性质、企业住所、法定代表人（负责人）等海关注册登记内容发生变更的，应当自变更生效之日起30日内，持变更后的营业执照副本或者其他批准文件以及复印件，到注册地海关办理变更手续。所属报关人员发生变更的，进出口货物收发货人应当在变更事实发生之日起30日内，持变更证明文件等相关材料到注册地海关办理变更手续。

（4）进出口货物收发货人注册登记的注销

进出口货物收发货人有下列情形之一的，应当以书面形式向注册地海关办理注销手续。海关在办结有关手续后，应当依法办理注销注册登记手续。①破产、解散、自行放弃报关权或者分立成两个以上新企业的；②被工商行政管理机关注销登记或者吊销营业执照的；③丧失独立承担责任能力的；④对外贸易经营者备案登记表或者外商投资企业批准证书失效的；⑤其他依法应当注销注册登记的情形。进出口货物收发货人未依照上述情形主动办理注销手续的，海关可以在办结有关手续后，依法注销其注册登记。

2. 报关企业注册登记

报关服务是一项专业性、技术性很强的工作，是进出口贸易中的重要中介服务环节。报关企业作为提供报关服务的企业要有一定的经营规模、相当数量的报关专业人员和有经验的管理人员，并具备健全的组织机构和财务管理制度，同时应对报关服务市场有一定的了解。为此，海关对报关企业规定了具体的设立条件。报关企业注册登记应依法获得报关企业注册登记许可。

（1）报关企业注册登记许可

1）报关企业设立条件

报关企业应当具备的条件包括：具备境内企业法人资格条件；法定代表人无走私记录；无因走私违法行为被海关撤销注册登记许可记录；有符合从事报关服务所必需的固定经营场所和设施；海关监管所需要的其他条件。

2）报关企业注册登记许可程序

①报关企业注册登记许可申请

申请报关企业注册登记许可，应当提交下列文件材料：《报关单位情况登记表》；企业法人营业执照副本复印件以及组织机构代码证书副本复印件；报关服务营业场所所有权证明或者使用权证明；其他与申请注册登记许可相关的材料。申请人提交复印件的同时向海关交验原件。申请人应当到所在地海关提出申请并递交申请注册登记许可材料。直属海关应当对外公布受理申请的场所。申请人可以委托代理人提出注册登记许可申请。申请人委托代理人代为提出申请的，应当出具授权委托书。

②海关对申请的处理

对申请人提出的申请，海关应当根据具体情况分别做出处理：申请人不具备报关企业注册登记许可申请资格的，应当做出不予受理的决定；申请材料不齐全或者不符合法定形式的，应当当场或者在签收申请材料后五日内一次告知申请人需要补正的全部内容，逾期不告知的，自收到申请材料之日起即为受理；申请材料仅存在文字性或者技术性等可以当场更正的错误的，应当允许申请人当场更正，并且由申请人对更正内容予以签章确认；申请材料齐全、符合法定形式，或者申请人按照海关的要求提交全部补正申请材料的，应当受理报关企业注册登记许可申请，并做出受理决定。

③海关对申请的审查

所在地海关受理申请后，应当根据法定条件和程序进行全面审查，并且于受理注册登记许可申请之日起 20 日内审查完毕。直属海关未授权隶属海关办理注册登记许可的，应当自收到所在地海关报送的审查意见之日起 20 日内做出决定。直属海关授权隶属海关办理注册登记许可的，隶属海关应当自受理或者收到所在地海关报送的审查意见之日起 20 日内做出决定。

④行政许可的做出

申请人的申请符合法定条件的，海关应当依法做出准予注册登记许可的书面决定，并送达申请人，同时核发《中华人民共和国海关报关单位注册登记证书》。申请人的申请不符合法定条件的，海关应当依法做出不准予注册登记许可的书面决定，并且告知申请人享有依法申请行政复议或者提起行政诉讼的权利。

3）报关企业跨关区分支机构注册登记许可

报关企业在取得注册登记许可的直属海关关区外从事报关服务的，应当依法设立分支机构，并且向分支机构所在地海关备案。报关企业在取得注册登记许可的直属海关关区内从事报关服务的，可以设立分支机构，并且向分支机构所在地海关备案。报关企业分支机构可以在备案海关关区内从事报关服务。备案海关为隶属海关的，报关企业分支机构可以在备案海关所属直属海关关区内从事报关服务。报关企业对其分支机构的行为承担法律责任。

报关企业设立分支机构应当向其分支机构所在地海关提交下列备案材

料：①《报关单位情况登记表》；②报关企业《中华人民共和国海关报关单位注册登记证书》复印件；③分支机构营业执照副本复印件以及组织机构代码证书副本复印件；④报关服务营业场所所有权证明复印件或者使用权证明复印件；⑤海关要求提交的其他备案材料。申请人按照规定提交复印件的，应当同时向海关交验原件。

经审查符合备案条件的，海关应当核发《中华人民共和国海关报关单位注册登记证书》。

4) 报关企业及其跨关区分支机构注册登记许可期限

报关企业注册登记许可期限为2年。被许可人需要延续注册登记许可有效期的，应当办理注册登记许可延续手续。

报关企业分支机构备案有效期为2年，报关企业分支机构应当在有效期届满前30日持备案的材料到分支机构所在地海关办理换证手续。

5) 报关企业注册登记许可的变更和延续

①报关企业注册登记许可的变更

报关企业的企业名称、法定代表人发生变更的，应当持《报关单位情况登记表》、《中华人民共和国海关报关单位注册登记证书》、变更后的工商营业执照或者其他批准文件及复印件，以书面形式到注册地海关申请变更注册登记许可。报关企业分支机构企业名称、企业性质、企业住所、负责人等海关备案内容发生变更的，应当自变更生效之日起30日内，持变更后的营业执照副本或者其他批准文件及复印件，到所在地海关办理变更手续。所属报关人员备案内容发生变更的，报关企业及其分支机构应当在变更事实发生之日起30日内，持变更证明文件等相关材料到注册地海关办理变更手续。

对被许可人提出的变更注册登记许可申请，注册地海关应当参照注册登记许可程序进行审查。经审查符合注册登记许可条件的，应当做出准予变更的决定，同时办理注册信息变更手续。经审查不符合注册登记许可条件的，海关不予变更其注册登记许可。

②报关企业注册登记许可的延续

报关企业办理注册登记许可延续手续，应当在有效期届满40日前向海关提出申请，同时提交申报注册登记许可规定的文件材料。报关企业应当在办理注册登记许可延续的同时办理换领《中华人民共和国海关报关单位注册登记证书》手续。报关企业在有效期届满 40 日前向海关提出申请的,海关不再受理其注册登记许可延续申请。

海关应当参照注册登记许可程序,在有效期届满前对报关企业的延续申请予以审查。经审查认定符合注册登记许可条件,以及法律、行政法规、海关规章规定的延续注册登记许可应当具备的其他条件的,应当依法做出准予延续 2 年有效期的决定。海关应当在注册登记许可有效期届满前做出是否准予延续的决定。有效期届满时仍未做出决定的,视为准予延续,海关应当依法为其办理注册登记许可延续手续。海关对不再具备注册登记许可条件,或者不符合法律、行政法规、海关规章规定的延续注册登记许可应当具备的其他条件的报关企业,不准予延续其注册登记许可。

6)报关企业注册登记许可的注销

有下列情形之一的,海关应当依法注销注册登记许可:①有效期届满未申请延续的;②报关企业依法终止的;③注册登记许可依法被撤销、撤回,或者注册登记许可证件依法被吊销的;④由于不可抗力导致注册登记许可事项无法实施的;⑤法律、行政法规规定的应当注销注册登记许可的其他情形。海关注销报关企业注册登记许可的,应当同时注销该报关企业设立的所有分支机构。

(2)报关企业注册登记手续

报关企业申请人经直属海关注册登记许可后,应当到工商行政管理部门办理许可经营项目登记,并且自工商行政管理部门登记之日起 90 日内到企业所在地海关办理注册登记手续。逾期,海关不予注册登记。报关企业申请办理注册登记,应当提交的文件材料包括:直属海关注册登记许可文件复印件;企业法人营业执照副本复印件(分支机构提交营业执照);税务登记证书副本复印件;银行开户证明复印件;组织机构代码证书副本复印件;报关单位情况登记表、报关单位管理人员情况登记表;报关企业与所聘报关员签订的用工劳动合同复印件;其他与报关注册登记有关的文件材料。注册地海关依法对申请注册登记材料是否齐全、是否符合法定形式进行核对。申请材料齐全、符合法定形式的申请人由注册地海关核发报关企业登记证书。报关企业凭以办理报关业务。

(二)海关对报关企业的信用管理措施

为了推进社会信用体系建设,建立企业进出口信用管理制度,保障贸易安全与便利，我国根据《中华人民共和国海关法》及其他有关法律、行政法规的规定，制定了《中华人民共和国海关企业信用管理暂行办法》。该办法适用于海关注册登记企业信用信息的采集、公示，企业信用状况的认定、管理。海关根据企业信用状况将企业认定为认证企业、一般信用企业和失信企业，按照诚信守法便利、失信违法惩戒原则，分别适用相应的管理措施。认证企业是中国海关经认证的经营者（AEO），中国海关依法开展与其他国家或者地区海关的 AEO 互认，并给予互认 AEO 企业相应通关便利措施。

1. 企业信用信息采集和公示

海关采集能够反映企业进出口信用状况的信息，并建立企业信用信息管理系统：①企业在海关注册登记信息；②企业进出口经营信息；③AEO互认信息；④企业在其他行政管理部门的信息；⑤其他与企业进出口相关的信息。

海关应当在保护国家秘密、商业秘密和个人隐私的前提下，公示企业下列信用信息：①企业在海关注册登记信息；②海关对企业信用状况的认定结果；③企业行政处罚信息；④其他应当公示的企业信息。海关对企业行政处罚信息的公示期限为 5 年。海关应当公布企业信用信息的查询方式。公民、法人或者其他组织认为海关公示的企业信用信息不准确的，可以向海关提出异议，并提供相关资料或者证明材料。海关应当自收到异议申请之日起 20 日内复核。公民、法人或者其他组织提出异议的理由成立的，海关应当采纳。

2. 企业信用状况的认定标准和程序

企业向海关申请成为认证企业的，海关按照《海关认证企业标准》对企业实施认证。海关或者申请企业可以委托具有法定资质的社会中介机构对企业进行认证；中介机构认证结果经海关认可的，可以作为认定企业信用状况的参考依据。海关应当自收到企业书面认证申请之日起 90 日内做出认证结论。特殊情形下，海关认证时限可以延长 30 日。《海关认证企业标准》分为一般认证企业标准和高级认证企业标准，由海关总署制定并对外公布。

（1）企业有下列情形之一的，海关认定为失信企业：

①有走私犯罪或者走私行为的；②非报关企业 1 年内违反海关监管规

定行为次数超过上年度报关单、进出境备案清单等相关单证总票数千分之一且被海关行政处罚金额超过 10 万元的违规行为 2 次以上的，或者被海关行政处罚金额累计超过 100 万元的；报关企业 1 年内违反海关监管规定行为次数超过上年度报关单、进出境备案清单总票数万分之五的，或者被海关行政处罚金额累计超过 10 万元的；③拖欠应缴税款、应缴罚没款项的；④上一季度报关差错率高于同期全国平均报关差错率 1 倍以上的；⑤经过实地查看，确认企业登记的信息失实且无法与企业取得联系的；⑥被海关依法暂停从事报关业务的；⑦涉嫌走私、违反海关监管规定拒不配合海关进行调查的；⑧假借海关或者其他企业名义获取不当利益的；⑨弄虚作假、伪造企业信用信息的；⑩其他海关认定为失信企业的情形。

（2）企业有下列情形之一的，海关认定为一般信用企业：

①首次注册登记的企业；②认证企业不再符合《海关认证企业标准》的条件，且未发生失信企业所列情形的；③适用失信企业管理满 1 年，且未再发生本失信企业所列情形的。

（3）企业有下列情形之一的，海关应当终止认证：

①发生涉嫌走私或者违反海关监管规定的行为被海关立案侦查或者调查的；②主动撤回认证申请的；③其他应当终止认证的情形。

3. 海关对企业信用状况的认定结果实施动态调整

海关对高级认证企业应当每 3 年重新认证一次，对一般认证企业不定期重新认证。认证企业未通过重新认证适用一般信用企业管理的，1 年内不得再次申请成为认证企业；高级认证企业未通过重新认证但符合一般认证企业标准的，适用一般认证企业管理。适用失信企业管理满 1 年，且未再发生失信企业规定情形的，海关应当将其调整为一般信用企业管理。失信企业被调整为一般信用企业满 1 年的，可以向海关申请成为认证企业。

4. 管理原则和措施

一般认证企业适用下列管理原则和措施：①较低进出口货物查验率；②简化进出口货物单证审核；③优先办理进出口货物通关手续；④海关总署规定的其他管理原则和措施。高级认证企业除适用一般认证企业管理原则和措施外，还适用下列管理措施：①在确定进出口货物的商品归类、海关估价、原产地或者办结其他海关手续前先行办理验放手续；②海关为企业设立协调员；③对从事加工贸易的企业，不实行银行保证金台账制度；④AEO互认国家或者地区海关提供的通关便利措施。失信企业适用海关下列管理原则和措施：①较高进出口货物查验率；②进出口货物单证重点审核；③加工贸易等环节实施重点监管；④海关总署规定的其他管理原则和措施。

高级认证企业适用的管理措施优于一般认证企业。因企业信用状况认定结果不一致导致适用的管理措施相抵触的，海关按照就低原则实施管理。认证企业涉嫌走私被立案侦查或者调查的，海关暂停适用相应管理措施，按照一般信用企业进行管理。

企业名称或者海关注册编码发生变更的，海关对企业信用状况的认定结果和管理措施继续适用。企业有下列情形之一的，按照以下原则做出调整：①企业发生存续分立，分立后的存续企业承继分立前企业的主要权利义务的，适用海关对分立前企业的信用状况认定结果和管理措施，其余的分立企业视为首次注册企业；②企业发生解散分立，分立企业视为首次注册企业；③企业发生吸收合并，合并企业适用海关对合并后存续企业的信用状况认定结果和管理措施；④企业发生新设合并，合并企业视为首次注册企业。

（三）报关单位的海关法律责任

报关单位在办理报关业务时，应遵守国家有关法律、行政法规和海关的各项规定，并对所申报货物、物品的品名、规格、价格、数量等的真实性、合法性负责，承担相应的法律责任。

报关单位的海关法律责任，是指报关单位违反海关法律规范所应承担的法律后果，并由海关及有关司法机关对其违法行为依法予以追究，实施法律制裁。《海关法》、《海关行政处罚实施条例》和有关海关行政规章等都对报关单位的法律责任进行了规定。《中华人民共和国刑法》（以下简称《刑法》）关于走私犯罪的规定，《中华人民共和国行政处罚法》（以下简称《行政处罚法》）关于行政处罚的原则、程序、时效、管辖、不予、从轻或者减轻处罚以及执行等规定，也都适用于对报关单位海关法律责任的追究。

四 报关行业自律管理

随着我国对外贸易的不断发展，与对外贸易直接相关的报关行业也取得了较大发展。在报关行业发展的过程中，为了规范报关单位和报关人员的经营行为和业务行为，不仅需要出台相关的法律、行业法规，采取相关的行政手段加以规范，还应当建立报关企业自己的行业管理协会，加强行业自律，提高报关质量与效率，促进对外贸易和我国报关服务行业的健康发展。中国加入 WTO 时关于在四年内开放报关和运输行业的承诺，使中国成立报关协会、规范报关市场变得紧迫，在此背景下，报关协会应运而生。

（一）中国报关协会

中国报关协会（China Customs Brokers Association，CCBA）于 2002 年 12 月 11 日成立，是由中华人民共和国民政部注册，经海关总署批准的从事报关的企业、地方报关协会、报关单位和个人自愿结成的非营利性质的具有法人资格的全国性行业组织。中国报关协会是中国唯一的全国性报关行业组织，协会成员包括报关企业、进出口货物收发货人及其报关人员。中国报关协会受民政部和海关总署双重管理，其登记管理机关为民政部，业务主管单位为海关总署。

中国报关协会的主要职能是配合政府加强对中国报关行业的管理，规范报关行为；维护、改善报关市场的经营秩序；培训报关人员；依法维护会员单位合法权益；加强与国际间的交流与合作；促进对外贸易和我国报关服务行业健康发展。中国报关协会为其会员提供以下服务：开展自律管理；组织各类政策、法规宣讲及业务培训；关务咨询及报关事务援助。

（二）国际报关协会同盟

国际报关协会同盟（International Federation of Customs Brokers Associations，IFCBA）成立于 1990 年，现在共有美国、加拿大、澳大利亚、意大利、印度、日本、韩国等 29 个成员，五大洲均有成员，是各国报关协会的联合组织。此外，亚太地区还成立了亚洲、大洋洲报关协会同盟，是国际报关协会同盟下属的分会。国际报关协会同盟已经与世贸组织、世界海关组织、国际商会等机构建立了较好的工作层面的关系。

国际报关协会同盟的宗旨是鼓励和推动成员之间的合作，便利成员之间的信息和经验交流；开展与其他国际组织的合作，加强各国报关协会在促进贸易方面的谅解，以及配合为各国报关员和报关委托人创造更好的业务环境。国际报关协会同盟有正式会员与非正式会员（associate membership）之分，各国报关协会是正式会员，对国际贸易有兴趣的企业会员为非正式会员。申请人同意同盟章程并提出书面申请，经理事会表决同意，即可成为正式会员。同盟选举一名主席和五名常务理事，各成员均是本组织的理事。同盟每年召开一次理事会会议，每两年举行一次同盟年会，参加年会的除各成员理事外，还邀请各成员报关协会和会员企业参加。

中国报关协会于2003年加入亚洲报关协会联盟并任副主席，2004年加入国际报关协会同盟并任常务理事。

本 章 小 节

本章从报关的角度，介绍了报关的基本概念、报关的分类和内容。同时，分析了海关对于报关的主体——报关单位的管理制度，同时提及最新的报关人员改革问题。

报关是指进出口货物收发货人、进出境运输工具负责人、进出境物品的所有人或者他们的代理人向海关办理货物、物品或运输工具进出境手续及相关海关事务的过程。依据不同的原则，报关具有不同的分类。按照报关监管的对象不同，可以分为进出境运输工具、进出境货物和进出境物品报关。按照报关目的不同，分为进口报关、出口报关和转关报关。按报关实施者分为自理报关、代理报关。按进出口货物报关形式不同，可分为纸质报关单报关和电子报关单报关。报关的基本内容包括三个：第一，进出境货物；第二，进出境物品；第三，进出境运输工具。

报关单位主要包括两种类型，进出口货物收发货人和报关企业。海关对报关单位的管理是通过对报关单位实行登记注册制度来进行的。两种类型的报关单位获得报关资格的程序不同，报关注册登记证书的时效也不同，同时报关权利所适用的地理范围不同。2014年12月1日起施行的《中华人民共和国海关企业信用管理暂行办法》规定，海关对报关企业实施信用管理措施，依据企业信用状况将企业认定为认证企业、一般信用企业和失信企业，按照诚信守法便利、失信违法惩戒原则，分别适用相应的管理措施。

练习题

一、单选题

1. 由委托企业委托，以委托人的名义办理报关业务的行为，这种报关方式叫（　　）。

　　A. 直接代理报关　　B. 间接代理报关　　C. 自理报关　　D. 跨关区报关

2. 根据《海关法》的规定，（　　）是海关对进出境物品监管的基本原则，也是对进出境物品报关的基本要求。

　　A. 合理在境内使用原则　　　　B. 合法进出境原则

　　C. 自用合理数量原则　　　　　D. 不在转让原则

二、多选题

1. 目前，以下哪些货物进出境需向海关办理报关手续（　　）。

　　A. 一般进出口货物　　　　　　B. 通过电缆输送进出境的电

　　C. 通过管道方式输送进出境的石油　　D. 以货品为载体的软件

2. 报关的范围包括（　　）。

　　A. 进出境货物　　B. 进出境物品　　C. 进出境运输工具

　　D. 享有外交特权和豁免的外国机构或者人员的公务用品或自用物品

　　E. 通过国际速递企业进出境的快件等

三、判断题

1. 我国的关境大于国境。（　　）

2. 进出境物品超过自用、合理数量的，列入海关统计。（　　）

3. 进出口时，需要办理报检的货物，办理完报关手续后，再办理报检手续。（　　）

四、本章实训

请查找进出境旅客通关指引，掌握进出境旅客行李物品的报关。

式样表1-1　中华人民共和国海关进出境旅客行李物品申报单

式样表1-1

第二章

通关与海关管理

引导案例

海关查验权的行使：上海宣判首例海外代购偷税走私案件

2012年4月9日，犯罪嫌疑人范琳（化名）从韩国首尔抵达上海浦东国际机场，选择无申报通道入关。上海海关关员在其携带的两个拉杆箱和四个袋子里，查获化妆品386件、粉饼盒18个、光疗仪7台、包40个、手机套2个、皮夹15个、手表5块。据范琳供称，化妆品、粉饼盒、光疗仪是受其朋友刘欣欣（化名）所托携带入境，其余物品准备在自己经营的淘宝网店销售。经鉴定，范琳携带入境的超量免税品涉嫌偷逃税款8万余元人民币。同年5月23日，刘欣欣在经上海浦东国际机场入境时，被海关关员在行李中查获包17个、手表2块、化妆品288件，共计307件。犯罪嫌疑人刘欣欣供称，其携带入境的物品订购于韩国免税店，准备带回国内销售。

海关在调查中发现，早在2010年9月，范琳就曾因携带325件化妆品入境未申报，被上海浦东国际机场海关行政处罚。

经核定，刘欣欣偷逃应缴税款合计9.9万余元，范琳偷逃应缴税款8万余元。这两名淘宝店主将海外代购的商品以非贸易"物品"渠道带入，进入国内后涉嫌再次销售，具有牟利性，"物品"成为"货物"，且数量大，涉嫌走私。

上海市第一中级人民法院25日做出一审宣判，认定两名淘宝店主境外代购大量商品偷逃税款，犯有走私普通货物罪。两人均被判处有期徒刑一年，缓刑一年六个月。其中一人被处罚金10万元人民币，另一人被处罚金 8.1 万元，扣押在案的走私物品予以没收。这是上海宣判的首例海外代购、偷税走私刑事案件，向违规海外代购敲响了警钟。

上海海关提醒，旅客跨境购物应在自用合理数量范围之内，以牟利为目的的"海外代购"，一旦触及走私"高压线"，将受到法律法规惩处。

（资料来源：吴宇：《上海宣判首例海外代购偷税走私刑事案件两名淘宝店主被判刑并罚款》，新华网，2013 年 2 月 25）

学习目标

1. 了解海关的历史。
2. 掌握海关的法律体系、机构设置。
3. 熟悉海关权力。
4. 掌握通关的概念和区域通关方式。

第一节　海关概述

一　我国海关发展史

我国是世界四大文明古国之一，历史文明源远流长。我国海关的历史要追溯到公元前 11 世纪的周朝。[①] 当时出现的"关卡"即是中国海关管理机构的雏形。后来逐步由内陆边关、边境关向沿海关（市舶司）发展，历经了 3000 多年的历史，到清朝才出现了专门管理对外贸易事务的海关机构。

（一）西周时期的"关"

西周时期奴隶主实力强盛，国家机构和行政管理制度较为完善，这种强大的奴隶主统治网络和完善的行政制度的建立，是海关设立的必要条

---

① 有关于我国海关起源于何时，什么时候产生海关的雏形，有各种不同的说法：一种是"西周说"，认为 3000 多年前西周的内陆关是中国海关的雏形；另外一种认为起源于 1200 多年前的唐朝，当时的市舶司才是管理海上贸易的海关的前身；还有一种认为，300 多年前清朝建立的海关，才算是真正的海关。（王意家、甄鸣、孙国权：《中国海关概论》，中国海关出版社 2002 年版）

件。所以，公元前11世纪，史书上出现了"关"字，还记载着"关市之战"、"司关"、"官人"等资料。对"关"字的含义、关所在的位置和性质，古书中也有不少解释，多为"关，要塞也"，"关，界上门"等。商品交换的发展，促使统治阶级运用政权力量，设立关卡，征收"关市之赋"，获取更多的财源。

周代关卡的责任：第一，明确规定司关要监督管理进出关卡的货物；第二，管辖要惩罚进出境的犯禁行为；第三，查禁走私；第四，负责管理各诸侯国进出境人员。这说明中国的海关和海关管理制度的雏形，在周代已经形成，并对以后历代王朝制定边境陆关和沿海海关的政策、管理制度都产生了重大影响。

(二) 秦汉之南北朝的陆地边关

秦朝是我国历史上第一个统一的中央集权的封建国家，撤销、拆毁了各国边邻地区的堡垒、关塞，但是一些陆路边关仍旧存在着。负责边关事务的人员称为"关都尉"，管理进出境人员、货物，但其职责主要是负责防御外敌入侵。

汉代是我国第二个在结束了长期战乱纷争局面后实现统一的王朝，即撤销了关卡，开放了关境，免收关税。张骞曾两次出使西域，开辟了一条从河西走廊、西域到达中亚、欧洲的贸易通道，史称"丝绸之路"。由于"丝绸之路"的开辟，我国陆路贸易快速发展。为管理对外贸易事务，汉代的中央政府在长安设立了相应官职负责接待外宾，同时，开放了武威、张掖、酒泉、敦煌四郡，在敦煌设立了玉门关和阳关，监管与西域、西方各国的贸易。随着经贸活动的开展，我国汉代发展成为当时东方的国际贸易中心。

(三) 唐朝的海上贸易发展，"市舶司"的出现

唐朝经济繁荣，国势强盛，国际交流密切，都城长安被誉为国际性的大都，是世界的贸易中心。"安史之乱"之后，唐朝在甘肃河西一带设立了"互市监"，管理陆路贸易事务。唐朝后期，由于政局动荡、国势衰败，吐蕃频繁骚扰边关，为了防御外族的入侵，中央政府颁布了禁令，实行闭关的政策。唐朝与外国的陆路贸易受阻，海上贸易开始发展，中国对外贸易的中心也由内地转移到了沿海，管理对外贸易的机构由边境关、内陆关发展到了沿海关，产生了中国海关历史上的新事物——市舶司。

(四) 宋、元两朝的"市舶司"

宋朝，对外海上贸易进一步得到发展，外贸商品种类增加，港口景象繁荣，市舶司的财政收入成为中央政府的重要财源，受到中央政府的重视，从而建立起一整套的管理对外贸易的规章制度。

元朝贸易发达，但却实施海上贸易垄断，禁止私人下海，对汉人限制更严。分别在泉州、上海、宁波、杭州、广州等地设立市舶司，管理海上贸易。公元1293年，元朝公布了《市舶抽分则例》，比较周详地规定了输出输入货物的征税、船舶监管、走私违章处理等管理办法，这是我国古代最为完整的一部海关法规。

(五) 清朝封建时期独立自主的海关沦为半殖民地的海关

清初实行严厉的海禁政策，后来虽然解除海禁，设立海关，开放对外贸易，但采取了严格的限制政策，实际上是一种"闭关政策"。清朝第一次出现了以"海关"命名的海上对外贸易的管理结构。1840年第一次鸦片战争后，落败的清政府与英国签订《南京条约》，中国丧失了关税的自主权。第二次鸦片战争后《天津条约》签订，"邀请英人帮办税务"。英国人依此条约为根据，开始夺取中国的各地海关的行政管理权。28岁的英国人赫德担任大清海关总税务司，掌权长达45年。海关成为清政府中最早被外国侵略势力控制的半殖民地行政机构。

(六) 国民党南京政府统治时期的海关

1928年，蒋介石在南京建立了国民党政府。尽管国民党政府高举"废除不平等条约"、"关税自主"等革命旗号，但南京政府并没有实现关税自主，海关的本质仍然是为帝国主义利益服务的工具。在抗日战争前后，我国各地尤其是东北三省的海关为日本所控制，完全沦为殖民地海关，而中国国民政府管辖的海关越来越少，给中国的政治和经济带来极大的负面影响。

(七) 新中国独立自主的社会主义海关

1948年底至1949年底，随着解放战争的胜利进展，中国共产党先后接管了国民党统治区的海关机构。1949年5月25日，上海解放，中国共产党接管了上海总税务司和海关，宣布终止旧总税务司署对全国各地海关的管辖，确立了中国共产党和人民政府对海关的领导权。1949年10月25日，海关总署在北京正式成立，统一领导全国海关机构和业务。

知识链接

刘少奇与中国海关关徽

海关关徽是中华人民共和国海关的专用标志，由商神手杖与金色钥匙交叉组成。其中带有翅膀的两蛇相缠商神杖源于古希腊神话，是商神赫尔墨斯手持之物，这手杖便被世人视为商业及国际贸易的象征。金黄色钥匙来由是：1950年，刘少奇同志在庆祝"五一"国际劳动节的大会上庄严宣告："我们已把中国大门的钥匙放在自己的袋子里，而不是如过去一样放在帝国主义及其走狗的袋子里。"从此，"金钥匙"便被视为海关关员守卫国家大门、维护国家主权的象征。（陈运富：《刘少奇与中国海关关徽》，《党史文汇》1995年9月15日）钥匙上的三个齿，分别代表了海关的监管、征税、查私三大任务。（注：1987年7月1日实施的《中华人民共和国海关法》确定海关有四大任务——监管、征税、查私、统计。）

二　海关的概念

《海关法》第二条规定："中华人民共和国海关是国家的进出关境监督管理机关。海关依照本法和其他有关法律、行政法规，监管进出境的运输工具、货物、行李物品、邮递物品和其他物品，征收关税和其他税、费，查缉走私，并编制海关统计和办理其他海关业务。"海关概念可以从以下三个方面来理解。

（一）海关是国家行政机关

海关是国家的行政机关之一，从属于国家行政管理体制，是我国最高国家行政机关国务院的直属机构。海关对内对外代表国家依法独立行使行政管理权。

（二）海关是国家进出境监督管理机关

海关履行国家行政制度的监督职能，是国家宏观管理的一个重要组成部分。海关依照有关法律、行政法规并通过法律赋予的权力，制定具体的行政规章和行政措施，对特定领域的活动开展监督管理，以保证其按国家的法律规范进行。海关实施监督管理的范围是进出关境及与之有关的活动，监督管理的对象是所有进出关境的运输工具、货物、物品。

(三) 海关的监督管理是国家行政执法活动

海关的监督管理是保证国家的有关法律法规实施的行政活动。海关执法的依据是《中华人民共和国海关法》和其他有关法律、行政法规。海关通过法律赋予的权力，对特定范围内的社会经济活动进行监督管理，并对违法行为依法实施行政处罚，以保证这些社会经济活动按照国家的法律规范进行。

三 海关任务

《海关法》明确规定海关有四项基本任务，即监管进出境的运输工具、货物、行李物品、邮递物品和其他物品（以下简称监管），征收关税和其他税费（以下简称征税），查缉走私（以下简称缉私），以及编制海关统计（以下简称统计）。除此以外，海关还承担办理其他海关业务的职责，如知识产权海关保护是近年来不断加强的重要海关业务。

(一) 监管

海关监管是指海关运用国家赋予的权力，通过一系列管理制度与管理程序，依法对进出境运输工具、货物、物品的进出境活动所实施的一种行政管理。海关监管是一项国家职能，其目的在于保证一切进出境活动符合国家政策和法律的规范，维护国家主权和利益。海关监管不是海关监督管理的简称，海关监督管理是海关全部行政执法活动的统称。监管是海关最基本的任务，是各项任务的基础。根据监管对象的不同，海关监管分为运输工具监管、货物监管和物品监管三大体系，每个体系都有一整套规范的管理程序与方法。

(二) 征税

代表国家征收关税和其他税费是海关的另一项重要任务。关税是由海关代表国家，按照《海关法》和《中华人民共和国进出口关税条例》以及其他有关法律、行政法规，对准许进出口的货物、进出境物品征收的一种税。其他税费是海关在货物进出境环节，按照关税征收程序征收的其他税费，包括增值税、消费税、船舶吨税、海关监管手续费等。其他税费由海关代征的原因是节省征税人力，简化征税手续，严密管理。

(三) 缉私

《海关法》第五条："国家实行联合缉私、统一处理、综合治理的缉私体制。海关负责组织、协调、管理查缉走私工作。"这一规定从法律上明确了海关打击走私的主导地位以及与有关部门的执法协调。海关是打击走私的主管机关，查缉走私是海关的一项重要任务。根据我国的缉私体制，除了海关以外，公安、工商、税务、烟草专卖等部门也有查缉走私的权力，但这些部门查获的走私案件，必须按照法律规定，统一处理。各有关行政部门查获的走私案件，应当给予行政处罚的，移送海关依法处理；涉嫌犯罪的，应当移送海关侦查走私犯罪公安机构或地方公安机关依据案件管辖分工和法定程序办理。

查缉走私是海关为保证顺利完成监管和征税等任务而采取的保障措施。

（四）统计

海关统计以实际进出口货物作为统计和分析的对象，通过搜集、整理、加工处理进出口货物报关单或经海关核准的其他申报单证，对进出口货物的品种、数（重）量、价格、国别（地区）、经营单位、境内目的地、境内货源地、贸易方式、运输方式、关别等项目分别进行统计和综合分析，全面、准确地反映对外贸易的运行态势，及时提供统计信息和咨询，实施有效的统计监督，开展国际贸易统计的交流与合作，促进对外贸易的发展。我国海关的统计制度规定，实际进出境并引起境内物质存量增加或者减少的货物，列入海关统计；进出境物品超过自用、合理数量的，列入海关统计。对于部分不列入海关统计的货物和物品，则根据我国对外贸易管理和海关管理的需要，实施单项统计。

以上是我国海关的四项基本任务，这四项基本任务是一个统一的有机联系的整体。监管工作通过监管进出境运输工具、货物、物品的合法进出，保证国家有关进出口政策、法律、行政法规的贯彻实施，是海关四项基本任务的基础。征税工作所需的数据、资料等是在海关监管的基础上获取的，征税与监管有着十分密切的关系。缉私工作则是监管、征税两项基本任务的延伸，对在监管、征税工作中发现的逃避监管和偷漏税款的行为，必须运用法律手段予以制止和打击。统计工作是在监管、征税工作的基础上完成的，它为国家宏观经济调控提供准确、及时的信息，同时又对监管、征税等业务环节的工作质量起到检验把关的作用。

四 海关的法律体系

法律体系一般指一个国家的全部现行法律规范按不同部门、层次所组成的有机整体。海关法作为我国现行法律的一个分支，具有相对的独立性和完整性。海关法不仅综合性强、数量多、内容繁杂，而且具有分支清楚、层次明显和相互协调、联系密切的特点。各分支、各层次的海关法既相互区分又相互联系，构成了独立、完整、严密的海关法律体系。由于我国海关管理任务艰巨，日常管理事务庞杂，涉及面广，管理手段多样，管理技术性强，而海关管理又要求把一切管理活动均纳入法制轨道，因而必须制定一系列的海关法律规范。这些法律规范仅靠国家最高权力机关立法较难符合实际需要。所以，按照《中华人民共和国立法法》的规定，我国海关法采取了全国人民代表大会、国务院和海关总署三级立法的体制。这种海关法律体系在结构上形成了以全国人民代表大会制定的《海关法》为母法，以国务院制定的行政法规和海关总署制定的部门规章为补充的三级海关法律体系。

（一）法律

《海关法》于1987年1月22日由第六届全国人民代表大会常务委员会第十九次会议通过，同年7月1日起实施。为了适应形势发展的需要，2000年7月8日第九届全国人民代表大会常务委员会第十六次会议审议通过了《关于修改〈中华人民共和国海关法〉的决定》，对《海关法》进行了较大范围的修改，修正后的《海关法》于2001年1月1日起实施。根据2013年12月28日第十二届全国人民代表大会常务委员会第六次会议《关于修改〈中华人民共和国海洋环境保护法〉等七部法律的决定》修改了《海关法》，自2014年3月1日起施行。《海关法》是我国现行法律体系的一个重要组成部分，是管理海关事务的基本法律规范。

（二）行政法规

国务院根据《中华人民共和国宪法》和法律，制定行政法规，以国务院令的形式颁布实施。

（三）海关规章

海关规章是海关总署根据海关行使职权、履行职责的需要，依据

《中华人民共和国立法法》的规定单独或会同有关部门制定的,是海关日常工作中引用数量最多、内容最广、操作性最强的法律依据,其效力等级低于法律和行政法规。

(四) 规范性文件

规范性文件,是指海关总署及各直属海关按照规定程序制定的对行政管理相对人权利、义务具有普遍约束力的文件。海关总署制定的规范性文件要求行政管理相对人遵守或执行的,应当以海关总署公告形式对外发布。规范性文件不得设定对行政管理相对人的行政处罚。直属海关在限定范围内制定的关于本关区某一方面行政管理关系的涉及行政管理相对人权利义务的规范,应当以公告形式对外发布。

(五) 我国签订或缔结的海关国际公约和与我国签订海关行政互助协议的国家或地区

海关国际公约是指世界海关组织(WCO)成员方缔结的多边协议,如《京都公约》、《伊斯坦布尔公约》,以及世界贸易组织(WTO)的有关公约,如《估价协议》等。海关行政互助协议是两国之间订立的双边协议,截至2007年,中国政府已经与世界30多个国家和地区签订了双边海关的行政互助协议,其中与中欧海关协定适用于25个欧盟国家。

表 2 - 1　　　　　　　　　海关法律体系举例

法律层级	举　例
法律	《海关法》、《对外贸易法》、《行政处罚法》等
行政法规	《关税条例》、《中华人民共和国海关稽查条例》、《中华人民共和国知识产权海关保护条例》、《中华人民共和国海关行政处罚实施条例》、《中华人民共和国海关统计条例》、《中华人民共和国进出口货物原产地条例》等
海关规章	由海关总署以海关总署令的形式对外公布,如《中华人民共和国海关审定进出口货物完税价格办法》、《中华人民共和国海关报关单位注册登记管理规定》
规范性文件	由海关总署以海关总署公告的形式对外发布,如海关总署公告2014年第56号(《关于跨境贸易电子商务进出境货物、物品有关监管事宜的公告》)

续表

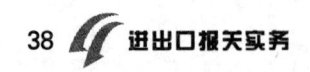

法律层级	举例
我国签订或缔结的海关国际公约	《京都公约》、《伊斯坦布尔公约》,以及世界贸易组织(WTO)的有关公约,如《估价协议》
与我国签订海关行政互助协议的国家或地区	塞尔维亚、黑山、克罗地亚、马其顿、波黑、捷克、斯洛伐克、蒙古、俄罗斯、韩国、匈牙利、乌克兰、哈萨克斯坦、以色列、美国、土耳其、欧盟、阿塞拜疆、巴基斯坦、印度、乌兹别克斯坦、日本、南非、格鲁吉亚、朝鲜、新西兰、马来西亚、吉尔吉斯斯坦、香港(行政区)、泰国、澳大利亚、澳门(行政区)、罗马尼亚

五 海关的机构设置

海关机构的设置为海关总署、直属海关和隶属海关三级。海关总署是中华人民共和国国务院下属的正部级直属机构,统一管理全国海关。海关总署现有17个内设部门、6个直属事业单位、管理4个社会团体(海关学会、报关协会、口岸协会、保税区出口加工区协会),并在欧盟、俄罗斯、美国等派驻海关机构。中央纪委、监察部在海关总署派驻纪检组、监察局。全国海关目前共有46个直属海关单位(广东分署,天津、上海特派办,41个直属海关,2所海关院校),600个隶属海关和办事处,通关监管点近4000个。中国海关组织机构如图2-1所示。

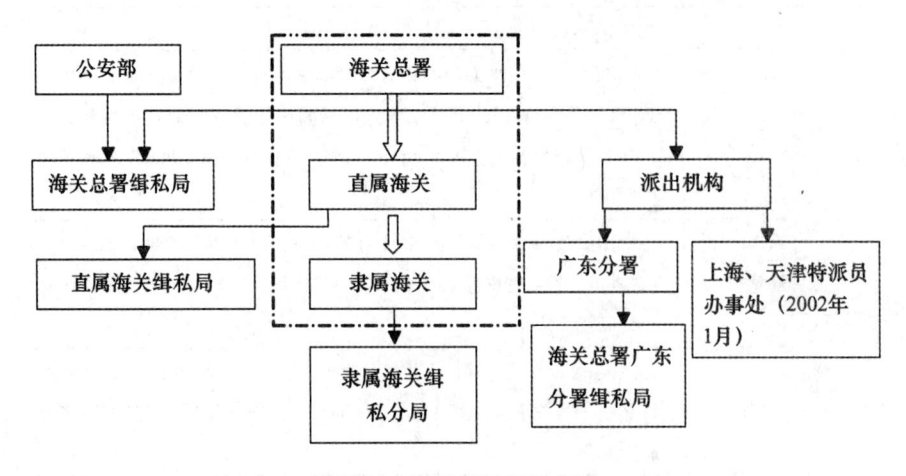

图2-1 海关组织机构全图

表 2-2　　　　　中华人民共和国直属海关和隶属海关概况

直属海关	隶属海关个数	隶属海关
北京海关	5	首都机场海关、中关村海关、北京经济技术开发区海关、天竺海关、西站海关
天津海关	7	天津新港海关、天津经济技术开发区海关、天津保税区海关、天津机场海关、天津东疆保税港区海关、蓟县海关、武清海关
石家庄海关	5	秦皇岛海关、唐山海关、保定海关、廊坊海关、沧州海关
太原海关	3	侯马海关、大同海关、太原机场海关
呼和浩特海关	5	二连海关、包头海关、额济纳海关、东乌海关、乌拉特海关
满洲里海关	2	海拉尔海关、额尔古纳海关
大连海关	10	大窑湾海关、大连机场海关、大连港湾海关、大连经济技术开发区海关（区域保税加工核查中心）、鲅鱼圈海关、营口海关、鞍山海关、丹东海关、大东港海关、庄河海关
沈阳海关	4	锦州海关、沈阳经济技术开发区海关、葫芦岛海关、沈阳桃仙机场海关
长春海关	8	长春经济技术开发区海关、长白海关、临江海关、图们海关、集安海关、珲春海关、吉林海关、延吉海关
哈尔滨海关	18	绥芬河海关、东宁海关、逊克海关、牡丹江海关、虎林海关、富锦海关、萝北海关、饶河海关、漠河海关、黑河海关、同江海关、佳木斯海关、密山海关、嘉荫海关、抚远海关、大庆海关、齐齐哈尔海关、哈尔滨经济技术开发区海关
上海海关	14	浦东海关、浦东国际机场海关、吴淞（宝山）海关、洋山海关、浦江（龙吴）海关、外港海关、外高桥保税区海关、奉贤海关、经济技术开发区海关、莘庄海关、嘉定海关、金山海关、青浦海关、松江海关
南京海关	18	苏州海关、苏州工业园区海关、江阴海关、连云港海关、南通海关、张家港海关、张家港保税港区海关、镇江海关、南京新生圩海关、常州海关、无锡海关、徐州海关、盐城海关、淮安海关、扬州海关、泰州海关、如皋海关、宿迁海关

续表

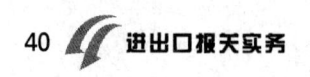

直属海关	隶属海关个数	隶属海关
杭州海关	12	湖州海关、嘉兴海关、舟山海关、杭州萧山机场海关、丽水海关、杭州经济技术开发区海关、绍兴海关、义乌海关、金华海关、衢州海关、台州海关、温州海关
宁波海关	7	镇海海关、宁波保税区海关、北仑海关、大榭海关、象山海关、宁波机场海关、梅山海关
合肥海关	9	芜湖海关、安庆海关、蚌埠海关、黄山海关、马鞍山海关、池州海关、阜阳海关、铜陵海关、滁州海关
福州海关	9	马尾海关、福州长乐机场海关、福州保税区海关、福清海关、莆田海关、宁德海关、武夷山海关、三明海关、南平海关
厦门海关	9	东渡海关、厦门高崎机场海关、象屿保税区海关、泉州海关、石狮海关、漳州海关、东山海关、龙岩海关、肖厝海关（副处级下属关）
南昌海关	5	九江海关、赣州海关、吉安海关、景德镇海关、新余海关
青岛海关	12	烟台海关、黄岛海关、日照海关、威海海关、龙口海关、荣成海关、济宁海关、临沂海关、流亭机场海关、莱州海关、蓬莱海关、大港海关（筹）
郑州海关	5+5	郑州机场海关、郑州综合保税区海关、洛阳海关、南阳海关、周口海关、焦作海关（筹）、新乡海关（筹）、信阳海关（筹）、三门峡海关（筹）、安阳海关（筹）
武汉海关	7	荆州海关、宜昌海关、武汉经济技术开发区海关、黄石海关、襄阳海关、十堰海关、东湖新技术开发区海关
长沙海关	6	张家界海关、岳阳海关、衡阳海关、常德海关、株洲海关、韶山海关
广州海关	13	佛山海关、广州白云机场海关、广州天河车站海关、番禺海关、南沙海关、肇庆海关、韶关海关、清远海关、花都海关、大铲海关、从化海关、云浮罗定海关、河源海关
深圳海关	19	皇岗海关、深圳湾海关、文锦渡海关、罗湖海关、沙头角海关、蛇口海关、大鹏海关、深圳机场海关、梅林海关、笋岗海关、福田保税区海关、南头海关、沙湾海关、同乐海关、布吉海关、惠州海关、惠州港海关、惠东海关、大铲湾海关

续表

直属海关	隶属海关个数	隶属海关
拱北海关	8	中山海关、闸口海关、九洲海关、斗门海关、高栏海关、湾仔海关、横琴海关、万山海关
汕头海关	10	汕尾海关、揭阳海关、潮州海关、梅州海关、饶平海关、潮阳海关、澄海海关、广澳海关、汕头保税区海关、南澳海关
黄埔海关	6	黄埔老港海关、黄埔新港海关、东莞海关、太平海关、新塘海关、新沙海关
江门海关	6	新会海关、鹤山海关、开平海关、台山海关、恩平海关、阳江海关
湛江海关	3	霞山海关、茂名海关、徐闻海关
南宁海关	13	南宁海关、北海海关、钦州海关、钦州海关、保税港区海关、防城海关、东兴海关、凭祥海关、水口海关、龙邦海关、梧州海关、贵港海关、柳州海关、桂林海关
海口海关	8	洋浦经济开发区海关、八所海关、三亚海关、洋浦保税港区海关、清澜海关、海口美兰机场海关、海口综合保税区海关、海口港海关
重庆海关	4	两路寸滩海关、机场海关、重庆经济技术开发区、万州设立海关
成都海关	5	双流机场海关、综合保税区海关、绵阳海关、乐山海关、攀枝花海关
贵阳海关	1	遵义海关
昆明海关	21	机场海关、瑞丽海关、芒市海关、畹町海关、章凤海关、盈江海关、腾冲海关、大理海关、河口海关、金水河海关、天保海关、都龙海关、田蓬海关、孟定海关、南伞海关、沧源海关、西双版纳海关、打洛海关、思茅海关、孟连海关、勐腊海关
拉萨海关	4	日喀则海关、聂拉木海关、狮泉河海关、吉隆海关
西安海关	2	西安咸阳机场海关、宝鸡海关
兰州海关	1	酒泉海关

续表

直属海关	隶属海关个数	隶属海关
乌鲁木齐海关	14	阿拉山口海关、喀什海关、霍尔果斯海关、塔城海关、红旗拉甫海关、卡拉苏海关(筹)、吐尔尕特海关、伊尔克什坦海关、伊宁海关、都拉塔海关、霍尔果斯国际边境合作中心海关(筹)、阿勒泰海关、乌鲁木齐机场海关、石河子海关(筹)
西宁海关	0	
银川海关	0	

案例　走私 76 件盔犀鸟头骨获刑 5 年

2013 年 1 月 19 日，入境旅客俞某携带行李箱经珠海拱北口岸旅检现场过关，无书面向海关申报。拱北海关下属的闸口海关关员发现行李可疑，经开箱检查，俞某携带的行李箱中有疑似盔犀鸟头骨 76 件，净重 7.7 公斤。后经华南野生动物物种鉴定中心鉴定，上述物品为盔犀鸟头骨及头盖骨。该案当事人俞某被法院以"走私珍贵动物制品罪"一审判决有期徒刑 5 年，并处罚金人民币 2 万元。

盔犀鸟也被称为"鹤顶红"，其头骨像头盔，正面呈淡黄至黄色，侧面呈淡红至深红色。盔犀鸟种群数量极为稀少，被列入《濒危野生动植物种国际贸易公约》(CITES) 附录 I，是我国国家二级保护动物。

(资料来源：《一旅客走私 76 件盔犀鸟头骨获刑 5 年》，中国新闻网，2013 年 7 月)

第二节　海关的权力

一　海关权力行使的原则

海关权力作为国家行政权的一部分，一方面，海关权力运行起到了维护国家利益、维护经济秩序、实现国家权能的积极作用；另一方面，海关权力除了具有一般行政权力的单方性、强制性、无偿性等基本特征外，还具有特定性、独立性、效力先定性、优益性。这些特征决定了海关权力的广泛性、自由裁量权较大等因素，以及海关执法者主观方面的原因，海关权力在行使时任何的随意性或者滥用都必然导致管理相对人的合法权益受到侵害，从而对行政法治构成威胁。因此，海关权力的行使必须遵循一定的原则。一般来说，海关权力行使应遵循的基本原则如下。

（一）合法原则

权力的行使要合法，这是依法行政原则的基本要求。按照行政法理论，行政权力行使的合法性至少包括：①行使行政权力的主体资格合法，即行使权力的主体必须有法律授权。②行使权力必须有法律规范为依据。③行使权力的方法、手段、步骤、时限等程序应合法。④一切行政违法主体（包括海关及管理相对人）都应承担相应的法律责任。

（二）适当原则

适当原则是海关行使行政权力的重要原则之一。行政权力的适当原则是指权力的行使应该以公平性、合理性为基础，以正义性为目标。因为海关在验、放、征、减、免、罚的管理活动中拥有很大的自由裁量权，即法律仅规定一定原则和幅度，海关关员可以根据具体情况和自己的意志，自行判断和选择，采取最合适的行为方式及其内容来行使职权。为了防止自由裁量权的滥用，目前我国对海关自由裁量权进行监督的法律途径主要有行政监督和司法监督程序。

（三）依法独立行使原则

海关实行高度集中统一的管理体制和垂直领导方式，地方海关只对海关总署负责。海关无论级别高低，都是代表国家行使管理权的国家机关，海关依法独立行使权力，各地方、各部门应当支持海关依法行使职权，不得非法干预海关的执法活动。

（四）依法受到保障原则

海关权力是国家权力的一种，应受到保障，才能实现国家权能的作用。《海关法》第十二条规定："海关依法执行职务，有关单位和个人应当如实回答询问，并予以配合，任何单位和个人不得阻挠。海关执行职务受到暴力抗拒时，执行有关任务的公安机关和人民武装警察部队应当予以协助。"

二 海关权利的内容

《海关法》在规定海关任务的同时,为保证任务的完成,赋予海关许多具体权力。海关权力,是指国家为保证海关依法履行职责,通过《海关法》和其他法律、行政法规赋予海关的对进出境运输工具、货物、物品的监督管理权能。海关权力属于公共行政职权,其行使受一定范围和条件的限制,并应当接受执法监督。根据《海关法》及有关法律、行政法规,海关的权力主要包括行政许可权、税费征收权、行政监督检查权、行政强制权、行政处罚权和其他权力。具体内容如表2-3所示。

表2-3　　　　　　　　　　海关权力

海关权力	内　　容
行政许可权	例:报关企业登记许可制度
税费征收权	例:关税的征收
行政监督检查权	①检查权;②查验权;③施加封志权;④查阅、复制权;⑤查问权;⑥查询权;⑦稽查权
行政强制权	①扣留权;②滞报、滞纳金征收权;③提取货物变卖、先行变卖权;④强制扣缴和变价抵缴关税权;⑤抵缴、变价抵缴罚款权;⑥税收保全;⑦其他特殊行政强制权
行政处罚权	①对违规报关人员;②走私行为人的警告、处罚;③暂停资格和取消资格权
其他权力	①佩带和使用武器权;②连续追缉权;③行政裁定权;④行政奖励权

1. 行政许可权

法律、行政法规设定的海关行政许可项目包括:①报关企业注册登记;②出口监管仓库、保税仓库设立审批;③进出境运输工具改、兼营境内运输审批;④海关监管货物仓储审批;⑤免税商店设立审批;⑥加工贸易备案(变更)、外发加工、深加工结转、余料结转、核销、放弃核准;⑦进出口货物免验审批;⑧暂时进出口货物的核准。

2. 税费征收权

根据法律、行政法规及有关规定，对特定的进出口货物、物品减征或免征关税，以及对经海关放行后的有关进出口货物、物品，发现少征或者漏征税款的，依法补征、追征税款的权力等。

3. 行政监督检查权

行政监督检查权是海关保证其行政管理职能得以履行的基本权力，主要包括：①检查权；②查验权；③施加封志权；④查阅、复制权；⑤查问权；⑥查询权；⑦稽查权。

（1）检查权

海关有权检查进出境运输工具；检查有走私嫌疑的运输工具和有藏匿走私货物、物品的场所；检查走私嫌疑人的身体。

表 2 – 4　　　　　　　　检查权的行使

检查权行使对象	授权限制
进出境运输工具	海关有关部门可直接行使，不受海关监管区的限制
有走私嫌疑的运输工具	"两区"内，海关有关部门可直接行使
	"两区"外须经直属海关关长或者授权的隶属海关关长批准方可由海关有关部门行使
有藏匿走私嫌疑货物、物品的场所	"两区"内海关有关部门可直接行使
	"两区"外，①不能对公民住所实施检查；②当事人在场；当事人未到场；须有见证人在场；③须经直属海关关长或者授权的隶属海关关长批准方可由海关有关部门行使
走私嫌疑人	"两区"内海关有关部门可直接行使
	"两区"外无授权，不能行使

说明："两区"指海关监管区和海关附近沿海沿边规定地区。"授权"包括一般性授权和一事一授权。

（2）查验权

海关有权查验进出境货物、物品。海关查验货物认为必要时，可以径行提取货样。

（3）施加封志权

根据《海关法》的规定，海关对所有未办结海关手续、处于海关监管状态的进出境货物、物品、运输工具，有权施加封志。

(4) 查阅、复制权

查阅、复制权包括查阅进出境人员的证件，查阅、复制与进出境运输工具、货物、物品有关的合同、发票、账册、单据、记录、文件、业务函电、录音录像制品和其他有关资料。

(5) 查问权

海关有权对违反《海关法》或者其他有关法律、行政法规的嫌疑人进行查问，调查其违法行为。

(6) 查询权

海关在调查走私案件时，经直属海关关长或者其授权的隶属海关关长批准，可以查询案件涉嫌单位和涉嫌人员在金融机构、邮政企业的存款、汇款。

(7) 稽查权

自进出口货物放行之日起3年内或者在保税货物、减免税进口货物的海关监管期限内及其后的3年内，海关可以对与进出口货物直接有关的企业、单位的会计账簿、会计凭证、报关单证以及其他有关资料和有关进出口货物实施稽查。根据《稽查条例》的规定，海关进行稽查时，可以行使下列职权：询问被稽查人的法定代表人、主要负责人和其他有关人员与进出口活动有关的情况和问题；检查被稽查人的生产经营场所；查询被稽查人在商业银行或者其他金融机构的存款账户；封存有可能被转移、隐匿、篡改、毁弃的账簿、单证等有关资料；封存被稽查人有违法嫌疑的进出口货物等。

4. 行政强制权

海关行政强制权是《海关法》及相关法律、行政法规得以贯彻实施的重要保障。具体包括：

(1) 扣留权

海关在下列情况下可以行使扣留权：①对违反《海关法》或者其他有关法律、行政法规的进出境运输工具、货物和物品以及与之有关的合同、发票、账册、单据、记录、文件、业务函电、录音录像制品和其他资料，可以扣留。②在海关监管区和海关附近沿海沿边规定地区，对有走私嫌疑的运输工具、货物、物品和走私犯罪嫌疑人，经直属海关关长或者其授权的隶属海关关长批准，可以扣留；对走私犯罪嫌疑人，扣留时间不得超过 24 小时，在特殊情况下可以延长至 48 小时。③在海关监管区和海关附近沿海沿边规定地区以外，对其中有证据证明有走私嫌疑的运输工具、货物、物品，可以扣留。海关对查获的走私犯罪嫌疑案件，应扣留走私犯罪嫌疑人，移送海关侦查走私犯罪公安机构。

（2）滞报金、滞纳金征收权

海关对超期申报货物征收滞报金；对于逾期缴纳进出口税费的，征收滞纳金。

（3）提取货物变卖、先行变卖权

进口货物超过 3 个月未向海关申报，海关可以提取依法变卖处理；进口货物收货人或其所有人声明放弃的货物，海关有权提取依法变卖处理；海关依法扣留的货物、物品，不宜长期保留的，经直属海关关长或其授权的隶属海关关长批准，可以先行依法变卖；在规定期限内未向海关申报的以及误卸或溢卸的不宜长期保留的货物，海关可以按照实际情况提前变卖处理。

（4）强制扣缴和变价抵缴关税权

进出口货物的纳税义务人、担保人超过规定期限未缴纳税款的，经直属海关关长或者其授权的隶属海关关长批准，海关可以：①书面通知其开户银行或者其他金融机构从其存款内扣缴税款；②将应税货物依法变卖，以变卖所得抵缴税款；③扣留并依法变卖其价值相当于应纳税款的货物或者其他财产，以变卖所得抵缴税款。

（5）抵缴、变价抵缴罚款权

根据《海关法》的规定，当事人逾期不履行海关处罚决定又不申请复议或者向人民法院提起诉讼的，海关可以将其保证金抵缴罚款，或者将其被扣留的货物、物品、运输工具依法变价抵缴罚款。

（6）税收保全

进出口货物纳税义务人在规定的纳税期限内有明显的转移、藏匿其应税货物以及其他财产迹象的，海关可以责令其提供担保，纳税义务人不能提供纳税担保的，经直属海关关长或者其授权的隶属海关关长批准，海关可以采取下列税收保全措施：①书面通知纳税义务人开户银行或者其他金融机构暂停支付纳税义务人相当于应纳税款的存款；②扣留纳税义务人价值相当于应纳税款的货物或者其他财产。

（7）其他特殊行政强制权

①处罚担保。根据《海关法》及有关行政法规的规定，对于有违法嫌疑的货物、物品、运输工具无法或不便扣留的，或者有违法嫌疑但依法不应予以没收的货物、物品、运输工具，当事人申请先予放行或解除扣留的，海关可要求当事人或者运输工具负责人提供等值担保。未提供等值担保的，海关可以扣留当事人等值的其他财产；受海关处罚的当事人在离境前未缴纳罚款，或未缴清依法被没收的违法所得和依法被追缴的货物、物品、走私运输工具的等值价款的，应当提供相当于上述款项的担保。

②税收担保。经海关批准的暂时进出境货物、保税货物，其收发货人须缴纳相当于税款的保证金或者提供其他形式的担保后，才可准予暂时免纳关税。

5. 行政处罚权

海关有权对尚未构成走私罪的违法当事人处以行政处罚，包括对走私货物、物品及违法所得处以没收，对有走私行为和违反海关监管规定行为的当事人处以罚款，对有违法的企业海关做出暂停从事有关业务、撤销海关注册登记等。

6. 其他权力

（1）配带和使用武器权

海关为履行职责，可以配备武器。海关工作人员佩带和使用武器的规定，由海关总署会同公安部制定，报国务院批准。

根据海关总署、公安部联合发布的《海关工作人员使用武器和警械的规定》，海关使用的武器包括轻型枪支、电警棍、手铐，以及其他经批准可使用的武器和警械。武器和警械使用范围为执行缉私任务时；使用对象为走私分子和走私嫌疑人；使用条件必须是在不能制服被追缉逃逸的走私团体或遭遇武装掩护走私，不能制止走私分子或者走私嫌疑人以暴力劫夺查扣的走私货物、物品和其他物品，以及以暴力抗拒检查、抢夺武器和警械、威胁海关工作人员生命安全非开枪不能自卫时。

（2）连续追缉权

进出境运输工具或者个人违抗海关监管逃逸的，海关可以连续追至海关监管区和海关附近沿海沿边规定地区以外，将其带回处理。这里所称的逃逸，既包括进出境运输工具或者个人违抗海关监管，自海关监管区和海关附近沿海沿边规定地区向内一侧逃逸，也包括向外一侧逃逸。海关追缉时需保持连续状态。

(3) 行政裁定权

包括应对外贸易经营者的申请，对进出口商品的归类、进出口货物原产地的确定、禁止进出口措施和许可证件的适用等海关事务的行政裁定的权力。

(4) 行政奖励权

包括对举报或者协助海关查获违反《海关法》的案件的有功单位和个人给予精神或者物质奖励的权力。

三　海关权利的监督

海关权力的监督即海关执法监督，是指特定的监督主体依法对海关行政机关及其执法人员的行政执法活动实施的监察、检查、督促等，以此确保海关权力在法定范围内运行。海关执法监督主要指中国共产党的监督、国家最高权力机关的监督、国家最高行政机关的监督、监察机关的监督、审计机关的监督、司法机关的监督、管理相对人的监督、社会监督以及海关上下级机构之间的相互监督、机关内部不同部门之间的相互监督、工作人员之间的相互监督等。

第三节　通关与海关

一　通关的定义

一般来讲，进出口货物和转运货物进入一国海关关境或国境必须向海关申报，办理海关规定的各项手续，履行各项法规规定的义务。只有在履行各项义务，办理海关申报、查验、征税、放行等手续后，货主或申报人完成提货，这才形成一个完整的通关过程。同样，载运进出口货物的各种运输工具进出境或转运，也均需向海关申报，办理海关手续，得到海关的许可。货物在结关期间，不论是进口、出口或转运，都是处在海关监管之下，不准自由流通。

所以，通关包括海关管理相对人向海关办理有关手续，还包括海关对进出口货物、进出境运输工具、进出境物品进行监督管理，核准其进出境的管理过程。其中，一般进出口货物通关基本环节：申报、查验、征税、放行；而加工贸易进出口货物通关基本环节：申报、查验、征税、放行、结关。这里结关的含义是指对经口岸放行后仍需继续实施管理的货物，海关在固定的期限内进行核查，对需要补证、补税货物做出处理，直至完全结束海关监管的工作程序。

概念辨析

报关、转关、通关、清关、结关概念辨析

报关是指进出口货物收发货人、进出境运输工具负责人、进出境物品的所有人或者他们的代理人，向海关办理货物、物品或运输工具进出境手续及相关海关事务的过程。

转关分为进口转关、出口转关和境内转关。其中，进口转关是指进境货物在进境地海关办理转关手续，货物运抵指运地，再在指运地海关办理报关手续。出口转关是指货物在起运地办理出口海关手续运往出境地，由出境地海关放行。境内转关为海关监管货物从境内一个设关地点运往境内另外一个设关地点。

清关（Customs Clearance）即结关，是指进口货物、出口货物和转运货物进入或出口一国海关关境或国境必须向海关申报，办理海关规定的各项手续，履行各项法规规定的义务。

通关包括海关管理相对人向海关办理有关手续，还包括海关对进出口货物、进出境运输工具、进出境物品进行监督管理，核准其进出境的管理过程。

综上分析可知，通关的概念最大，包含报关、转关和清关。

二　区域通关

（一）区域通关定义

区域通关是海关为进一步适应区域经济发展的要求，充分体现守法便利的原则，简化海关手续、提高通关效率的重大举措。所谓区域通关，就是在区域范围内，以跨关区快速通关为基础，以企业守法管理为核心，利用信息化手段，整合口岸和内地海关管理资源，倡导企业守法便利，简化海关手续，降低通关成本，提高通关效率，提升海关通关监管工作整体效能。由原来限定的由一个业务现场只能处理本关区本现场编号的报关单，改为不同关区的业务现场，可以跨关区共同处理一票报关单。

区域通关为进出口企业提供的最便捷的措施是"属地申报，口岸验放"，即对守法水平较高的企业，实行跨关区的通关方式，允许企业在属地海关办理申报、征税手续，然后自行或委托货代，持报关单复印件直接由口岸海关办理进出口货物的验放手续，不再转关监管。

(二) 区域通关流程

1. 进口通关流程

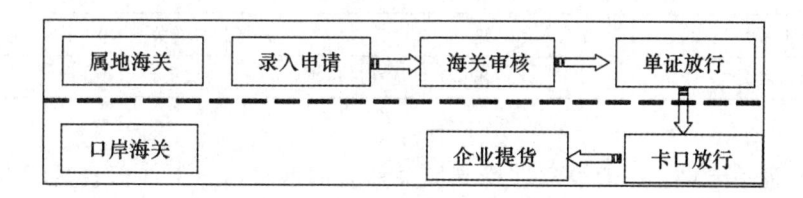

图 2-2　区域进口通关流程

运输工具进境前，运输工具负责人或其代理人向口岸海关申报进口舱单；企业在属地海关选择"属地申报、口岸验放"模式，录入报关单，向属地海关申报；企业向属地海关办理交单、缴税手续；企业在口岸海关办理查验、放行手续。其中，进口报关所需单据为：①正本进口提单；②属地海关申报的报关单复印件；③委托口岸报关行向海关报关的报关委托书。

2. 出口通关流程

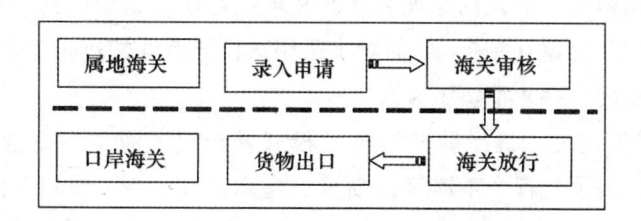

图 2-3　区域出口通关流程

企业在确定出口商品名称、数量之后，在属地海关选择"属地申报、口岸验放"模式,办理出口货物提前申报手续;企业在属地海关办理交单、缴税手续;企业在口岸海关办理查验、放行手续;企业组织货物集港装船;货物出境后,企业在属地海关办理结关退税手续。其中,出口报关所需单据:①正本装货单;②属地海关申报的报关单复印件;③货物运至港区(海关监管区),需提交由港务部门加盖货物在港证明;委托口岸报关行向海关报关的报关委托书等。

3. 进出口时属地海关与口岸海关作业分工

进出口时属地海关与口岸海关作业分工如表2-5所示。

表2-5 　　　　　　属地海关与口岸海关作业分工

	审单	接单	现场放行	卡口放行	查验	结关
属地海关	是	是	是(进口)		是(进口转关查验)	是
口岸海关			是(出口)	是(进口)	是	

海关卡口,一般设立在受到海关监管的区域内,例如保税区、监管区、港区等。卡口放行就是货物通过海关卡口时,负责监管的武警对货物根据正常手续予以放行。

(三)"属地报关、口岸验放"通关模式的优越性

1 "属地报关、口岸验放"通关模式是口岸直接放行,没有转关,企业可自行组织进出口货物的物流路线,自行安排时间,自行选择运输工具,自行选择到货地点,海关不再进行运输途中的物流监控和到货后货物的集中监管,真正实现了"一次申报、一次查验、一次放行"。

2 "属地报关、口岸验放"通关模式由属地海关负责确定适用"属地申报、口岸验放"方式的企业名单,并承担对这些企业的完全管理责任,其原则就是"守法便利",因而对于适用该模式企业的进出口货物,如无走私违规嫌疑,一般不实施查验。

3 "属地报关、口岸验放"通关模式基于属地海关对企业的长期了解,避免了通关过程中不必要的质疑、磋商环节;专设窗口,随到随办,避免了排队报关,减少了作业环节和作业时间。

4 "属地报关、口岸验放"通关模式企业可在属地集中办理检、签发进口付汇和出口收汇、退税证明联等手续,避免了企业属地和口岸之间多

次往返和函电联系。

本 章 小 节

本章从海关管理的角度着手，讨论了海关的起源、定义、任务、管理体系和法律体系；同时，解释了海关的权力和通关的含义，以及新的技术条件下采用的电子通关和区域通关。

海关是国家发展到一定阶段的产物，源于商品生产的发展和对外商品交换的需要而产生。海关设置与国家地理位置、交通环境关系密切。其职能及其作用随着人类社会的变更在不断地发展和完善时期都有不同的特点。中华人民共和国海关是国家的进出关境监督管理机关。海关的四项基本任务是监管、征税、缉私和统计，海关任务可概括如下：

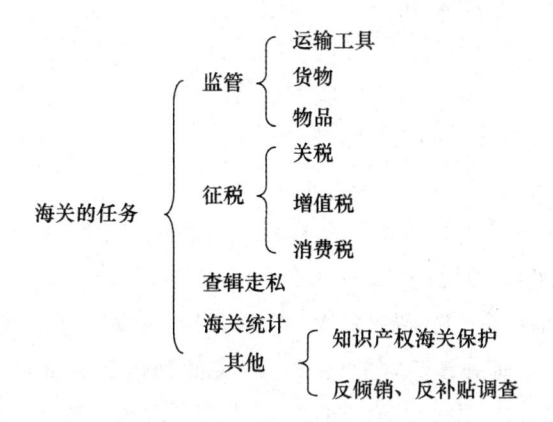

$$
\text{海关的任务}\begin{cases} \text{监管}\begin{cases}\text{运输工具}\\ \text{货物}\\ \text{物品}\end{cases}\\ \text{征税}\begin{cases}\text{关税}\\ \text{增值税}\\ \text{消费税}\end{cases}\\ \text{查辑走私}\\ \text{海关统计}\\ \text{其他}\begin{cases}\text{知识产权海关保护}\\ \text{反倾销、反补贴调查}\end{cases}\end{cases}
$$

海关采用垂直领导体系，设置了直属于国务院管辖的海关总署、直属海关和隶属海关三级管理体系。其法律体系在结构上形成了以全国人民代表大会制定的《海关法》为母法，以国务院制定的行政法规和海关总署制定的部门规章为补充的三级体系。

海关具有如下权力，在权利行使中应当遵循合法原则、适当原则、依法独立行使原则和受到保障原则。

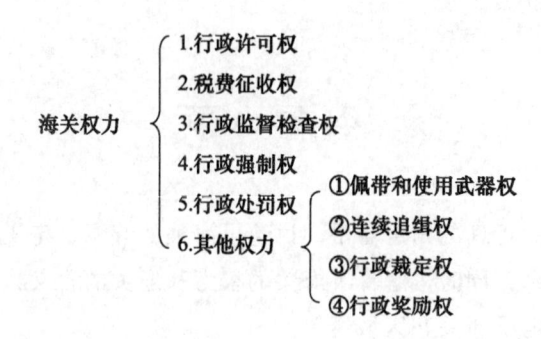

```
                    ┌ 1.行政许可权
                    │ 2.税费征收权
                    │ 3.行政监督检查权
            海关权力 │ 4.行政强制权              ┌ ①佩带和使用武器权
                    │ 5.行政处罚权              │ ②连续追缉权
                    └ 6.其他权力 ───────────────┤ ③行政裁定权
                                               └ ④行政奖励权
```

通关包括海关管理相对人向海关办理有关手续，还包括海关对进出口货物、进出境运输工具、进出境物品进行监督管理，核准其进出境的管理过程。区域通关，就是在区域范围内，以跨关区快速通关为基础，以企业守法管理为核心，利用信息化手段，整合口岸和内地海关管理资源，倡导企业守法便利，简化海关手续，降低通关成本，提高通关效率，提升海关通关监管工作整体效能。

练习题

一、单选题

1. 根据《中华人民共和国海关法》的规定，中华人民共和国海关是属于下述哪类性质的机关（ ）。

　　A. 司法机关　　B. 税收机关　　C. 监察机关　　D. 监督管理机关

2. （ ）是海关最基本的任务，海关的其他任务都在监管工作的基础上进行的。

　　A. 征税　　　　B. 监管　　　　C. 稽查　　　　D. 缉私

二、多选题

1. 根据《中华人民共和国海关法》规定，海关的基本任务为（ ）。

　　A. 监管　　　　B. 征税　　　　C. 查缉走私　　D. 编制海关统计

2. 海关征税工作的基本法律是（ ）。

　　A.《海关法》　　　　B.《中华人民共和国进出口关税条例》
　　C.《刑法》　　　　　D.《行政处罚法》

3. 下列属于海关权力的特征的是（ ）。

A. 单方性　　　B. 强制性　　　C. 有偿性　　　D. 无偿性

4. 下列选项中，属于海关权力内容的是（　　）。

A. 政许可权　B. 费征收权　C. 检查权　D. 政强制权　E. 政处罚权

三、判断题

1. 我国海关现行的领导体制是垂直领导体制。（　）

2. 中华人民共和国海关是国家的进出国境监督管理机关。（　）

3. 海关总署受国务院领导，地方直属海关受海关总署和地方政府双重领导。（　）

第三章

对外贸易管制概述

引导案例

限制进口货物无证进口

2005年1月12日,华威进出口有限责任公司(以下简称华威公司)以一般贸易方式向某海关申报进口农药一批,总价值人民币50万元。某海关经审查发现,华威公司所进口农药属于国家限制进口货物,该公司申报时未提交有关许可证件,其行为违反了《海关法》的有关规定。2005年1月25日,某海关根据《海关行政处罚实施条例》(以下简称《处罚条例》)第十四条的规定,认定华威公司的上述行为违反海关监管规定,对该公司处以人民币5万元的罚款,同时决定不予放行涉案货物。华威公司对海关的行政处罚决定未提出异议,在规定期限内如数缴纳了罚款,并在此后多次向海关申请办理该批货物的通关放行手续。因华威公司一直不能提交涉案农药的进口许可证,某海关对其放行申请未予批准。

华威公司不服海关对其进口货物不予放行的处理决定,向某海关的上一级海关申请行政复议,希望尽快放行涉案货物,同时责令该海关赔偿其经济损失人民币10万元。

2005年3月25日,复议机关对本案做出行政复议决定:确认某海关对该公司进口农药不予放行的处理决定合法,驳回华威公司的复议申请和赔偿请求。

本案涉案货物属于国家许可证件管理商品,申请人华威公司就上述货物所负有的提交许可证件、缴纳应缴税款及办理相关海关手续的义务不能因海关行政处罚而得以免除,在该公司不能交验进口许可证件的情况下,某海关不予放行涉案货物的决定于法有据，并不构成对当事人合法权益的侵害；华威公司因货物无法通关所受到的经济损失是由于其自身过错造成的，海关无须承担行政赔偿责任。

（资料来源：《未申领许可证件的进出口货物海关如何处理》，海关总署网站，2007年5月22日，经作者整理）

学习目标

1. 掌握对外贸易管制的概念、分类、目的、基本制度框架和法律体系。

2. 熟悉我国有关货物和技术对外贸易管制的基本制度。

3. 掌握对外贸易经营者备案登记制度、进出口收付汇管理制度、出入境检验检疫制度和对外贸易救济制度。

自2009年6月以来，美国、欧盟等西方国家陆续就中国限制部分工业原材料出口向WTO提出申诉。美欧认为，中国对矾土、镁、碳化硅等采取的出口配额、出口税等措施对美欧利益造成了损害，违背了中国入世的承诺。中国则认为自身的相关政策措施符合入世承诺。双方争议涉及当前国际贸易中的一个重大问题，一国外贸管制的范围与形式；甚至从根本上，一国有无权利管制商品进出口。目前，我国遭受他国的外贸管制也越来越频繁。在WTO允许的范围内，我国可以采取哪些不违背WTO规则的外贸管制措施，维护进出口市场的健康发展，有必要对我国现阶段采取外贸管制的内涵、形式、内容及实现进行系统分析。

第一节　对外贸易管制制度及其法律体系

对外贸易管制制度是一国为了维护对外贸易秩序，促进对外经济贸易和科技文化交往，颁布的一系列对外贸易管制的法律、行政法规、部门规章，它确立对外贸易经营者登记管理、出入境检验检疫、外汇管理等制度，并制定有关进出口禁止、限制、自动许可、反倾销、反补贴、进出口收付汇核销等措施。这些管制措施是政府的一种强制性行政管理行为。它所涉及的法律、行政法规、部门规章，是强制性的法律文件，不得随意改变。因此，对外贸易经营者或其代理人，在报关活动中必须严格遵守这些法律、行政法规、部门规章，并按照相应的管理要求办理进出口手续，以维护国家利益不受侵害。

一个国家对外贸易管制制度涉及工业、农业、商业、军事、技术、卫生、环保、税务、资源保护、质量监督、外汇管理以及金融、保险、信息服务等诸多领域。本章重点介绍我国对外贸易管制中有关货物和技术的管制制度、措施，以及在执行这些贸易管制措施过程中所涉及的报关规范的相关内容。

一　对外贸易管制的概念

1949年9月，中国人民政治协商会议通过的、起临时宪法作用的《中国人民政治协商会议共同纲领》规定："我国实行对外贸易管制，并采取保护贸易的政策。"实行对外贸易管制是由我国社会制度和经济发展需要所决定的，几十年的实践证明，实行对外贸易管制对我国的经济建设和对外贸易发展起到了极其重要的作用。

对外贸易管制是政府的一种强制性行政管理行为。对外贸易管制是指一国政府为了国家的宏观经济利益、国内外政策需要以及履行所缔结或加入国际条约的义务，确立实行各种制度、设立相应管理机构和规范对外贸易活动的总称。

二　对外贸易管制的分类、目的

（一）对外贸易管制的分类

对外贸易管制是各国政府为保护和促进国内生产与发展、适时限制进出口而采取的鼓励或限制措施，或为政治目的对进出口采取禁止或限制的措施。对外贸易管制已成为各国不可或缺的一项重要政府职能，也是一个国家对外经济和外交政策的具体体现。对外贸易管制按照管制目的、管制手段、管制对象分为三类：①按管制目的分为进口贸易管制和出口贸易管制；②按管制手段分为关税措施和非关税措施；③按管制对象分为货物进出口贸易管制、技术进出口贸易管制和国际服务贸易管制。

(二) 对外贸易管制的目的

尽管各国所实行的对外贸易管制措施在形式和内容上有许多差异，但管制的目的往往是相同的，主要表现为以下几个方面：

(1) 保护本国经济利益，发展本国经济

发展中国家实行对外贸易管制，主要是为了保护本国的民族工业，建立与巩固本国的经济体系；通过对外贸易管制的各项措施，防止外国产品冲击本国市场而影响本国独立的经济结构的建立；同时，也是为了维护本国的国际收支平衡，使有限的外汇能有效地发挥最大的作用。发达国家实行对外贸易管制，主要是为了确保本国在世界经济中的优势地位，避免国际贸易活动对本国经济产生不良影响，特别是要保持本国某些产品或技术的国际垄断地位，保证本国各项经济发展目标的实现。因此，各国的对外贸易管制措施都是与其经济利益相联系的，同时，也是各国经济政策的重要体现。

(2) 推行本国的外交政策

不论是发达国家还是发展中国家，往往出于政治或安全上的考虑，甚至不惜牺牲本国经济利益，在不同时期，对不同国家或不同商品实行不同的对外贸易管制措施，以达到其政治上或安全上的目标。因此，贸易管制往往成为一国推行其外交政策的有效手段。

(3) 行使国家职能

一个主权国家，对其自然资源和经济行为享有排他的永久主权。国家对外贸易管制制度和措施的强制性是为保护本国环境和自然资源、保障国民人身安全、调控本国经济而行使国家管理职能的一个重要保证。

从对外贸易管制的目的看，贸易管制政策是一国对外政策的体现，这是对外贸易管制的一个显著特点。正是为了实现上述目的，各国都要根据其不同时期的不同经济利益、安全和政治形势需要，随时调整对外贸易管制政策。因此，不同国家或同一国家不同时期的贸易管制政策是各不相同的。这种因时间、形势而变化的特性是贸易管制的又一大特点。各国对外贸易管制的另一特点是以对进口的管制为重点，虽然贸易管制有效地保护了本国国内市场和本国的经济利益，但在一定程度上也阻碍了世界经济交流，抑制了国际贸易的发展。因此，如何充分发挥贸易管制的有利因素，尽量减少其带来的不利因素，变被动保护为主动、积极的保护，是衡量一个国家管理对外贸易水平的标志。

三 我国对外贸易管制的基本框架与法律体系

（一）我国对外贸易管制的基本框架

我国对外贸易管制制度是一种综合管理制度，主要由下列制度构成。

1. 海关监管制度

海关监管制度是指海关运用国家赋予的权力，通过一系列管理制度与管理程式，依法对进出境运输工具、货物、物品的进出境活动所实施的一种行政管理。海关监管不是海关监督管理的简称，而是海关全部行政执法活动的统称。根据监管物件的不同，海关监管分为运输工具监管、货物监管和物品监管三大体系，每个体系都有一整套规范的管理程式与方法。

2. 关税制度

关税制度是以《中华人民共和国进出口关税条例》为依据，具体规定商品的归类原则、商品的税目、税号、商品描述和适用的相关税率。

3. 对外贸易经营者管理制度

我国目前对于对外贸易经营者的管理，实行备案登记制。只有向国务院对外贸易主管部门或者其委托机构办理了备案登记后享有对外贸易经营权的法人、其他组织和个人，才有权对外签订贸易合同。这项制度简称为"备"。

4. 进出口许可制度

进出口许可制度是国家对进出口的一种行政管理制度，既包括准许进出口有关证件的审批和管理制度本身的程序，也包括以国家各类许可为条件的其他行政管理手续，这种行政管理制度称为进出口许可制度。这项制度简称为"证"。

5. 出入境检验检疫制度

出入境检验检疫制度是指由国家进出境检验检疫部门依据我国有关法律和行政法规以及我国政府所缔结或者参加的国际条约、协定，对进出境的货物、物品及其包装物、交通运输工具、运输设备和进出境人员实施检验检疫监督管理的法律依据和行政手段的总和，其国家主管部门是国家质量监督检验检疫总局。我国进出境检验检疫制度内容包括：进出口商品检验制度、进出境动植物检疫制度以及国境卫生监督制度。这项制度简称为"验"。

6. 货物贸易外汇管理制度

对外贸易经营者在对外贸易经营活动中,应当依照国家有关规定结汇、用汇。国家外汇管理局依据国务院《中华人民共和国外汇管理条例》及其他有关规定,对包括经营项目外汇业务、资本项目外汇业务、金融机构外汇业务、人民币汇率的生成机制和外汇市场等领域实施的监督管理。这项制度简称为"核查"。

7. 贸易救济制度

贸易救济制度就是指在对外贸易过程中,为了避免国内产业由于受到不公平进口行为或过量进口的冲击,造成不同程度的损害,各国政府所制定的措施。贸易救济制度主要包括两反一保措施,即反倾销、反补贴和保障措施。这项制度简称为"救"。

(二) 我国对外贸易管制的法律体系

对外贸易管制是一种国家管制制度,任何从事对外贸易的活动者都必须无条件地遵守。国家对外贸易管制制度是以对外贸易管制法律、法规为保障,依靠有效的政府行政管理手段来最终实现的。我国对外贸易管制涉及的法律渊源只限于:宪法、法律、行政法规、部门规章、国际条约、协定。对外贸易管制的法律渊源不包括:地方性法规、地方性规章、各民族自治区政府的地方条例和单行条例。

1. 宪法、法律

我国现行的与对外贸易管制有关的法律主要有:①《中华人民共和国对外贸易法》;②《中华人民共和国海关法》;③《中华人民共和国进出口商品检验法》;④《中华人民共和国进出境动植物检疫法》;⑤《中华人民共和国固体废物污染环境防治法》;⑥《中华人民共和国国境卫生检疫法》;⑦《中华人民共和国野生动物保护法》;⑧《中华人民共和国药品管理法》;⑨《中华人民共和国文物保护法》;⑩《中华人民共和国食品卫生法》等。

2. 行政法规

我国现行的与对外贸易管制有关的行政法规主要有:①《中华人民共和国货物进出口管理条例》;②《中华人民共和国技术进出口管理条例》;③《中华人民共和国进出口关税条例》;④《中华人民共和国知识产权海关保护条例》;⑤《中华人民共和国野生植物保护条例》;⑥《中华人民共和

国外汇管理条例》；⑦《中华人民共和国反补贴条例》；⑧《中华人民共和国反倾销条例》；⑨《中华人民共和国保障措施条例》等。

3. 部门规章

我国现行的与对外贸易管制有关的部门规章很多，例如：①《货物进口许可证管理办法》；②《货物出口许可证管理办法》；③《两用物项和技术进出口许可证管理办法》等。

4. 国际条约、协定

各国在通过国内立法实施本国进出口贸易管制的各项措施的同时，必然要与其他国家协调立场，确定相互之间在国际贸易活动中的权利与义务关系，以实现其外交政策和对外贸易政策所确立的目标。因此，国际贸易条约与协定便成为各国之间确立国际贸易关系立场的重要法律形式。

我国目前所缔结或者参加的各类国际条约、协定，虽然不属于我国国内法的范畴，但就其效力而言可视为我国的法律渊源之一。目前，我国所加入或缔结的涉及贸易管制的国际条约主要有：①《关于简化和协调海关业务制度的国际公约》（亦称《京都公约》）；②《濒危野生动植物种国际贸易公约》（亦称《华盛顿公约》）；③《关于消耗臭氧层物质的蒙特利尔议定书》；④关于麻醉品和精神药物的国际公约，例如《联合国禁止非法贩运麻醉药品和精神药物公约》；⑤《关于化学品国际贸易资料交换的伦敦准则》；⑥《关于在国际贸易中对某些危险化学品和农药采用事先知情同意程序的鹿特丹公约》；⑦《控制危险废物越境转移及其处置的巴塞尔公约》；⑧《建立世界知识产权组织公约》等。

知识链接

我国关于《联合国禁止非法贩运麻醉药品和精神药物公约》的实施

第七届全国人民代表大会常务委员会第九次会议决定：批准中华人民共和国代表顾英奇于1988年12月20日签署的《联合国禁止非法贩运麻醉药品和精神药物公约》，同时声明，不受该《公约》第三十二条第二款和第三款的约束。

第二节 对外贸易经营者管理制度

对外贸易经营者管理制度是我国的对外贸易管理制度之一。对外贸易经营者管理制度是我国为了鼓励对外经济贸易的发展，发挥各方面的积极性，保障对外贸易经营者的对外自主权，由商务部和相关部门制定的一系列法律、行政法规、部门规章的总和。对外贸易经营者管理制度对对外贸易经营活动中涉及的相应内容做出了规范，对外贸易经营者在进出口经营活动中必须遵守。

一　对外贸易经营者管理制度

（一）对外贸易经营者实行备案登记制

对外贸易经营者，是指依法办理工商登记或者其他执业手续，依照《中华人民共和国对外贸易法》第九条和其他有关法律、行政法规、部门规章的规定从事对外贸易经营活动的法人、其他组织或者个人。法人、其他组织或者个人在从事对外贸易经营前，必须按照国家的有关规定，依法定程序在商务部备案登记，取得对外贸易经营的资格，在国家允许的范围内从事对外贸易经营活动。对外贸易经营者未按规定办理备案登记的，海关不予办理进出口货物的通关验放手续，对外贸易经营者可以接受他人的委托，在经营范围内代为办理对外贸易业务。

（二）国营贸易

国家可以对部分货物的进出口实行国营贸易管理。国营贸易的商品一般为关系国计民生的重要进出口商品。实行国营贸易管理的进出口货物目录，由国务院外经贸主管部门会同国务院有关经济管理部门制定、调整并公布。国务院外经贸主管部门和国务院有关经济管理部门按照国务院规定的职责划分，确定国营贸易企业名录并予以公布。实行国营贸易管理的货物，国家允许非国营贸易企业从事部分数量的进出口。

国营贸易企业应当每半年向国务院外经贸主管部门提供实行国营贸易管理的货物的购买价格、销售价格等有关信息。国营贸易企业应当根据正常的商业条件从事经营活动，不得以非商业因素选择供应商或拒绝其他企

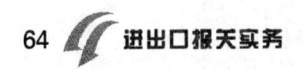

业。对未批准擅自进出口实行国营贸易管理的货物的，海关不予放行。

二 对外贸易经营者备案登记工作的管理机构

商务部是全国对外贸易经营者备案登记工作的主管部门。对外贸易经营者备案登记工作实行全国联网和属地化管理。商务部委托符合条件的地方对外贸易主管部门（以下简称备案登记机关）负责办理本地区对外贸易经营者的备案登记手续；受委托的备案登记机关不得自行委托其他机构进行备案登记。备案登记机关必须具备办理备案登记所必需的固定的办公场所，管理、录入、技术支持、维护的专职人员以及连接商务部对外贸易经营者备案登记网络系统（以下简称"备案登记网络"）的相关设备等条件。对于符合上述条件的备案登记机关，商务部可出具书面委托函，发放由商务部统一监制的备案登记印章，并对外公布。备案登记机关凭商务部的书面委托函和备案登记印章，通过商务部备案登记网络办理备案登记手续。对于情况发生变化、不符合上述条件的备案登记机关，商务部可收回对其委托。

三 对外贸易经营者资格备案登记程序

对外贸易经营者备案登记程序如图 3-1 所示。

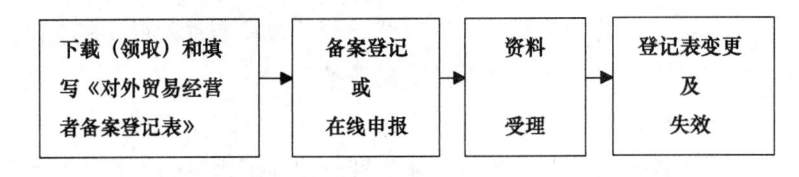

下载（领取）和填写《对外贸易经营者备案登记表》 → 备案登记或在线申报 → 资料受理 → 登记表变更及失效

图 3-1 对外贸易经营者备案登记程序

（一）下载（领取）和填写《对外贸易经营者备案登记表》

对外贸易经营者可以通过商务部政府网站下载，或到属地备案登记机关领取《对外贸易经营者备案登记表》（见式样表 3-1）。

对外贸易经营者应按《对外贸易经营者备案登记表》要求认真填写所有事项的信息，并确保所填写内容是完整的、准确的和真实的；同时认真阅读《对外贸易经营者备案登记表》背面的条款，并由企业法定代表人或个体工商负责人签字、盖章。

（二）备案登记或在线申报

向备案登记机关提交如下备案登记材料：①按要求填写的《对外贸易经营者备案登记表》；②营业执照复印件；③组织机构代码证书复印件；④对外贸易经营者为外商投资企业的，还应提交外商投资企业批准证书复印件；⑤依法办理工商登记的个体工商户（独资经营者），须提交合法公证机构出具的财产公证证明；依法办理工商登记的外国（地区）企业，须提交经合法公证机构出具的资金信用证明文件。

（三）资料受理

备案登记机关应自收到对外贸易经营者提交的上述材料之日起5日内办理备案登记手续，在《对外贸易经营者备案登记表》上加盖备案登记专用章。

对外贸易经营者应凭加盖备案登记印章的《对外贸易经营者备案登记表》在30日内到当地海关、检验检疫、外汇、税务等部门办理开展对外贸易业务所需的有关手续。逾期未办理的，《对外贸易经营者备案登记表》自动失效。此处的"30日"是指在规定的30个工作日内，只要该对外贸易经营者的申请被海关、检验检疫、外汇、税务等相关部门中的任何一个部门正式受理，其《对外贸易经营者备案登记表》即为有效。

（四）登记表变更及失效

《对外贸易经营者备案登记表》上的任何登记事项发生变更时，对外贸易经营者应按照有关规定，在30日内办理《对外贸易经营者备案登记表》的变更手续，逾期未办理变更手续的，其《对外贸易经营者备案登记表》自动失效。对外贸易经营者已在工商部门办理注销手续或被吊销营业执照的，自营业执照注销或被吊销之日起，《对外贸易经营者备案登记表》自动失效。由于对外贸易经营者备案登记业务实行属地化管理。实际申报过程中遇到任何问题可以到当地商务主管部门进行业务咨询。

第三节　进出口许可证制度

一　进出口许可证制度的定义

中华人民共和国成立后，进出口许可证制度大体经历了三个阶段：

1958年以前，对进出口商品全面实行许可证管理；1959—1980年，经外贸部下达的进出口货单即起进出口许可证的作用；1980年10月起，又重新开始实行进出口许可证制度。

进出口许可证制度作为一项非关税措施，是世界各国管理对外贸易所普遍采用的一种重要的行政手段，在国际贸易中长期存在，并广泛运用。它在维护正常的贸易经营秩序，收集有关的贸易统计资料，保护国内资源和市场，维护国家经济利益和经济安全等方面发挥着重要作用。实施许可证制度具有双重性：一方面，各国政府可以通过该制度收集有关贸易统计和其他贸易信息，维护进出口秩序，为本国制定外贸政策提供依据；另一方面，由于许可证管理制度具有一定的隐蔽性和任意性，因而有些国家通过许可证制度限制贸易，如规定复杂的发放程序实施歧视性待遇等。

进出口许可是国家对进出口的一种行政管理制度，既包括准许进出口有关证件的审批和管理制度本身的程序，也包括以国家各类许可为条件的其他行政管理手续，这种行政管理制度称为进出口许可管理制度。货物、技术进出口许可管理制度是我国进出口许可管理制度的主体，是国家对外贸易管制中极其重要的管理制度。其管理范围包括禁止进出口的货物和技术、限制进出口的货物和技术、自由进出口的技术以及自由进出口中部分实行自动许可管理的货物。

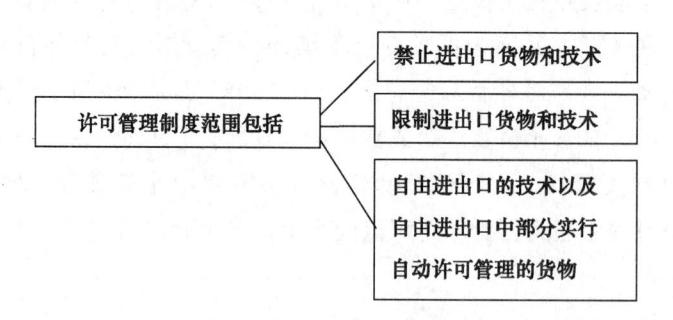

图3-2 货物、技术进出口许可管理制度的范围

图3-2为货物、技术进出口许可管理制度的范围，其中国家对部分货物和技术实施禁止进出口和限制进出口管理。

二 禁止进出口货物和技术管理

禁止进出口管理是指为维护国家安全和社会公共利益,保护人民的生命健康,履行我国所缔结或者参加的国际条约和协定,国务院商务主管部门会同国务院有关部门,依照《对外贸易法》等有关法律法规,制定、调整并公布禁止进出口货物、技术目录。海关依据国家相关法律法规对禁止进出口商品实施监督管理。

(一) 禁止进口货物和技术管理

对列入国家公布的禁止进口目录以及国家法律法规明令禁止或停止进口的货物、技术,任何对外贸易经营者不得经营进口。

1. 禁止进口货物管理

我国政府明令禁止进口的货物包括:列入由国务院商务主管部门或由其会同国务院有关部门制定的《禁止进口货物目录》的商品、国家有关法律法规明令禁止进口的商品以及其他各种原因停止进口的商品。

表 3-1　　　　　　　　　禁止进口货物种类

禁止进口货物	列入《禁止进口货物目录》的商品: ①《禁止进口货物目录》(第一批),是为了保护我国的自然生态环境和生态资源,从我国国情出发,履行我国所缔结或者参加的与保护世界自然生态环境相关的一系列国际条约和协定而发布的。 ②《禁止进口货物目录》(第二批),均为旧机电产品类,是国家对涉及生产安全(压力容器类)、人身安全(电器、医疗设备类)和环境保护(汽车、工程及车船机械类)的旧机电产品所实施的禁止进口管理。 ③2008年颁布的《禁止进口固体废物目录》,由原三、四、五批禁止进口目录补充合并而成,所涉及的是对环境有污染的固体废物类。 ④《禁止进口货物目录》(第六批),为了保护人的健康,维护环境安全,淘汰落后产品,履行《关于在国际贸易中对某些危险化学品和农药采用事先知情同意程序的鹿特丹公约》和《关于持久性有机污染物的斯德哥尔摩公约》而颁布,如长纤维青石棉、二恶英等。

续表

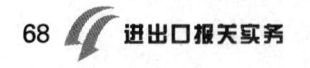

禁止进口货物	国家有关法律法规明令禁止进口的商品： ①来自动植物疫情流行的国家和地区的有关动植物及其产品和其他检疫物； ②动植物病源（包括菌种、毒种等）及其他有害生物、动物尸体、土壤； ③带有违反"一个中国"原则内容的货物及其包装； ④以氯氟烃物质为制冷剂、发泡剂的家用电器产品和以氯氟烃物质为制冷工质的家用电器用压缩机； ⑤滴滴涕、氯丹等。
	其他各种原因停止进口的商品： ①以CFC—12为制冷工质的汽车及以CFC—12为制冷工质的汽车空调压缩机（含汽车空调器）； ②右置方向盘的汽车； ③旧服装； ④Ⅷ因子制剂等血液制品； ⑤氯酸钾、硝酸铵。

2. 禁止进口技术管理

根据《对外贸易法》、《技术进出口管理条例》以及《中华人民共和国禁止进口限制进口技术管理办法》（以下简称《禁止进口限制进口技术管理办法》）的有关规定，国务院商务主管部门会同国务院有关部门，制定、调整并公布禁止进口的技术目录。属于禁止进口的技术，不得进口。

目前《中国禁止进口限制进口技术目录》所列明的禁止进口的技术涉及钢铁冶金、有色金属冶金、化工、石油炼制、石油化工、消防、电工、轻工、印刷、医药、建筑材料生产等技术领域。

案例 海关查获走私黑熊熊胆 16 个

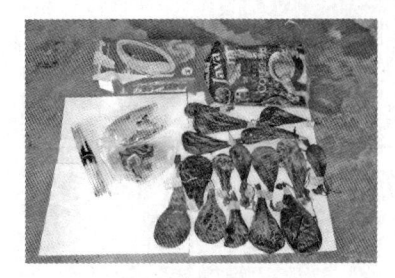

2013年7月10日，一辆在夜间从猴桥口岸入境的小货车引起了腾冲海关缉私关员的注意，当缉私关员检查驾驶室时，一盒看似随意摆放在挡风玻璃下，包装完好的缅甸食品引起了关员的注意，

经过检查,纸质食品盒内竟然装着16个黑熊熊胆和100克穿山甲甲片。

黑熊是《濒危野生动植物种国际贸易公约》(简称CITES)附录I所列物种,为国家二级保护动物。16个熊胆,意味着16头曾经在森林中自由生活的黑熊失去了生命。

(资料来源:《昆明海关:查获走私黑熊熊胆16个》,海关总署,2013年7月)

(二)禁止出口货物和技术管理

对列入国家公布的禁止出口目录的以及国家法律法规明令禁止出口的货物、技术,任何对外贸易经营者不得经营出口。

1. 禁止出口货物管理

我国政府明令禁止出口的货物主要有列入《禁止出口货物目录》的商品和国家有关法律法规明令禁止出口的商品。

表3-2　　　　　　　　　　禁止出口货物种类

禁止出口货物	列入《禁止出口货物目录》的商品共有5批: ①《禁止出口货物目录》(第一批),是为了保护我国自然生态环境和生态资源,从我国国情出发,履行我国所缔结或者参加的与保护世界自然生态环境相关的一系列国际条约和协定而发布的。如国家禁止出口属破坏臭氧层物质的四氯化碳,禁止出口属世界濒危物种管理范畴的犀牛角、虎骨、麝香,禁止出口有防风固沙作用的发菜和麻黄草等植物。 ②《禁止出口货物目录》(第二批),主要是为了保护我国匮乏的森林资源,防止乱砍滥伐而发布的,如禁止出口木炭。 ③《禁止出口货物目录》(第三批),为了保护人的健康,维护环境安全,淘汰落后产品,履行《关于在国际贸易中对某些危险化学品和农药采用事先知情同意程序的鹿特丹公约》和《关于持久性有机污染物的斯德哥尔摩公约》而颁布,如长纤维青石棉、二恶英等。 ④《禁止出口货物目录》(第四批),主要包括硅砂、石英砂及其他天然砂。 ⑤《禁止出口货物目录》(第五批),包括无论是否经化学处理过的森林凋落物以及泥炭(草炭)。

续表

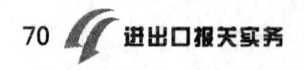

禁止出口货物	国家有关法律法规明令禁止出口的商品： ①未定名的或者新发现并有重要价值的野生植物； ②原料血浆； ③商业性出口的野生红豆杉及其部分产品； ④劳改产品； ⑤以氯氟烃物质为制冷剂、发泡剂的家用电器产品和以氯氟烃物质为制冷工质的家用电器用压缩机； ⑥滴滴涕、氯丹等。

2. 禁止出口技术管理

根据《对外贸易法》、《技术进出口管理条例》以及《中华人民共和国禁止出口限制出口技术管理办法》（以下简称《禁止出口限制出口技术管理办法》）的有关规定，国务院商务主管部门会同国务院有关部门，制定、调整并公布禁止出口的技术目录。属于禁止出口的技术，不得出口。

知识链接

中国禁止出口限制出口技术

目前列入《中国禁止出口限制出口技术目录》禁止出口部分的技术包括：畜牧品种的繁育技术、微生物肥料技术、中国特有的物种资源技术、蚕类品种繁育和蚕茧采集加工利用技术、水产品种的繁育技术、绿色植物生长调节剂制造技术、采矿工程技术、肉类加工技术、饮料生产技术、造纸技术、焰火爆竹生产技术、化学合成及半合成咖啡因生产技术、核黄素生产工艺、中药材资源及生产技术、中药饮片炮制技术、化学合成及半合成药物生产技术、非晶无机非金属材料生产技术、低维无机非金属材料生产技术、有色金属冶金技术、稀土的提炼加工和利用技术、农用机械制造技术、航天器测控技术、航空器设计与制造技术、集成电路制造技术、机器人制造技术、地图制图技术、书画墨及八宝印泥制造技术、中国传统建筑技术、计算机网络技术、空间数据传输技术、卫星应用技术、大地测量技术、中医医疗技术等。

三 限制进出口

限制进出口管理是指为维护国家安全和社会公共利益，保护人民的生命健康，履行我国所缔结或者参加的国际条约和协定，国务院商务主管部门会同国务院有关部门，依照《对外贸易法》的规定，制定、调整并公布各类限制进出口货物、技术目录。海关依据国家相关法律、法规对限制进出口目录货物、技术实施监督管理。

（一）限制进口管理

国家实行限制进口管理的货物、技术，必须依照国家有关规定，经国务院商务主管部门或者经国务院商务主管部门会同国务院有关部门许可，方可进口。

1. 限制进口货物管理

目前，我国限制进口货物管理按照其限制方式划分为许可证件管理和关税配额管理。

（1）许可证件管理

许可证件管理系指在一定时期内根据国内政治、工业、农业、商业、军事、技术、卫生、环保、资源保护等领域的需要，以及为履行我国所加入或缔结的有关国际条约的规定，以经国家各主管部门签发许可证件的方式来实现各类限制进口的措施。许可证件管理主要包括进口许可证、两用物项和技术进口许可证、濒危物种进口、限制类可利用固体废物进口、药品进口、音像制品进口、黄金及其制品进口等管理。

国务院商务主管部门或者国务院有关部门在各自的职责范围内，根据国家有关法律、行政法规的有关规定签发上述各项管理所涉及的各类许可证件，海关凭相关许可证件验放。

（2）关税配额管理

关税配额管理系指一定时期内（一般是1年），国家对部分商品的进口制定关税配额税率并规定该商品进口数量总额，在限额内，经国家批准后允许按照关税配额税率征税进口，如超出限额则按照配额外税率征税进口的措施。一般情况下，关税配额税率优惠幅度很大，如小麦关税配额税率与最惠国税率相差达65倍。国家通过这种行政管理手段对一些重要商品，以关税这个成本杠杆来实现限制进口的目的，因此关税配额管理是一种相对数量的限制。

案例　企业伪报企图逃避限制性监管

2009年12月16日，大连海关得到举报：有公司走私大米出境。大连海关当即开展风险分析，经层层排查，迅速锁定嫌疑目标，并于12月18日在大窑湾口岸查扣走私大米10个集装箱，重约230吨，货值100余万元人民币。大米属于我国限制出口商品，国家对其有严格的出口计划并实行配额管理，要想出口必须获得国家许可证。为逃避许可证管理，上海某公司将大米伪报成芸豆、绿豆等非涉证商品企图蒙混过关。

查扣10个集装箱大米后，大连海关又进一步深挖线索，发现从2009年9月至今，上海该公司委托大连两家报关公司，通过伪报品名逃证走私出口大米累计24票，共计160个集装箱，重3586吨，货值达980万元人民币，出口目的地主要有格鲁吉亚、美国、乌克兰、俄罗斯、伊朗、所罗门群岛等。

（资料来源：闫平：《大连海关破获一起案值980万元的走私出口大米案》，新华网，2010年4月10日）

2. 限制进口技术管理

限制进口技术实行目录管理。根据《对外贸易法》、《技术进出口管理条例》以及《禁止进口限制进口技术管理办法》的有关规定，国务院商务主管部门会同国务院有关部门，制定、调整并公布限制进口的技术目录。属于目录范围内的限制进口的技术，实行许可证管理，未经国家许可，不得进口。

进口属于限制进口的技术，应当向国务院商务主管部门提出技术进口申请。国务院商务主管部门收到技术进口申请后，应当会同国务院有关部门对申请进行审查。技术进口申请经批准的，由国务院商务主管部门发给"中华人民共和国技术进口许可意向书"，进口经营者取得技术进口许可意向书后，可以对外签订技术进口合同。进口经营者签订技术进口合同后，应当向国务院商务主管部门申请技术进口许可证。经审核符合发证条件的，由国务院商务主管部门颁发"中华人民共和国技术进口许可证"，企业持证向海关办理进口通关手续。

目前，列入《中国禁止进口限制进口技术目录》中属限制进口的技术包括生物技术、化工技术、石油炼制技术、石油化工技术、生物化工技术和造币技术等。

经营限制进口技术的经营者在向海关申报进口手续时，必须主动递交技术进口许可证，否则将承担由此而造成的一切法律责任。

（二）限制出口管理

国家实行限制出口管理的货物、技术，必须依照国家有关规定，经国务院商务主管部门或者经国务院商务主管部门会同国务院有关部门许可，方可出口。

1. 限制出口货物管理

对于限制出口货物管理，《货物进出口管理条例》规定，国家规定有数量限制的出口货物，实行配额管理；其他限制出口货物，实行许可证件管理；实行配额管理的限制出口货物，由国务院商务主管部门和国务院有关经济管理部门按照国务院规定的职责划分进行管理。

目前，我国货物限制出口按照其限制方式划分为出口配额限制、出口非配额限制。

（1）出口配额限制

出口配额限制系指在一定时期内为建立公平竞争机制、增强我国商品在国际市场的竞争力、保障最大限度的收汇及保护我国产品的国际市场利益，国家对部分商品的出口数量直接加以限制的措施。我国出口配额限制有两种管理形式，即出口配额许可证管理和出口配额招标管理。

出口配额许可证管理是国家对部分商品的出口，在一定时期内（一般是1年）规定数量总额，经国家批准获得配额的允许出口，否则不准出口的配额管理措施。出口配额许可证管理是国家通过行政管理手段对一些重要商品以规定绝对数量的方式来实现限制出口的目的。出口配额许可证管理是通过直接分配的方式，由国务院商务主管部门或者国务院有关部门在各自的职责范围内根据申请者需求并结合其进出口实绩、能力等条件，按照效益、公正、公开和公平竞争的原则进行分配。国家各配额主管部门对经申请有资格获得配额的申请者发放各类配额证明。申请者取得配额证明后，凭配额证明到国务院商务主管部门及其授权发证机关申领出口许可证。

配额招标管理是国家对部分商品的出口，在一定时期内（一般是1年）规定数量总额，采取招标分配的原则，经招标获得配额的允许出口，否则不准出口的配额管理措施。出口配额招标管理是国家通过行政管理手段对一些重要商品以规定绝对数量的方式来实现限制出口的目的。国家各配额主管部门对中标者发放各类配额证明。中标者取得配额证明后，凭配额证明到国务院商务主管部门或其授权发证机关申领出口许可证。

（2）出口非配额限制

出口非配额限制系指在一定时期内根据国内政治、军事、技术、卫生、环保、资源保护等领域的需要，以及为履行我国所加入或缔结的有关国际条约的规定，经国家各主管部门签发许可证件的方式来实现的各类限制出口措施。目前，我国非配额限制管理主要包括出口许可证、濒危物种出口、两用物项出口、黄金及其制品出口等许可管理。

2. 限制出口技术管理

限制出口技术实行目录管理，国务院商务主管部门会同国务院有关部门，制定、调整并公布限制出口的技术目录。我国目前限制出口的技术目录主要有《两用物项和技术进出口许可证管理目录》和《中国禁止出口限制出口技术目录》等。属于目录范围内的限制出口的技术，实行许可证管理，未经国家许可，不得出口。出口属于上述限制出口的技术，经营限制出口技术的经营者应当向国务院商务主管部门提出技术出口申请，经国务院商务主管部门审核批准后取得技术出口许可证件，在向海关申报出口手续时必须主动递交相关技术出口许可证件，否则将承担由此而造成的一切法律责任。

四 自由进出口

自由进出口管理是指除国家禁止、限制进出口货物、技术外的其他货物、技术，均属于自由进出口范围。自由进出口货物、技术的进出口不受限制，但基于监测进出口情况的需要，国家对部分属于自由进口的货物实行自动进口许可管理，对自由进出口的技术实行技术进出口合同登记管理。

(一) 货物自动进口许可管理

自动进口许可管理是在任何情况下对进口申请一律予以批准的进口许可制度。这种进口许可实际上是一种在进口前的自动登记性质的许可制度，实行《自动进口许可管理的货物目录》，应当至少在实施前 21 天公布。

进口属于自动进口许可管理的货物，均应当给予许可。进口经营者应当在办理海关报关手续前，向国务院外经贸主管部门或者国务院有关经济管理部门提交自动进口许可申请，国务院外经贸主管部门或者国务院有关经济管理部门应当在收到申请后，立即发放自动进口许可证明，在特殊情况下，最长不得超过 10 天。进口经营者凭国务院外经贸主管部门或者国务院有关经济管理部门发放的自动进口许可证明，向海关办理报关验放手续。

商务部对《自动进口许可证》项下货物原则上实行"一批一证"管理，对部分货物也可实行"非一批一证"管理。"一批一证"指：同一份《自动进口许可证》不得分批次累计报关使用。同一进口合同项下，收货人可以申请并领取多份《自动进口许可证》。"非一批一证"指：同一份《自动进口许可证》在有效期内可以分批次累计报关使用，但累计使用不得超过 6 次。海关在《自动进口许可证》原件"海关验放签注栏"内批注后，海关留存复印件，最后一次使用后，海关留存正本。对"非一批一证"进口实行自动进口许可管理的大宗散装商品，每批货物进口时，按其实际进口数量核扣自动进口许可证额度数量；最后一批货物进口时，其溢装数量按该自动进口许可证实际剩余数量并在规定的允许溢装上限内计算。

《自动进口许可证》在公历年度内有效，有效期为 6 个月。《自动进口许可证》需要延期或者变更，一律在原发证机构重新办理，旧证同时撤销，并在新证备注栏中注明原证号。实行"非一批一证"的自动进口许可证需要延期或者变更，核减原证已报关数量后，按剩余数量发放新证。未申领《自动进口许可证》，擅自进口自动进口许可管理货物的，由海关依照有关法律、行政法规的规定处理、处罚；构成犯罪的，依法追究刑事责任。伪造、变造、买卖《自动进口许可证》或者以欺骗等不正当手段获取《自动进口许可证》的，依照有关法律、行政法规的规定处罚；

构成犯罪的，依法追究刑事责任。

(二) 技术进出口合同登记管理

根据《中华人民共和国技术进出口管理条例》和《技术进出口合同登记管理办法》，对属于自由进出口的技术，实行合同登记管理。技术进出口合同包括专利权转让合同、专利申请权转让合同、专利实施许可合同、技术秘密许可合同、技术服务合同和含有技术进出口的其他合同。商务主管部门是技术进出口合同的登记管理部门。自由进出口技术合同自依法成立时生效，不以登记为合同生效的条件。

国家对自由进出口技术合同实行网上在线登记管理。技术进出口经营者应登录商务部政府网站上的"技术进出口合同信息管理系统"进行合同登记，并持技术进（出）口合同登记申请书、技术进（出）口合同副本（包括中文译本）和签约双方法律地位的证明文件，到商务主管部门履行登记手续。自由进出口技术合同登记的主要内容为：合同号、合同名称、技术供方、技术受方、技术使用方、合同概况、合同金额、支付方式、合同有效期。商务主管部门在收到上述文件起3个工作日内，对合同登记内容进行核对，并向技术进出口经营者颁发《技术进口合同登记证》或《技术出口合同登记证》。

第四节 出入境检验检疫制度

出入境检验检疫制度是指由国家出入境检验检疫部门依据我国有关法律和行政法规以及我国政府所缔结或者参加的国际条约、协定，对出入境的货物、物品及其包装物、交通运输工具、运输设备和出入境人员实施检验检疫监督管理的法律依据和行政手段的总和。

一、出入境检验检疫制度及其主管部门

(一) 出入境检验检疫制度

出入境检验检疫制度是我国贸易管制制度的重要组成部分，其目的是维护国家声誉和对外贸易有关当事人的合法权益，保证国内生产的正常开展、促进对外贸易的健康发展，保护我国的公共安全和人民生命财产安全等，是国家主权的具体体现。

（二）出入境检验检疫的主管部门

我国的进出口检验检疫工作的国家主管部门是国家质量监督检验检疫总局（General Administration of Quality Supervision, Inspection and Quarantine of the People's Republic of China, AQSIQ）。国家质检总局是国务院主管全国质量、计量、出入境商品检验、出入境卫生检疫、出入境动植物检疫和认证认可、标准化等工作，并行使行政执法职能的直属机构。

知识链接

国家质量监督检验检疫总局

国家出入境检验检疫总局于 1998 年在国务院机构改革中组建。由原来的中国商品检验局（简称商检）、中华人民共和国卫生检疫局（简称卫检）、中国动植物检疫局（简称动植检）三个机构组建而成。现在，商检局已经不存在。为适应社会主义市场经济体制发展的需要，国务院决定将原"国家出入境检验检疫局"和"国家质量技术监督局"合并，组建"国家质量监督检验检疫总局"，于 2001 年 4 月 10 日正式成立。国家质量技术监督检验检疫总局（简称国家质检总局）是国务院设立的现行的出入境检验检疫部门，主管全国出入境检验检疫工作。其所设在各地的出入境检验检疫机构，管理体制不变，仍管理所辖地区的出入境检验检疫工作。同时，实行"一次报检、一次取（采）样、一次检验检疫、一次卫生除害处理、一次计收费、一次发证放行"的先报检、后通关的新的通关制度，并启用新的统一的出入境检验检疫证书和出入境货物通关单。

二　出入境检验检疫职责范围

我国出入境检验检疫制度实行目录管理。国家质量监督检验检疫总局根据对外贸易需要，公布并调整《出入境检验检疫机构实施检验检疫的进出境商品目录》，即《法检目录》。法定检验以外的进出境商品是否需要检验，由对外贸易当事人决定。对外贸易合同约定或者进出口商品的收发货人申请检验检疫时，检验检疫机构可以接受委托，实施检验检疫并制发证书。此外，检验检疫机构对法检以外的进出口商品，可以以抽查的方式予以监督管理。对关系国计民生、价值较高、技术复杂或涉及环境及卫生、疫情标准的重要进出口商品，收货人应当在对外贸易合同中约定，在出口国装运前进行预检验、监造或监装，以及保留到货后最终检验和索赔的条款。

三　出入境检验检疫制度的内容

我国出入境检验检疫制度内容包括进出口商品检验制度、进出境动植物检疫制度以及国境卫生监督制度。

（一）进出口商品检验制度

进出口商品检验制度是根据《中华人民共和国进出口商品检验法》及其实施条例的规定，国家质量监督检验检疫总局及口岸出入境检验检疫机构对进出口商品所进行的品质、质量检验和监督管理的制度。我国实行进出口商品检验制度的目的是保证进出口商品的质量，维护对外贸易有关各方的合法权益，促进对外经济贸易关系的顺利发展。商品检验机构实施进出口商品检验的内容包括商品的质量、规格、数量、重量、包装以及是否符合安全、卫生的要求。我国商品检验的种类分为四种，即法定检验、合同检验、公证检验和委托检验。对法律、行政法规、部门规章规定有强制性标准或者其他必须执行的检验标准的进出口商品，依照法律、行政法规、部门规章规定的检验标准检验；对法律、行政法规、部门规章未规定有强制性标准或者其他必须执行的检验标准的，依照对外贸易合同约定的检验标准检验。

（二）进出境动植物检疫制度

进出境动植物检疫制度是根据《中华人民共和国进出境动植物检疫法》及其实施条例的规定，国家质量监督检验检疫总局及口岸出入境检验检疫机构对进出境动植物、动植物产品的生产、加工、存放过程实行动植物检疫的进出境监督管理制度。我国实行进出境检验检疫制度的目的是防止动物传染病、寄生虫病和植物危险性病、虫、杂草以及其他有害生物传入、传出国境，保护农、林、牧、渔业生产和人体健康，促进对外经济贸易的发展。口岸出入境检验检疫机构实施动植物检疫监督管理的方式有：注册登记、疫情调查、检测和防疫指导等。其内容主要包括：进境检疫、出境检疫、过境检疫、进出境携带和邮寄物检疫以及出入境运输工具检疫等。

（三）国境卫生监督制度

国境卫生监督制度是指出入境检验检疫机构根据《中华人民共和国国境卫生检疫法》及其实施细则，以及其他的卫生法律、法规和卫生标准，在进出口口岸对出入境的交通工具、货物、运输容器以及口岸辖区的公共场所、环境、生活设施、生产设备所进行的卫生检查、鉴定、评价和采样检验的制度。我国实行国境卫生监督制度是为了防止传染病由国外传入或者由国内传出，实施国境卫生检疫，保护人体健康。其监督职能主要包括：进出境检疫、国境传染病检测、进出境卫生监督等。

四 进出口商品检验、动植物检疫、国境卫生检疫的区别

进出口商品检验、动植物检疫、国境卫生检疫的区别情况见表3-3。

表3-3 进出口商品检验、动植物检疫、国境卫生检疫监督的区别

检验检疫范围	法律依据	检验检疫内容	方式
进出口商品检验制度	《中华人民共和国进出口商品检验法》	商品的质量、规格、数量、重量、包装以及是否符合安全、卫生要求	法定检验、合同检验、公正鉴定和委托检验
进出境动植物检疫制度	《中华人民共和国进出境动植物检疫法》	对进出境动植物、动植物产品的生产、加工、存放过程实行动植物检疫	进境检疫、出境检疫、过境检疫、进出境携带和邮寄物检疫以及出入境运输工具检疫
国境卫生监督制度	《中华人民共和国国境卫生检疫法》和《中华人民共和国食品卫生法》	对出入境的交通工具、货物、运输容器以及口岸辖区的公共场所、环境、生活设施、生产设备所进行的卫生检查、鉴定、评价和采样检验	进出境检疫、国境传染病检测、进出境卫生监督

知识链接

检验检疫徽章

国家质量监督检验检疫总局局徽由蛇杖、天平、长城、橄榄叶组成，深蓝底色，除国徽以外，其他部分均为金黄色；整体形状为圆形盾牌，寓意安全与保护；国徽是国家的象征和标志，表示国家质量监督检验检疫总局依照国家的法律、法规行使职权，维护国家利益；深蓝底色，象征质量监督检验检疫科学的管理与精湛的技术；蛇杖由交缠在橄榄枝上的两蛇和伸展的双翼组成，为国际通用标志，代表国际贸易；天平代表质量监督检验检疫工作的公正性与准确性，圆规与等角三角形表现质量监督检验检疫行业特色，即"没有规矩，不成方圆"；长城表示质量监督检验检疫部门的执法把关职能；环绕的橄榄叶，象征枝繁叶茂，借寓质量监督检验检疫事业蓬勃发展。

五　中国电子检验检疫

中国电子检验检疫即通过应用信息化手段和改革检验检疫监管模式，实现对检验检疫对象从申报到检验检疫、签证放行全过程的电子化。电子检验检疫具有三大功能：电子申报、电子监管、电子放行。

电子申报是指通过网络，企业足不出户就可以进行申报。目前已经进行电子申报的业务有：出入境货物申报、产地证申报、检疫许可证申报、旧机电产品备案申报、金伯利证书申报。

电子监管是指在检验检疫工作前推后移、改革原有监管模式的基础上，应用信息化管理全过程，大大提高工作效率。电子监管包括：出口货物前期管理、出口货物快速核放、进口货物快速查验。出口货物前期管理包括建立企业电子档案，对出口货物监管前推，从源头管理，在生产过程排布关键控制点进行严密检验检疫检测，实时提取电子数据，实现严密监管和工作前推。出口货物快速核放是指将出口企业日常监管信息、生产过程实时检验检疫结果和标准规定要求存入监管数据库。报检时，只需将数据进行比对，成功后即可放行。进口货物快速查验是实现检验检疫机构与港务部门的网络互联、信息共享。货物到港前，该系统可提前获取港务部门相关电子信息，并对进口货物到货信息自动核查和处理。货物到港后，按检验检疫不同要求查验核放。

电子放行是实现检验检疫与海关之间、检验检疫机构之间在通关放行信息上的互联互通，有效提高通关验放效率。电子放行包括电子通关、电子转单和绿色通道制度。电子通关是检验检疫机构与海关通过口岸电子执法系统实现电子共享，完成检验检疫通关单电子数据的传输，为企业节省时间。"电子转单"指通过系统网络，将产地检验检疫机构和口岸检验检疫机构的相关信息相互连通，即出境货物经产地检验检疫机构将已经检验检疫合格的相关电子信息传输到出境口岸检验检疫机构；入境货物经入境口岸检验检疫机构签发的《入境货物通关单》相关电子信息传输到目的地检验检疫机构实施检验检疫的监管模式。"绿色通道"制度，是按照分类管理原则，对安全质量风险小、诚信度高的企业的出口货物，产地机构检验后，口岸机构免于查验，直接向海关发送电子通关单或签发通关单，形成绿色通道。

第五节　进出口货物外汇管理制度

我国的外汇管理制度，即国家外汇管理局、中国人民银行及国务院其他有关部门，依据国务院《中华人民共和国外汇管理条例》及其他有关规定对包括经常项目外汇业务、资本项目外汇业务、金融机构外汇业务、人民币汇率的生成机制和外汇市场等领域实施的监督管理。

一　进出口货物外汇管理制度及管理机构

（一）进出口外汇管理制度

对外贸易经营者在对外贸易经营活动中，应当遵守国家有关外汇管理的规定。这里的外汇是指下列以外币表示的可以用作国际清偿的支付手段和资产，主要包括纸币、铸币、票据、银行存款凭证、银行卡等。进出口货物外汇管理就是我国实施外汇管理的主要手段。

国家外汇管理局、海关总署、国家税务总局决定，自 2012 年 8 月 1 日起在全国实施货物贸易外汇管理制度改革，并相应调整出口报关流程，优化升级出口收汇与出口退税信息共享机制。与此同时，取消出口收汇核销单（以下简称核销单），企业不再办理出口收汇核销手续。国家外汇管理局分支局（以下简称外汇局）对企业的贸易外汇管理方式由现场逐笔核销改变为非现场总量核查。外汇局通过货物贸易外汇监测系统，全面采集企业货物进出口和贸易外汇收支逐笔数据，定期比对、评估企业货物流与资金流总体匹配情况，便利合规企业贸易外汇收支；对存在异常的企业进行重点监测，必要时实施现场核查。

（二）管理机构

国家外汇管理局及其分支机构（以下简称外汇局）依法对进出口收付汇的真实性与合规性进行监督管理。国家外汇管理局与海关总署、国家税务总局将进一步加强合作，实现数据共享；完善协调机制，形成监管合力；严厉打击各类违规跨境资金流动和走私、骗税等违法行为。

二　贸易外汇收支企业名录管理

外汇局实行"贸易外汇收支企业名录"（以下简称名录）登记管理，统一向金融机构发布名录。金融机构不得为不在名录的企业直接办理贸易外汇收支业务。

企业依法取得对外贸易经营权后，应当持有关材料到外汇局办理名录登记手续。名录企业登记信息发生变更的，应当到外汇局办理变更登记手续。企业终止经营或被取消对外贸易经营权的，应当到外汇局办理注销登记手续。外汇局可根据企业的贸易外汇收支业务状况及其合规情况注销企业名录。企业办理贸易外汇收支，应当签署《货物贸易外汇收支业务办理确认书》，承诺遵守国家外汇管理规定。外汇局对新办名录登记的企业实行辅导期管理。

进出口企业名录的登记、变更和注销依据《货物贸易外汇管理指引操作规程》办理。

三　贸易外汇收支管理

《货物贸易外汇管理指引》第二条和第三条认为国家对贸易项下国际

支付不予限制。出口收入可按规定调回境内或存放境外。境内机构（以下简称企业）的贸易外汇收支应当具有真实、合法的交易背景，与货物进出口一致。这里企业贸易外汇收支主要内容包括：从境外、境内保税监管区域收回的出口货款，向境外、境内保税监管区域支付的进口货款；从离岸账户、境外机构境内账户收回的出口货款，向离岸账户、境外机构境内账户支付的进口货款；深加工结转项下境内的收付款；转口贸易项下的收付款；其他与贸易相关的收付款。

企业应当按照"谁出口谁收汇、谁进口谁付汇"原则办理贸易外汇收支业务，捐赠项下进出口业务等外汇局另有规定的情况除外。代理进口、出口业务应当由代理方付汇、收汇。代理进口业务项下，委托方可凭委托代理协议将外汇划转给代理方，也可由代理方购汇。代理出口业务项下，代理方收汇后可凭委托代理协议将外汇划转给委托方，也可结汇将人民币划转给委托方。

企业应当根据贸易方式、结算方式以及资金来源或流向，凭相关单证在金融机构办理贸易外汇收支，并按规定进行贸易外汇收支信息申报。金融机构应当查询企业名录和分类状态，按规定进行合理审查，并向外汇局报送前款所称贸易外汇收支信息。

对于下列影响贸易外汇收支与货物进出口一致性匹配的信息，企业应当在规定期限内向外汇局报告：超过规定期限的预收货款、预付货款、延期收款以及延期付款；其他应当报告的事项。企业可主动向外汇局报告除本条前款规定以外的其他贸易外汇收支信息。

外汇局对企业出口收入存放境外业务实行登记管理。当企业将出口收入满足下列条件时，可将收入存放境外：①具有出口收入来源，且在境外有符合本细则规定的支付需求；②近两年无违反外汇管理规定行为；③有完善的出口收入存放境外内控制度；④外汇局规定的其他条件。同时，企业应当向外汇局定期报告境外账户收支等情况。

四 非现场核查

外汇局定期或不定期对企业一定期限内的进出口数据和贸易外汇收支数据进行总量比对，核查企业贸易外汇收支的真实性及其与货物进出口的一致性。其中，外汇局对贸易信贷、转口贸易等特定业务，以及保税监管区域企业等特定主体实施专项监测。外汇局对下列企业实施重点监测：①贸易外汇收支与货物进出口一致性匹配情况超过一定范围的；②贸易信贷余额或中长期贸易信贷发生额超过一定比例的；③经专项监测发现其他异常或可疑的；④其他需要重点监测的。

五 现场核查

外汇局可对企业非现场核查中发现的异常或可疑的贸易外汇收支业务实施现场核查。同时，外汇局可对金融机构办理贸易外汇收支业务的合规性与报送信息的及时性、完整性和准确性实施现场核查。

外汇局实施现场核查可采取下列方式：①要求被核查企业、经办金融机构提交相关书面材料；②约见被核查企业法定代表人或其授权人、经办金融机构负责人或其授权人；③现场查阅、复制被核查企业、经办金融机构的相关资料；④其他必要的现场核查方式。

被核查单位应当配合外汇局进行现场核查，如实说明情况，并提供有关文件、资料，不得拒绝、阻碍和隐瞒。现场核查人员不得少于2人，并出示证件。现场核查人员少于2人或者未出示证件的，被核查单位有权拒绝。

六 分类管理

外汇局根据企业贸易外汇收支的合规性及其与货物进出口的一致性，将企业分为A、B、C三类。A类企业进口付汇单证简化，可凭进口报关单、合同或发票等任何一种能够证明交易真实性的单证在银行直接办理付汇，出口收汇无须联网核查；银行办理收付汇审核手续相应简化。对B、C类企业在贸易外汇收支单证审核、业务类型、结算方式等方面实施严格监管，B类企业贸易外汇收支由银行实施电子数据核查，C类企业贸易外汇收支须经外汇局逐笔登记后办理。外汇局根据企业在分类监管期内遵守外汇管理规定情况，进行动态调整。A类企业违反外汇管理规定将被降级为B类或C类；B类企业在分类监管期内合规性状况未见好转的，将延长分类监管期或被降级为C类；B、C类企业在分类监管期内守法合规经营的，分类监管期满后可升级为A类。

（一）A 类管理

1. 划分企业适用管理的条件

核查期内企业遵守外汇管理相关规定，且贸易外汇收支经外汇局非现场或现场核查情况正常的。

2. 管理方式

A 类企业贸易外汇收支，适用便利化的管理措施。

（二）B 类管理

1. 划分企业适用管理的条件

存在下列情况之一的企业，外汇局可将其列为 B 类企业：①对存在相关情形实施现场核查，且经现场核查企业无合理解释；②未按规定履行报告义务；③未按规定办理贸易外汇业务登记；④外汇局实施现场核查时，未按规定的时间和方式向外汇局报告或提供资料；⑤应国家相关主管部门要求实施联合监管的；⑥外汇局认定的其他情况。

2. 管理方式

B 类企业的贸易外汇收支，在单证审核、业务类型及办理程序、结算方式等方面实施审慎监管。外汇局建立贸易外汇收支电子数据核查机制，对 B 类企业贸易外汇收支实施电子数据核查管理。B 类企业，出口收入不得存放境外账户，不得使用境外账户对外支付。

3. 分类监管有效期内办理规定

（1）对于以汇款方式结算的（预付货款、预收货款除外），金融机构应当审核相应的进、出口货物报关单和进、出口合同；对于以信用证、托收方式结算的，除按国际结算惯例审核有关商业单据外，还应当审核相应的进、出口合同；对于以预付货款、预收货款结算的，应当审核进、出口合同和发票。

（2）金融机构应当对其贸易外汇收支进行电子数据核查；超过可收、付汇额度的贸易外汇收支业务，金融机构应当凭《登记表》办理。

（3）对于转口贸易外汇收支，金融机构应当审核买卖合同、支出申报凭证及相关货权凭证；同一合同项下转口贸易收入金额超过相应支出金额 20%（不含）的贸易外汇收支业务，金融机构应当凭《登记表》办理。

（4）对于预收货款、预付货款以及 30 天以上（不含）的延期收款、延期付款，企业须按照相关规定向所在地外汇局报送信息。

（5）企业不得办理90天以上（不含）的延期付款业务、不得签订包含90天以上（不含）收汇条款的出口合同。

（6）企业不得办理收支日期间隔超过90天（不含）的转口贸易外汇收支业务。

（7）其他贸易外汇收支业务，按照有关规定办理。

（8）外汇局规定的其他管理措施。

（三）C类管理

1. 划分企业适用管理的条件

存在下列情况之一的企业，外汇局可将其列为C类企业：①最近12个月内因严重违反外汇管理规定受到外汇局处罚或被司法机关立案调查；②阻挠或拒不接受外汇局现场核查，或向外汇局提供虚假资料；③B类企业在分类监管有效期届满经外汇局综合评估，相关情况仍符合列入B类企业标准；④因存在与外汇管理相关的严重违规行为被国家相关主管部门处罚；⑤外汇局认定的其他情况。

2. 管理方式

C类企业的贸易外汇收支，在单证审核、业务类型及办理程序、结算方式等方面实施审慎监管。对C类企业贸易外汇收支业务以及外汇局认定的其他业务，由外汇局实行事前逐笔登记管理，金融机构凭外汇局出具的登记证明为企业办理相关手续。C类的，企业应当于列入之日起30日内关闭境外账户并调回境外账户资金余额。

3. 分类监管有效期内办理规定

（1）逐笔到所在地外汇局办理登记手续。外汇局办理登记手续时，对于企业以汇款方式结算的（预付货款、预收货款除外），审核相应的进、出口货物报关单和进、出口合同；以信用证、托收方式结算的，审核进、出口合同；以预付、预收货款方式结算的，审核进、出口合同和发票；对于单笔预付货款金额超过等值5万美元的，还须审核经金融机构核对密押的外方金融机构出具的预付货款保函。

（2）对于预收货款、预付货款以及30天以上（不含）的延期收款、延期付款，企业须按本细则规定向所在地外汇局报送信息。

（3）企业不得办理90天以上（不含）的远期信用证（含展期）、海外代付等进口贸易融资业务；不得办理 90 天以上（不含）的延期付款、托收业务；不得签订包含 90 天以上（不含）收汇条款的出口合同。

（4）企业不得办理转口贸易外汇收支。

（5）企业为跨国集团集中收付汇成员公司的，该企业不得继续办理集中收付汇业务；企业为跨国集团集中收付汇主办企业的，停止整个集团的集中收付汇业务。

第六节　贸易救济制度

贸易救济制度是指当外国进口对一国国内产业造成负面影响时，该国政府所采取的减轻乃至消除该类负面影响的措施，是世贸组织允许和有效规范的以保护成员方国内产业的一种制度安排。包括反补贴、反倾销、保障措施和特别保障措施，反补贴和反倾销措施针对的是价格歧视这种不公平贸易行为，保障措施和特别保障措施针对的则是进口产品激增的情况。我国依据世界贸易组织《反倾销协议》、《补贴与反补贴措施协议》、《保障措施协议》以及我国《对外贸易法》的有关规定，制定颁布了《反补贴条例》、《反倾销条例》以及《保障措施条例》。

一　反倾销措施

反倾销措施包括临时反倾销措施和最终反倾销措施。

（一）临时反倾销措施

临时反倾销措施是指进口方主管机构经过调查，初步认定被指控产品存在倾销，并对国内同类产业造成损害，据此可以依据世界贸易组织所规定的程序进行调查，在全部调查结束之前，采取临时性的反倾销措施，以防止在调查期间国内产业继续受到损害。

临时反倾销措施有两种形式：一是征收临时反倾销税；二是要求提供保证金、保函或者其他形式的担保。征收临时反倾销税，由商务部提出建议，国务院关税税则委员会根据其建议做出决定，商务部予以公告；要求提供保证金、保函或者其他形式的担保，由商务部做出决定并予以公告。海关自公告规定实施之日起执行。临时反倾销措施实施的期限，自临时反倾销措施决定公告规定实施之日起，不超过4个月；在特殊情形下，可以延长至9个月。

（二）最终反倾销措施

对终裁决定确定倾销成立，并由此对国内产业造成损害的，可以征收反倾销税。征收反倾销税应当符合公共利益。征收反倾销税，由商务部提出建议，国务院关税税则委员会根据其建议做出决定，商务部予以公告。海关自公告规定实施之日起执行。

二　反补贴措施

反补贴与反倾销的措施相同，也分为临时反补贴措施和最终反补贴措施。

（一）临时反补贴措施

初裁决定确定补贴成立并由此对国内产业造成损害的，可以采取临时反补贴措施。临时反补贴措施采取以保证金或者保函作为担保的征收临时反补贴税的形式。采取临时反补贴措施，由商务部提出建议，国务院关税税则委员会根据其建议做出决定，商务部予以公告。海关自公告规定实施之日起执行。临时反补贴措施实施的期限，自临时反补贴措施决定公告规定实施之日起，不超过4个月。

（二）最终反补贴措施

在为完成磋商的努力没有取得效果的情况下，最终裁决定确定补贴成立并由此对国内产业造成损害的，可以征收反补贴税。征收反补贴税应当符合公共利益。征收反补贴税，由商务部提出建议，国务院关税税则委员会根据其建议做出决定，商务部予以公告。海关自公告规定实施之日起执行。

三　保障措施

保障措施（Safeguard Measures），又称保障条款（Safeguard Clauses）。在WTO框架内，可以认为保障措施是指成员方在某种产品进口大量增长以致其生产同类或与之直接竞争产品的产业遭受损害时，为补救国内产业而针对引起损害的进口产品采取的临时进口限制措施。保障措施分为临时保障措施和最终保障措施。

（一）临时保障措施

临时保障措施是指在有明确证据表明进口产品数量增加，将对国内产业造成难以补救的损害的紧急情况下，进口国与成员国之间可不经磋商而做出初裁决定，并采取临时性保障措施。临时保障措施的实施期限，自临时保障措施决定公告规定实施之日起，不得超过 200 天，并且此期限计入保障措施总期限。

临时保障措施采取提高关税的形式，如果事后调查不能证实进口激增对国内有关产业已经造成损害的，已征收的临时关税应当予以退还。

（二）最终保障措施

最终保障措施可以采取提高关税、数量限制等形式。但保障措施应当限于防止和补救严重损害并便利调整国内产业所必要的范围内。

保障措施的实施期限一般不超过 4 年，在此基础上如果继续采取保障措施，则必须同时满足四个条件，即对于防止或者补救严重损害仍有必要；有证据表明相关国内产业正在进行调整；已经履行有关对外通知、磋商的义务；延长后的措施不严于延长前的措施。保障措施全部实施期限（包括临时保障措施期限）不得超过 10 年。

四 特别保障措施

（一）定义

特别保障措施（简称特保措施）是 WTO 成员利用特定产品过渡性保障机制（Transitional Product-specific Safeguard Mechanism）针对来自特定成员的进口产品采取的措施，即在 WTO 体制下，在特定的过渡期内，进口国政府为防止来源于特定成员国的进口产品对本国相关产业造成损害而实施的限制性保障措施。

（二）来源

最早的特别保障措施适用于日本。1953 年日本申请加入 GATT 时，一些 GATT 缔约方担心日本的纺织品进口可能对本国相关产业造成损害，决定在日本加入 GATT 之后其他成员国可以对日本适用特别保障条款，即 GATT 缔约国在发现原产于日本的纺织品进口数量增加从而对本国构成市场扰乱时，可以单方面针对日本的纺织品采取保障措施，以抵消或减少对国内产业的冲击。

(三) 对中国产品的特别保障措施

美国等 WTO 成员方担心，中国入世后出口产品的快速增长会对其国内市场和国内产业造成冲击和损害，因此坚持针对原产于中国的产品采取特别保障措施，在适用《WTO 协定》上予以保留，这一保留最终体现在《中国加入 WTO 议定书》第 16 条和《中国加入 WTO 工作组报告》第 241—242 段中。

特别保障措施违反了 WTO 非歧视原则，是 WTO 成员方针对中国产品实施的歧视性措施；也是中国在复关入世谈判中为换取 WTO 成员方的其他让步、平衡和其他 WTO 成员方贸易利益冲突的战略推进与战术妥协的结果。

表 3-4 反倾销、反补贴和保障措施的区别

贸易救济措施	实施的条件不同	适用对象不同	实施形式不同	实施期限不同
反倾销措施	以低价倾销，对进口国造成了实质性的损害	不公平贸易或不公平竞争	现金保证金、价格承诺、保函以及最终加征相应的税赋	不超过 4 个月，特殊情况可延长至 9 个月
反补贴措施	因政府补贴而具有价格竞争优势，对进口国造成了实质性损害	不公平贸易或不公平竞争	现金保证金、价格承诺、保函以及最终加征相应的税赋	不超过 4 个月（不能延长）
保障措施	进口产品的数量激增而挤占进口国的市场份额，并对进口国造成实质性的危害	公平条件下数量猛增	加征关税、实施配额数量限制或者最终加征关税或实行关税配额	临时保障措施不超过 200 天，一般不超过 4 年，最长可延至 8 年

知识链接

商务部对从欧美日进口相纸征反倾销税

商务部发布最终裁定公告，称将自 2012 年 3 月 23 日起，对原产于欧盟、美国和日本的进口相纸产品征收反倾销税，实施期限 5 年。将对上述产品征收 16.2%—28.8% 的反倾销税，涉及企业包括柯达有限公司、富士胶片制造（美国及欧洲）有限公司等。

对各公司征收的反倾销税税率如下：

1. 欧盟公司　柯达有限公司 19.4%，富士胶片制造（欧洲）有限公司 17.5%，其他公司 19.4%。

2. 美国公司　富士胶片制造（美国）有限公司 16.2%，其他公司 28.8%。

3. 日本公司　28.8%。

（资料来源：《商务部对欧美日进口相纸征反倾销税》，新华网转引自《新京报》2012 年 3 月 23 日）

案例　中国为何总当全球反倾销"冤大头"

根据商务部最新发布的数据，截至 2010 年，中国已经连续 16 年成为全球遭受反倾销调查最多的国家，连续 5 年成为全球遭遇反补贴最多的国家。其中仅在 2010 年一年，中国共遭遇贸易救济调查 66 起，涉案金额 71 亿美元。根据世界银行数据，当年全球 47% 新发起的贸易救济调查和已完成的案件都针对中国。

中国已经成为全球反倾销的最大靶子。其原因在于中国对外贸易的快速发展过程中，国外的贸易保护主义加剧和国内贸易政策或企业行为失当。改革开放以来，中国的国民经济和对外贸易取得了突飞猛进的发展，经济以近年均 10% 的速度高速增长了 30 多年。与此同时，对外贸易规模日渐庞大。据海关统计，2010 年，我国货物进出口贸易总额达 2.97 万亿美元，比 2009 年增长 34.7%，规模已经超越美国而跃居世界第一。

与中国快速增长不同，世界大多数国家的发展并不如意，导致贸易保护主义逐渐泛滥。如今贸易保护主义的形态日益增多，贸易壁垒形式多样。统计数据显示，在加入 WTO 的 10 年里，中国共遭受国外贸易救济调查602起，合计金额389.8亿美元。其中，反倾销调查510起，反补贴调查43起，保障措施106起，特保措施33起。除此以外，对中国的贸易制裁往往还成为一些国家国内政治斗争的一个筹码。

除了外部原因外，中国自身的外贸发展方式存在缺陷也是关键性因素之一。数量庞大而又廉价的劳动力一直是我国的比较优势。目前，德国每小时平均工资为30美元，美国为21美元，而中国仅有0.8美元。当然，简单地这样比较不尽科学，但工资低下不仅使劳动者消费水平难以提高，而且往往成了引发劳资矛盾冲突和国外贸易摩擦的导火索。

不合理的出口退税制度增加了国外对中国反倾销诉讼的可能性。虽然从国际范围来看，出口退税制度是许多国家采取的一项鼓励出口的政策，并不违反国际贸易的通行规则。但从本质上来说，出口退税制度就是依靠政府的财政补贴，降低出口产品的各种税收，进而促进产品的出口。如果补贴范围过大、补贴力度过强，极容易成为国外对中国反补贴诉讼的把柄。这也是为何很多出口压力较小的国家一方面自己补贴出口，一方面又抨击别国补贴出口的原因。

不仅如此，国内出口市场混乱无序的恶性竞争，也造成了一些出口产品价格过低的恶果。随着外贸经营权的不断放开，在中国从事出口贸易的企业越来越多，目前全国对外贸易经营实体超过70万家，其中有民营企业近40万家。更重要的是，由于中国的行业集中度低，中小企业占这些出口贸易企业的绝大多数，达80%以上，而且其出口额也占全国出口总额的70%以上。这些出口企业由于技术水平、生产规模、议价能力差异巨大，降价是他们唯一抢夺订单的法宝。恶性竞争在降低价格的同时，也容易给国外的反倾销诉讼授人以柄。

因此，要想尽快摘掉中国头上这顶全球反倾销"冤大头"的帽子，除了在WTO的框架内学会运用法律武器维护自身利益外，更重要的是改变传统的贸易发展方式。只有摆脱一味依靠低成本、低价格的竞争模式，努力改变企业处于国际分工和全球产业链低端的局面，提高产品附加值，中国产品才能在国际竞争中免遭反倾销的"暗算"，也才能实现从贸易大国向贸易强国的真正转变。

（资料来源：李长安：《中国为何总当全球反倾销"冤大头"》，《京华时报》2011年9月13日）

式样表 3-1

对外贸易经营者备案登记表

备案登记表编号：　　　　进出口企业代码：

经营者中文名称			
经营者英文名称			
组织机构代码		经营者类型（由备案登记机关填写）	
住　　所			
经营场所（中文）			
经营场所（英文）			
联系电话		联系传真	
邮政编码		电子邮箱	
工商登记注册日期		工商登记注册号	

依法办理工商登记的企业还须填写以下内容

企业法定代表人姓名		有效证件号	
注册资金	（单位为万元人民币）	如以人民币注册可不填写（折美元）	

依法办理工商登记的外国（地区）企业或个体工商户（独资经营者）还须填写以下内容

企业法定代表人/个体工商负责人姓名		有效证件号	
企业资产/个人财产	（单位为万元人民币）	如以人民币注册可不填写（折美元）	
备注：			

填表前请认真阅读背面的条款，并由企业法定代表人或个体工商负责人签字、盖章。
（企业盖章）

法定代表人签字：

年　　月　　日

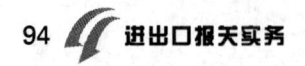

式样表 3-2

中华人民共和国出口许可证申请表

1. 出口商： 代码：	3. 出口许可证号：
领证人姓名： 电话：	
2. 发货人： 代码：	4. 出口许可证有效截至日期： 年　月　日
5. 贸易方式：	8. 进口国（地区）：
6. 合同号：	9. 付款方式：
7. 报关口岸：	10. 运输方式：
11. 商品名称：	商品编码：

12. 规格、等级	13. 单位	14. 数量	15. 单价（币别）	16. 总值（币别）	17. 总值折美元
18. 总计					

19. 备注 申请单位盖章 申领日期：	20. 签证机构审批（初审）： 经办人： 终审：

填表说明：1. 本表应用正楷逐项填写清楚，不得涂改、遗漏，否则无效。

2. 本表内容需打印多份许可证的，请在备注栏内注明。

式样表 3-3

中华人民共和国进口许可证申请表

1. 进口商：　　代码	3. 进口许可证号：
2. 收货人：	4. 进口许可证有效截至日期： 　　　　年　　月　　日
5. 贸易方式：	8. 出口国（地区）：
6. 外汇来源：	9. 原产地国（地区）：
7. 报关口岸：	10. 商品用途：

11. 商品名称：　　　　　　　　　　商品编码：

12. 规格、型号	13. 单位	14. 数量	15. 单价（币别）	16. 总值（币别）	17. 总值折美元
18. 总　计：					

19. 领证人姓名： 联系电话： 申请日期： 下次联系日期：	20. 签证机构审批（初审）： 终审：

中华人民共和国商务部监制　第一联（正本）签证机构存

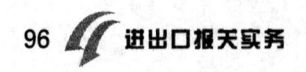

式样表 3-3 续

中华人民共和国进口许可证申请表

1. 进口商： 代码	3. 进口许可证号：
2. 收货人：	4. 进口许可证有效截至日期： 　　　　年　　月　　日
5. 贸易方式：	8. 出口国（地区）：
6. 外汇来源：	9. 原产地国（地区）：
7. 报关口岸：	10. 商品用途：

11. 商品名称：　　　　　　　　　　　商品编码：

12. 规格、型号	13. 单位	14. 数量	15. 单价（币别）	16. 总值（币别）	17. 总值折美元
18. 总计：					

19. 领证人姓名： 联系电话： 申请日期： 下次联系日期：	不能获准原因： 1. 公司无权经营； 2. 公司编码有误； 3. 到港不妥善； 4. 品名与编码不符； 5. 单价（高）低； 6. 币别有误； 7. 漏填第（　）项；	8. 第（　）项须补充说明函； 9. 第（　）项与批件不符； 10. 其他。

中华人民共和国商务部监制　第二联（副本）取证凭证

式样表 3-4

中华人民共和国自动进口许可证申请表

1. 进口商： 代码：	3. 自动进口许可证申请表号：
	自动进口许可证号：
2. 进口用户：	4. 申请自动进口许可证有效截至日期： 　　　　　年　　月　　日
5. 贸易方式：	8. 贸易国（地区）：
6. 外汇来源：	9. 原产地国（地区）：
7. 报关口岸：	10. 商品用途：

11. 商品名称：　　　　商品编码：　　　　设备状态：

12. 规格、等级	13. 单位	14. 数量	15. 单价（币别）	16. 总值（币别）	17. 总值折美元
18. 总计					

19. 备注： 联系人： 联系电话： 申请日期：	20. 签证机构审批意见：

式样表 3-5

中华人民共和国出入境检验检疫
出境货物通关单

编号：

1. 发货人		5. 标记及号码
2. 收货人		
3. 合同/信用证号	4. 输出国家或地区	
6. 运输工具名称及号码	7. 目的地	8. 集装箱规格及数量
9. 货物名称及规格	10. H.S.编码	11. 申报总值	12. 数/重量、包装数量及种类

13. 说明

　　上述货物办完海关手续后，请及时联系落实检验检疫事宜。未经检验检疫，不得销售、使用。对未经检验检疫而擅自销售或使用的，检验检疫机构将按照法律法规规定予以处罚。

签字：　　　　日期：

14. 备注

式样表 3-6

中华人民共和国出入境检验检疫
入境货物通关单

编号：

1. 收货人		5. 标记及唛码
2. 发货人		
3. 合同/提（运）单号	4. 输出国家或地区	
6. 运输工具名称及号码	7. 目的地	8. 集装箱规格及数量
9. 货物名称及规格	10. HS 编码	11. 申报总值	12. 数/重量、包装数量及种类

13. 证明

　　上述货物业已报验/申报，请海关予以放行。

　　日期：　　年　　月　　日

　　签字：

14. 备注

式样表 3-7

中华人民共和国两用物项和技术进口许可证申请表

1. 进口商　　　代码：	3. 进口许可证号
2. 收货人	4. 进口许可证有效截至日期
5. 贸易方式	8. 出口国（地区）
6. 合同号	9. 付款方式
7. 报关口岸	10. 运输方式
11. 最终用途	13. 最终用户
12. 外汇来源	14. 原产地国（地区）

15. 商品名称　　　　　　　　　　商品编码

16. 规格　型号	17. 单位	18. 数量	19. 单价（　）	20. 总值（　）	21. 总值折美元
22. 总计					

23. 备注：	24. 发证机构审批（初审）：
	经办人：
申请单位盖章	25. 终审：
联系人：　　　　　电话：	

中华人民共和国商务部监制（2006）

本章小节

本章从对外贸易管制的概念入手，概括性地分析了对外贸易管制的制度框架以及支撑制度框架的宪法、法律、行政法规、部门规章、国际条约。在此基础上分述了这几种具体的管理制度，最后论及我国进出口贸易管理的主要工具及报关规范。

对外贸易管制是指一国政府为了国家的宏观经济利益、国内外政策需要以及履行所缔结或加入国际条约的义务，确立实行各种制度、设立相应管理机构和规范对外贸易活动的总称。对外贸易管制的制度框架包含7个具体的制度：海关监管制度、关税制度、对外贸易经营者管理制度（备）、许可证制度（证）、进出境检验检疫制度（验）、进出口货物外汇管理制度（核查）、贸易救济制度（救）。

我国目前对于对外贸易经营者的管理，实行备案登记制。商务部是全国对外贸易经营者备案登记工作的主管部门。对外贸易经营者备案登记工作实行全国联网和属地化管理。

进出口许可是国家对进出口的一种行政管理制度，既包括准许进出口有关证件的审批和管理制度本身的程序，也包括以国家各类许可为条件的其他行政管理手续，这种行政管理制度称为进出口许可管理制度。商务部是全国进出口许可证的归口管理部门，负责制定进出口许可证管理办法及规章制度，监督、检查出口许可证管理办法的执行情况，处罚违规行为。商务部会同海关总署制定、调整和发布年度《出口许可证管理货物目录》和《进口许可证管理商品目录》。

出入境检验检疫制度是我国贸易管制制度的重要组成部分，其目的是维护国家声誉和对外贸易有关当事人的合法权益，保证国内生产的正常开展、促进对外贸易的健康发展，保护我国的公共安全和人民生命财产安全等，是国家主权的具体体现。我国的进出口检验检疫工作的国家主管部门是国家质量监督检验检疫总局。我国出入境检验检疫制度内容包括进出口商品检验制度、进出境动植物检疫制度以及国境卫生监督制度。由于信息技术的发展，我国已经开展电子检疫。

我国2012年实施货物外汇管理制度改革。外汇局对企业的贸易外汇管理方式由现场逐笔核销改变为非现场总量核查，通过货物贸易外汇监测系统，全面采集企业货物进出口和贸易外汇收支逐笔数据，定期比对、评估企业货物流与资金流总体匹配情况，便利合规企业贸易外汇收支；对存在异常的企业进行重点监测，必要时实施现场核查。外汇局根据企业贸易外汇收支合规性，将企业分为A、B、C三类，实施动态管理。

贸易救济制度是指当外国进口对一国国内产业造成负面影响时，该国政府所采取的减轻乃至消除该类负面影响的措施，是世贸组织允许和有效规范的以保护成员方国内产业的一种制度安排。包括反补贴、反倾销、保障措施和特别保障措施，反补贴和反倾销措施针对的是价格歧视这种不公平贸易行为，保障措施和特别保障措施针对的则是进口产品激增的情况。

我国进出口贸易的管理工具包括进出口许可证、自动进口许可证、进口关税配额、出入境检验检疫。对于如音像制品进口、濒危野生动植物等特殊货物的进出口，需要按照具体的条例实施报关。

练习题

一、单选题

1. 临时反倾销措施实施的期限，自临时反倾销措施决定公告规定实施之日起，不超过（　　）个月，特殊情况，可以延长至（　　）个月。
   A. 6, 12　　　　B. 5, 8　　　　C. 4, 9　　　　D. 3, 6

2. 反补贴、反倾销针对（　　）不公平贸易而采取的措施。
   A. 进口产品激增的情况　　B. 价格歧视　　C. 国别歧视　　D. 数量

3. 对于限制出口货物管理，国家规定有数量限制的出口货物，实行（　　）。
   A. 许可证件管理　　　　　B. 配额管理
   C. 自动出口管理　　　　　D. 禁止出口管理

4. 进口许可证和出口许可证，如实行"非一批一证"，应在许可证的备注栏打印"非一批一证"字样，有效期内多次使用，但最多不超过（　　）。

A. 6 次　　　　B. 8 次　　　　C. 10 次　　　　D. 12 次

二、多选题

1. 我国对外贸易管制制度是由一系列管理制度构成的综合管理制度，其中包括（　　）。

　　A. 进出口许可制度　　　　　　B. 海关监管制度

　　C. 出入境检验检疫制度　　　　D. 出口退税制度

2. 我国出入境检验检疫制度内容包括（　　）。

　　A. 进出口商品检验制度　　　　B. 进出境动植物检疫制度

　　C. 国境卫生检疫制度　　　　　D. 法定检验商品

三、判断题

1. 列入《自动进口许可管理类可用做原料的废物目录》的废物，不论以何种方式进口，均应申领废物进口许可证。（　　）

2. 目前所签订生效的各类国际条约，虽然不属于我国国内发的范畴，但就其效力而言可视为我国对外贸易管制的法律渊源之一。（　　）

第四章

海关监管货物及一般进出口货物报关程序

引导案例

大连宏达电子有限公司成立于 2013 年 7 月，注册资本 1500 万美元，属于国家鼓励发展产业项目，经商务主管部门批准，并在海关备案后，具有了对外贸易经营权和报关权。公司主要经营国内外各种电子产品的经销。新入职的报关人员王晓收到船公司的到货通知，李主管告诉他，该批货物以一般进出口货物报关的方式申报进口；而李主管正好接到一批"保税货物"的报关业务。王晓心里想："一般进出口货物与保税货物、投资设备等报关程序有什么不同呢？"

学习目标

1. 掌握海关监管货物的定义、分类和基本报关程序。
2. 熟悉海关监管货物报关阶段对比。
3. 掌握一般进出口货物报关程序。

第一节 海关监管货物概述

一 海关监管货物

（一）定义

《中华人民共和国海关法》第二十三条和第一百条规定："海关监管货物是指自进境起到办结海关手续止的进口货物，自向海关申报起到出境止的出口货物,以及自进境起到出境止的过境、转运和通运货物等应当接受海关监管的货物,包括一般进出口货物、保税货物、特定减免税货物、暂时进出境货物,以及过境、转运、通运货物和其他尚未办结海关手续的货物。"这是海关对进出境货物实施监督管理在法律意义上的时间、范围的限制规定。

(二)分类

根据货物进出境的不同目的,海关监管货物可以分成五大类:

1. 一般进出口货物,包括一般进口货物和一般出口货物。一般进口货物是指办结海关手续进入国内生产、消费领域流通的进口货物;一般出口货物是指办结海关手续到境外生产、消费领域流通的出口货物。

2. 保税进出口货物,是指经海关批准未办理纳税手续进境,在境内储存、加工、装配后复运出境的货物。保税货物又分为保税加工货物和保税物流货物两大类。

3. 特定减免税进口货物,是指经海关依法准予免税进口的用于特定地区、特定企业,有特定用途的货物。

4. 暂时进出境货物,包括暂时进境货物和暂时出境货物。暂时进境货物是指经海关批准凭担保进境在境内使用后原状复运出境的货物;暂时出境货物是指经海关批准凭担保出境在境外使用后原状复运进境的货物。

5. 其他进出境货物,是指由境外起运,通过中国境内继续运往境外的货物,以及其他尚未办结海关手续的进出境货物。

海关按照对各种监管货物的不同要求,分别建立了相应的海关监管制度。

二 海关监管货物的报关程序

报关程序是指进出口货物收发货人、运输工具负责人、物品所有人或其代理人按照海关的规定,办理货物、物品、运输工具进出境及相关海关事务的手续和步骤。进出境运输工具和进出境物品的报关程序相对比较简单,第一章已有说明,本章所指的报关程序主要限于进出境货物的报关程序。

海关针对不同性质的海关监管货物,实施不同的通关手续。从海关对进出境货物进行监管的全过程来看,报关程序按时间先后可以分为三个阶段:前期阶段、进出口阶段、后续阶段。其中货物进出口阶段是指审单、查验、征税、放行四个海关作业环节。与之相适应,进出口货物收发货人或其代理人应当按程序办理相对应的进出口申报、配合查验、缴纳税费、提取或装运货物等手续,货物才能进出境。海关监管货物报关阶段对比如表4-1所示。

表4-1　　　　　　　　海关监管货物报关阶段对比

报关阶段 货物的类别	前期阶段	进出口阶段	后续阶段
一般进出口货物	无	进出口申报	无
保税进出口货物	加工贸易备案和申领手册	配合查验	核销
特定减免税进口货物	申领减免税证明	缴纳税费	解除海关监管
暂时进出境货物	展览品进境备案		销案
其他进出境货物	备案	提取或装运货物	销案

（一）前期阶段

前期阶段是指进出口货物收发货人或其代理人根据海关对进出境货物的监管要求,在货物进出口之前,向海关办理备案手续的过程。主要包括:①保税加工货物进口之前,进口货物收货人或其代理人办理加工贸易备案手续,申请建立加工贸易电子账册、电子化手册。②特定减免税货物进口之前,进口货物收货人或其代理人办理货物的减免税备案和审批手续,申领减免税证明。③暂时进出境货物进出口之前,进出口货物收发货人或其代理人办理货物暂时进出境备案申请手续。④其他进出境货物中的加工贸易不作价设备进口之前,进口货物收货人或其代理人办理加工贸易不作价设备的备案手续,出料加工货物出口之前,出口货物发货人或其代理人办理出料加工的备案手续。

（二）进出口阶段

1. 进出口申报

申报是指进口货物的收货人、出口货物的发货人或者他们的代理人在进出口货物时,在海关规定的期限内,以书面或者电子数据交换（EDI）方式向海关报告其进出口货物的情况,并随附有关货运和商业单证，申请海关审查放行，并对所报告内容的真实准确性承担法律责任的行为。进出口企业向海关申报时必须提供发票、装箱单、提运单、报关单、出口收汇核销单（出口）、进出口批文、减免税证明及加工贸易备案手册等单证。

2. 配合查验

查验是指海关在接受报告单位的申报后，依法为确定进出境货物的性质、原产地、货物状况、数量和价值是否与货物申报单上已填报的详细内容相符，对货物进行实际检查的行政执法行为。配合查验是指申报进出口的货物经海关决定查验时，进出口货物的收发货人或其代理人到达查验现场，配合海关查验货物，按照海关要求搬移货物，开拆包装，以及重新封装货物的工作环节。

3. 缴纳税费

征税是指海关根据国家的有关政策、法规对进出口货物征收关税及进口环节的税费。进出口货物的收发货人或其代理人接到海关发出的税费缴纳通知书后，向海关指定的银行办理税费款项的缴纳手续，通过银行将有关税费款项缴入海关专门账户的工作环节。

4. 提取或装运货物

提取货物即提取进口货物，是指进口货物的收货人或其代理人，在办理了进口申报、配合查验、缴纳税费等手续，海关决定放行后，凭海关加盖放行章的进口提货凭证或海关通过计算机发送的放行通知书，提取进口货物的工作环节。装运货物即装运出口货物，是指出口货物的发货人或其代理人，在办理了出口申报、配合查验、缴纳税费等手续，海关决定放行后，凭海关加盖放行章的出口装货凭证或凭海关通过计算机发送的放行通知书，通知港区、机场、车站及其他有关单位装运出口货物的工作环节。

放行是指海关在接受进出口货物的申报，经过审核报关单据、查验货物、依法征收税款，对进出口货物做出结束海关现场监管决定的工作程序。

结关是指对经口岸放行后仍需继续实施后续管理的货物，海关在规定的期限内进行核查，对需要补证、补税货物做出处理直至完全结束海关监管的工作程序。

（三）后续阶段

后续阶段是指进出口货物收发货人或其代理人根据海关对进出境货物的监管要求，在货物进出境储存、加工、装配、使用、维修后，在规定的期限内，按照规定的要求，向海关办理上述进出口货物核销、销案、申请解除监管等手续的过程。主要包括：①保税加工货物，进口货物收货人或其代理人在规定期限内办理申请核销的手续。②特定减免税货物，进口货物收货人或其代理人在海关监管期满，或者在海关监管期内经海关批准出售、转让、退运、放弃并办妥有关手续后，向海关申请办理解除海关监管的手续。③暂时进境货物，收货人或其代理人在暂时进境规定期限内，或者在经海关批准延长暂时进境期限到期前，办理复运出境手续或正式进口手续，然后申请办理销案手续；暂时出境货物，发货人或其代理人在暂时出境规定期限内，或者在经海关批准延长暂时出境期限到期前，办理复运进境手续或正式出口手续，然后申请办理销案手续。④其他进出境货物中的加工贸易不作价设备、外包进口货物、出料加工货物、修理货物、部分租赁货物等，进出口货物收发货人或其代理人在规定的期限内办理销案手续。

思考

广州天河区利达无线电厂是一家民营企业，该厂向日本订购了一批冷轧不锈钢带（规格MM：$0.5 \times 300 \times COIL$），委托广州天成外贸公司外贸代理进口，生产成品内销，天成外贸公司将报关业务委托给捷顺报关行，向广州海关办理进口报关手续。运输工具将于2008年8月25日到港。请判别该货物属于哪种海关监管货物？

第二节　一般进出口货物报关程序

一　一般进出口货物概念及特征

（一）一般进出口货物概念及范围

一般进出口货物是一般进口货物和一般出口货物的合称，指在进出口环节缴纳了应征的进出口税费并办结了所有必要的海关手续，海关放行后不再进行监管，可以直接进入生产和消费领域流通的进出口货物。

海关监管货物按货物进境、出境后是否复运出境、复运进境，可以分为两大类：一类是进境、出境后不再复运出境、复运进境的货物，称为实际进出口的货物；另一类是进境、出境后还将复运出境、复运进境的货物，称为非实际进出口的货物。

实际进出口的货物，除特定减免税货物外，都属于一般进出口货物的范围。一般进出口货物主要包括的范围如下：①一般贸易进口货物；②一般贸易出口货物；③转为实际进口的保税货物、暂时进境货物，转为实际出口的暂时出境货物；④易货贸易、补偿贸易进出口货物；⑤不批准保税的寄售代销贸易货物；⑥包工程项目实际进出口货物；⑦外国驻华商业机构进出口陈列用的样品；⑧外国旅游者小批量订货出口的商品；⑨随展览品进境的小卖品；⑩免费提供的进口货物，如外商在经济贸易活动中赠送的进口货物，外商在经济贸易活动中免费提供的试车材料等，我国在境外的企业、机构向国内单位赠送的进口货物。

（二）一般进出口货物的特征

一般进出口货物具有以下三个特征：

（1）进出境时缴纳进出口税费

一般进出口货物的收发货人应当按照《海关法》和其他有关法律、行政法规的规定，在货物进出境时向海关缴纳应当缴纳的税费。

（2）进出口时提交相关的许可证件

货物进出口时受国家法律、行政法规管制并需要申领进出口许可证件的，进出口货物收发货人或其代理人应当向海关提交相关的进出口许可证件。

（3）海关放行即办结海关手续

海关征收了全额的税费，审核了相关的进出口许可证件，并对货物进行实际查验（或做出不予查验的决定）以后，按规定签章放行。这时，进出口货物收发货人或其代理人才能办理提取进口货物或者装运出口货物的手续。

对一般进出口货物来说，海关放行就意味着海关手续已经全部办结，海关不再监管，可以直接进入生产和消费领域流通。

二　一般进出口货物的报关流程

一般进出口货物报关的程序不需要经过前期阶段，也不需要经过后续阶段。只需要经过进出境阶段，包括四个环节：进出口申报、配合查验、缴纳税费、提取或装运货物。

（一）进出口申报

1. 概述

申报是指进出口货物收发货人、受委托的报关企业，依照《中华人民共和国海关法》以及有关法律、行政法规的要求，在规定的期限、地点，采用电子数据报关单和纸质报关单形式，向海关报告实际进出口货物的情况，并接受海关审核的行为。

申报是进出口货物报关程序的第一个环节，也是关键的环节。申报质量如何，直接影响到企业在对外贸易活动中能否顺利报关。申报的违法违规，会对整个通关手续产生不利影响，并会得到行政处罚甚至引起法律诉讼。海关接受申报，将严格审核单证。审核单证是海关监管的第一个环节，它不仅为海关监管的查验和放行环节打下了基础，也为海关的征税、统计查私工作提供了可靠的单证和资料。

（1）申报地点

进口货物应当由收货人或其代理人在货物的进境地海关申报；出口货物应当由发货人或其代理人在货物的出境地海关申报。

经收发货人申请，海关同意，进口货物的收货人或其代理人可以在设有海关的货物指运地申报，出口货物的发货人或其代理人可以在设有海关的货物起运地申报。以保税货物、特定减免税货物和暂时进境货物申报进境的货物，因故改变使用目的从而改变货物性质转为一般进口时，进口货物的收货人或其代理人应当在货物所在地的主管海关申报。

（2）申报期限

申报期限是申报过程中一个很关键的问题，申报应该在规定的期限内进行。进口货物的申报期限为自装载货物的运输工具申报进境之日起14日内。申报期限的最后一天是法定节假日或休息日，顺延至法定节假日或休息日后的第一个工作日。进口货物自装载货物的运输工具申报进境之日起超过3个月仍未向海关申报的，货物由海关提取并依法变卖。对属于不宜长期保存的货物，海关可以根据实际情况提前处理。

出口货物的申报期限为货物运抵海关监管区后、装货的24小时以前。经海关批准准予集中申报的，进口货物自装载货物的运输工具申报进境之日起14日内，出口货物在运抵海关监管区后、装货的24小时前，按"中华人民共和国海关进出口货物集中申报清单"（以下简称"集中申报清单"）格式录入电子数据向海关申报，自海关审结"集中申报清单"电子数据之日起3日内，持"集中申报清单"及随附单证到货物所在地海关办理交单验放手续。在次月10日之前，对一个月内以"集中申报清单"申报的数据进行归并，填制进出口货物报关单到海关办理集中申报手续。经电缆、管道或其他特殊方式进出境的货物，进出口货物收发货人或其代理人按照海关规定定期申报。

（3）申报日期

申报日期和申报期限不同，申报日期是指申报数据被海关接受的日期。不论以电子数据报关单方式申报或以纸质关单方式申报，海关接受申报数据的日期即为接受申报的日期。

（4）滞报金

进口货物收货人未按规定申报期限向海关申报产生滞报的，由海关按规定征收滞报金。征收进口货物滞报金应当按日计征，以自运输工具申报进境之日起第15日为起征日，以海关接受申报之日为截至日，起征日和截至日均计入滞报期间，另有规定的除外。进口货物收货人向海关传送报关单电子数据申报后，未在规定期限或者核准的期限内递交纸质报关单及随附单证，海关予以撤销报关单电子数据处理。进口货物收货人重新向海关申报，产生滞报的，以自运输工具申报进境之日起第15日为起征日，以海关接受申报之日为截至日。进口货物收货人申报后依法撤销原报关单电子数据重新申报的，以撤销原报关单之日起第15日为起征日。滞报金起征日遇有休息日或者法定节假日的，顺延至休息日或者法定节假日之后的第一个工作日。国务院临时调整休息日与工作日的，海关应当按照调整后的情况确定滞报金的起征日。

进口货物因收货人在运输工具申报进境之日起超过3个月未向海关申报，被海关提取作变卖处理后，收货人申请发还余款的，滞报金的征收，以自运输工具申报进境之日起第15日为起始日，以该3个月期限的最后一日为截至日。滞报金的日征收金额为进口货物完税价格的 0.5‰，以人民币"元"为计征单位，不足人民币 1 元的部分免予计收。

征收滞报金的计算公式为：滞报金额＝进口货物完税价格×0.5‰×滞报期间（滞报天数）。

滞报金的起征点为人民币 50 元，不足 50 元的免予征收。因不可抗力等特殊情况产生的滞报可以向海关申请减免滞报金。

知识链接

滞报金的减免

以下几种特殊情况下，进口货物的经营单位或实际收货人可向海关申请减免滞报金，并提交有关证明文件：

（1）政府主管部门有关贸易管理规定变更，要求收货人补充办理有关手续或者政府主管部门延迟签发许可证件，导致进口货物产生滞报的。

（2）产生滞报的进口货物属于政府间或者国际组织无偿援助和捐赠用于救灾、社会公益福利等方面的进口物资或者其他特殊货物的。

（3）由于不可抗力导致收货人无法在规定期限内申报，从而产生滞报的。

（4）因海关及相关司法、行政执法部门工作原因致使收货人无法在规定期限内申报，从而产生滞报的。

（5）其他特殊情况经海关批准的。

2. 申报步骤

（1）准备申报单证

准备申报的单证是报关人员开始进行申报工作的第一步，是整个报关工作能否顺利进行的关键一步。准备申报单证的原则是：基本单证、特殊单证必须齐全、有效、合法；填制报关单必须真实、准确、完整；报关单与随附单证数据必须一致。申报单证可以分为报关单和随附单证两大类。

报关单是由报关人员按照海关规定格式填制的申报单，是指进出口货物报关单或者带有进出口货物报关单性质的单证，比如特殊监管区域进出境备案清单、ATA 单证册、过境货物报关单、快件报关单等等。任何货物的申报，都必须有报关单。

随附单证包括基本单证和特殊单证。基本单证是指进出口货物的货运单据和商业单据，主要有进口提货单据、出口装货单据、商业发票、装箱单等。一般来说，任何货物的申报，都必须有基本单证。特殊单证主要有进出口许可证件、加工贸易手册、特定减免税证明、作为有些货物进出境证明的原进出口货物报关单证、出口收汇核销单、原产地证明书、贸易合同等。

进出口货物收发货人或其代理人应向报关人员提供基本单证、特殊单证，报关人员审核这些单证后据此填制报关单。

（2）申报前看货取样

进口货物的收货人，在向海关申报前，为了确定货物的品名、规格、型号等，可以向海关提出查看货物或者提取货样的书面申请。海关审核同意的，派员到场监管。提取货样后，到场监管的海关工作人员与进口货物的收货人在海关开具的取样记录和取样清单上签字确认。

（3）申报

申报分为两步，第一步是进行电子数据申报；第二步是提交纸质报关单及随附单证。电子数据申报时，进出口货物收发货人或其代理人可以选择终端申报方式、委托 EDI 方式、自行 EDI 方式、网上申报方式四种电子申报方式中适用的一种，将报关单内容录入海关电子计算机系统，生成电子数据报关单。进出口货物收发货人或其代理人在委托录入或自行录入报关单数据的计算机上接收到海关发送的接受申报信息，即表示电子申报成功；接收到海关发送的不接受申报信息后，则应当根据信息提示修改报关单内容后重新申报。海关审结电子数据报关单后，进出口货物收发货人或其代理人应当自接到海关"现场交单"或"放行交单"信息之日起 10 日内，持打印的纸质报关单，备齐规定的随附单证并签名盖章，到货物所在地海关提交书面单证，办理相关海关手续。

（4）修改申报内容或撤销申报

海关接受进出口货物申报后，报关单证及其内容不得修改或者撤销；符合规定情形的，可以修改或者撤销。进出口货物报关单修改或者撤销后，纸质报关单和电子数据报关单应当一致。修改或撤销申报分为两种类型，进出口货物收发货人要求修改或撤销以及海关要求修改和撤销。

类型	内 容
进出口货物收发货人要求修改或撤销	有以下情形之一的,当事人可以向原接受申报的海关办理进出口货物报关单修改或者撤销手续,海关另有规定的除外:①出口货物放行后,由于装运、配载等原因造成原申报货物部分或者全部退关、变更运输工具的;②进出口货物在装载、运输、存储过程中发生溢短装,或者由于不可抗力造成灭失、短损等,导致原申报数据与实际货物不符的;③由于办理退补税、海关事务担保等其他海关手续而需要修改或者撤销报关单数据的;④根据贸易惯例先行采用暂时价格成交、实际结算时按商检品质认定或者国际市场实际价格付款方式需要修改申报内容的;⑤已申报进口货物办理直接退运手续,需要修改或者撤销原进口货物报关单的;⑥由于计算机、网络系统等技术原因导致电子数据申报错误的;⑦由于报关人员操作或者书写失误造成申报内容需要修改或者撤销的,当事人应当向海关提交相关资料。海关未发现报关人员存在逃避海关监管行为的,可以修改或者撤销报关单。不予修改或者撤销的,海关应当及时通知当事人,并且说明理由。
海关要求修改和撤销	除不可抗力外,当事人有以下情形之一的,海关可以直接撤销相应的电子数据报关单:①海关将电子数据报关单退回修改,当事人未在规定期限内重新发送;②海关审结电子数据报关单后,当事人未在规定期限内递交纸质报关单的;③出口货物申报后未在规定期限内运抵海关监管场所的;④海关总署规定的其他情形。

海关已经决定布控、查验以及涉嫌走私或者违反海关监管规定的进出口货物,在办结相关手续前不得修改或者撤销报关单及其电子数据。已签发报关单证明联的进出口货物,当事人办理报关单修改或者撤销手续时应当向海关交回报关单证明联。由于修改或者撤销进出口货物报关单导致需要变更、补办进出口许可证件的,当事人应当向海关提交相应的进出口许可证件。

(二)配合查验

海关查验是指海关为确定进出境货物收发货人向海关申报的内容是否与进出口货物的真实情况相符,或者为确定商品的归类、价格、原产地等,依法对进出口货物进行实际核查的执法行为。海关在对进出口货物实施查验时,进出口货物收发货人或者其代理人应当到场,负责按照海关要求搬移货物,开拆和重新封装货物的包装,并如实回答查验人员的询问以及提供必要的资料,配合查验。因进出口货物所具有的特殊属性,容易因开启、搬运不当等原因导致货物毁损，需要查验人员在查验过程中予以特别注意的，进出口货物收发货人或其代理人应当在海关实施查验前声明。

1. 查验时间

当海关决定查验时，即将查验的决定以书面通知的形式通知进出口货物收发货人或其代理人，约定查验的时间。查验时间一般约定在海关正常工作时间内。在一些进出口业务繁忙的口岸，海关也可接受进出口货物收发货人或其代理人的请求，在海关正常工作时间以外实施查验。对于危险品或者鲜活、易腐、易烂、易失效、易变质等不宜长期保存的货物，以及因其他特殊情况需要紧急验放的货物，经进出口货物收发货人或其代理人申请，海关可以优先实施查验。

2. 查验地点

查验应当在海关监管区内实施。因货物易受温度、静电、粉尘等自然因素影响，不宜在海关监管区内实施查验，或者因其他特殊原因，需要在海关监管区外查验的，经进出口货物收发货人或其代理人书面申请，海关可以派人员到海关监管区外实施查验。

3. 查验方法

海关实施查验可以彻底查验，也可以抽查。彻底查验是指对一票货物逐件开拆包装、验核货物实际状况；抽查是指按照一定比例有选择地对一票货物中的部分货物验核实际状况。

查验操作可以分为人工查验和设备查验。人工查验包括外形查验、开箱查验。外形查验是指对外部特征直观、易于判断基本属性的货物的包装、运输标志和外观等状况进行验核；开箱查验是指将货物从集装箱、货柜车箱等箱体中取出并拆除外包装后对货物实际状况进行验核。设备查验是指以技术检查设备为主对货物实际状况进行的验核。海关可以根据货物情况以及实际执法需要，确定具体的查验方式。

4. 复验

海关可以对已查验货物进行复验。有下列情形之一的，海关可以复验：①经初次查验未能查明货物的真实属性，需要对已查验货物的某些性状作进一步确认的；②货物涉嫌走私违规，需要重新查验的；③进出口货物收发货人对海关查验结论有异议，提出复验要求并经海关同意的；④其他海关认为必要的情形。已经参加过查验的查验人员不得参加对同一票货物的复验。

5. 径行开验

径行开验是指海关在进出口货物收发货人或其代理人不在场的情况下，对进出口货物进行开拆包装查验。有下列情形之一的，海关可以径行开验：①进出口货物有违法嫌疑的；②经海关通知查验，进出口货物收发货人或其代理人届时未到场的。海关径行开验时，存放货物的海关监管场所经营人、运输工具负责人应当到场协助，并在查验记录上签名确认。

6. 货物损坏赔偿

在查验过程中，或者证实海关在径行开验过程中，因为海关查验人员的责任造成被查验货物损坏的，进出口货物的收发货人或其代理人可以要求海关赔偿。海关赔偿的范围仅限于在实施查验过程中，由于查验人员的责任造成被查验货物损坏的直接经济损失。直接经济损失的金额根据被损坏货物及其部件的受损程度确定，或者根据修理费确定。

知识链接

查验中海关不予赔偿的范围

（1）进出口货物的收发货人或其代理人搬移、开拆、封装货物或保管不善造成的损失。

（2）易腐、易失效货物在海关正常工作程序所需时间内（含扣留或代管期间）所发生的变质或失效。

（3）海关正常查验时产生的不可避免的磨损。

（4）在海关查验之前已发生的损坏和海关查验之后发生的损坏。

（5）由于不可抗拒的原因造成货物的损坏、损失。

进出口货物的收发货人或其代理人在海关查验时对货物是否受损坏未提出异议，事后发现货物有损坏的，海关不负赔偿的责任。

思考

某中外合资经营企业为生产内销产品，从德国购进生产设备一批。在海关依法查验该批进口设备时，陪同查验人员开拆包装不慎，将其中一台设备的某一部件损坏。请问海关需要对其赔偿吗？

第四章 海关监管货物及一般进出口货物报关程序

（三）缴纳税费

进出口货物收发货人或其代理人进行申报，海关对报关单进行审核，对需要查验的货物先由海关查验，然后核对计算机计算的税费，开具税款缴款书和收费票据。进出口货物收发货人或其代理人在规定时间内，持缴款书或收费票据向指定银行办理税费交付手续；在试行中国电子口岸网上缴税和付费的海关，进出口货物收发货人或其代理人可以通过电子口岸接收海关发出的税款缴款书和收费票据，在网上向指定银行进行电子支付税费。一旦收到银行缴款成功的信息，即可报请海关办理货物放行手续。

（四）提取或装运货物

1. 海关进出境现场放行和货物结关

对于一般进出口货物而言，海关在接受进出口货物的申报、审核电子数据报关单和纸质报关单及随附单证、查验货物、征收税费或接受担保以后，对进出口货物做出结束海关进出境现场监管决定，在进口货物提货凭证或者出口货物装货凭证上签盖"海关放行章"，进出口货物的收发货人或者其代理人签收进口提货凭证或者出口装货凭证，即可凭以提取进口货物或将出口货物装运到运输工具上离境。在实行"无纸通关"申报方式的海关，海关做出现场放行决定时，通过计算机将海关决定放行的信息发送给进出口货物收发货人或其代理人和海关监管货物保管人。进出口货物收发货人或其代理人从计算机上自行打印海关通知放行的凭证，凭以提取进口货物或将出口货物装运到运输工具上离境。因此，对于一般进出口货物，海关放行即等于结束海关手续，就不再是海关监管货物了。

这里需要区分两个概念：海关进出境现场放行和货物结关。海关进出境现场放行，是指海关接受进出口货物的申报、审核电子数据报关单和纸质报关单及随附单证、查验货物、征免税费或接受担保以后，对进出口货物做出结束海关进出境现场监管决定，允许进出口货物离开海关监管现场的工作环节。货物结关是进出境货物办结海关手续，履行了法律规定的与进出口有关的一切义务。所以，海关进出境现场放行存在两种情况：一种情况是货物已经结关，对于一般进出口货物，放行时进出口货物收发货人或其代理人已经办理了所有海关手续，海关进出境现场放行即等于结关；

另一种情况是货物尚未结关，对于保税货物、特定减免税货物、暂时进出境货物、部分其他进出境货物，放行时进出境货物的收发货人或其代理人并未全部办完所有的海关手续，海关在一定期限内还需进行监管，所以该类货物的海关进出境现场放行不等于结关。

2. 提取货物或装运货物

进口货物收货人或其代理人签收海关加盖海关放行章戳记的进口提货凭证，凭以到货物进境地的港区、机场、车站、邮局等地的海关监管仓库办理提取进口货物的手续。出口货物发货人或其代理人签收海关加盖海关放行章戳记的出口装货凭证，凭以到货物出境地的港区、机场、车站、邮局等地的海关监管仓库，办理将货物装上运输工具离境的手续。

3. 申请签发报关单证明联和办理其他证明手续

进出口货物收发货人或其代理人，办理完提取进口货物或装运出口货物的手续以后，如需要海关签发有关货物的进口、出口报关单证明联或办理其他证明手续的，均可向海关提出申请。常见的报关单证明联主要有：①进口付汇证明联；②出口收汇证明联；③出口退税证明联。

三　一般进出口货物的电子通关流程

电子通关，海关与通关对象之间运用电子数据交换技术，自动交换和处理通关文件，从而完成申报、审单、征税和验放的整个通关过程。

（一）预录入

预录入是指经海关同意的报关行、预录入公司或企业使用报关单预录入系统，在报关大厅、企业自己的办公地点或委托预录入公司的办公地点，使用电脑录入报关数据，通过网络将报关数据传送到海关主机的录入方式。报关人预录入可采用以下三种方式：①前往报关大厅委托预录入企业使用连接海关计算机系统的终端录入。②在本企业办公地点使用EDI方式自行录入。③委托预录入企业使用EDI方式录入。

这里的EDI（Electronic Data Interchange，电子数据交换）是中国海关在报关自动化系统的基础上于1992年开始开发的EDI通关系统，无纸化操作。

(二) 电子申报

报关人员向海关审单中心发送报关单电子数据。海关进行电子审单，并将审单结果和提示信息通过设置在报关或预录入大厅的显示屏幕和自助终端、寻呼机及 EDI 通关系统等手段通知报关人员。进口货物收货人或其代理人应在载运进口货物的运输工具申报进境之日起 14 日内（最后一天为法定节假日或休息日的顺延至节假日或休息日后的第一个工作日）向海关申报。逾期申报的，海关征收滞报金（滞报金＝进口货物完税价格×0.5‰×滞报天数）。出口货物的发货人除海关特准的外应当在货物运抵海关监管区后、装货的 24 小时以前向海关申报。有报关权的企业可以自行向海关申报，也可以委托代报单位代理申报；无报关权的企业委托代报单位代理申报。

(三) 现场交单和税费处理

报关人收到海关发布的"现场交单"信息后，至预录入处打印纸质报关单、备齐提（运）单、发票、合同、装箱单、许可证件等随附单证并签章后，到海关接单现场交单。现场关员审核单证和电子数据，打印签发各类税费缴款书后，收发货人缴纳各项税费并凭税费缴纳凭证到接单现场核注税费。收发货人应在海关填发税款缴款书之日起 15 日内缴纳税款（最后一天为法定节假日或休息日的顺延至节假日或休息日后的第一个工作日）。逾期缴纳的，从滞纳税款之日起，海关按日加收滞纳税款万分之五的滞纳金。

(四) 查验货物

海关确定是否对货物实施查验以及查验方式采取机器查验还是人工查验，并通知收发货人，收发货人按照海关通知配合海关实施查验。查验货物结果正常且已缴纳税费的，办理放行手续。

1. 工作流程

查验工作流程分为人工查验工作流程和机检查验工作流程。

（1）人工查验工作流程

查验现场在接到查验指令后，从事人工查验的部门按照派单、查验、出具查验记录、复核、放行等程序开始进行货物查验工作。其中包含报送化验、申请归类、单据传递交接等业务问题。

（2）机检查验工作流程

分为报关后机检和转栈前机检两种作业模式。报关后机检工作流程是海关机检查验现场对已报关布控货物实施机检查验，对于没有"嫌疑"的货物直接转核放环节；对于有"嫌疑"的货物转人工查验，人工查验无问题的转核放环节，人工查验有问题的转缉私、调查、稽查等部门处理或查验现场即决处理。转栈前机检是查验现场在货物抵港未报关前，通过舱单进行大范围分析筛选，对风险值较高的货物布控机检，并将机检布控要求在货物卸船前提前通知码头。码头可以在货物卸船后向后方堆场转移的过程中按海关要求进行机检：机检关员依据舱单并结合机检图像分析，对重点及有嫌疑的货物进行舱单布控，报关后实施人工查验。

（3）货物查验工作时限

人工查验（在具备查验条件且从开始查验时起）4 小时内完毕，机检查验 30 分钟内完毕。查验完毕后，经关员出具查验记录确认无问题的货物，1.5 个小时内放行。

2. 机检

机检查验是海关利用"H996"集装箱检查设备对集装箱货物进行扫描成像，通过分析机检图像判断实货与申报是否相符的一种新型查验手段，该设备的使用，在一定程度上改变了海关人工掏箱查验费时、费力的局面，大大提高了海关查验的工作效率和准确性，被誉为海关查验手段的革命。H986 系统一般包括：运行检查系统、加速器系统、探测器系统、图像获取系统、传送控制系统、传送装置系统等。

3. 现场查验

现场查验实行双人查验制度，查验人员根据查验布控要求对货物采取彻底查验、抽查和外形查验等方式，查验货物完毕后，查验人员填写并打印查验记录单，查验人员和收、发货人或其代理人当场在查验记录单上签字。

4. 放行货物

放行环节关员在提运单上加盖放行章退还报关人，并将放行电子数据传至海关监管场所及卡口，报关人即可提取或发运货物。

5. 签发证明联

进口货物放行后，出口货物核销清洁舱单后，海关向进出口企业签发

第四章 海关监管货物及一般进出口货物报关程序　　121

各种报关单证明联。

知识链接

电子通关三种系统及介绍

电子通关包括三种系统，分别是海关 H883/EDI 通关系统、海关 H2000 通关系统和口岸电子执法系统。电子放行转单流程分为：出境转单、进境转单和其他情形，具体内容如下。

第一种系统：海关 H883/EDI 通关系统。

海关早期开发的电子通关系统，采用远程申报（Electronic Date Interchange）电子商务的方式。

第二种系统：海关 H2000 通关系统。

H2000 通关系统是 H883 的通关系统的升级替代项目。H2000 通关系统是全国范围的海关信息数据库和作业平台，借助于这套系统，报关单位可以在其办公场所办理有关的海关申报、备案工作，为进出口货物通关提供了便利的条件。

第三种系统：中国电子口岸系统又称为口岸电子执法系统，简称电子口岸。

由与进出口有关的 12 个国家部委（海关总署、商务部、国家税务总局、国家外汇管理局等这些主要的部委）利用计算机和互联网技术，将各自管理的进出口业务信息电子底账数据集中存放到公共数据中心，向政府管理机关提供跨部门、跨行业联网数据核查，同时企业可以网上办理各种进出口业务。

本 章 小 节

本章讲述海关监管货物的分类和报关程序，其中重点内容为一般进出口货物的报关程序。

海关监管货物主要有以下五大类：

```
1. 一般进出口货物 ─┬─ (1) 一般进口货物
                  └─ (2) 一般出口货物

2. 保税进出口货物 ─┬─ (1) 保税加工货物
                  └─ (2) 保税物流货物

3. 特定减免税进口货物
4. 暂时进出境货物
5. 其他进出境货物
```

以上五类监管货物可以互相转换，例如，所有非实际进出境货物，一旦转为实际进出境货物，就要交证交税；如果是减免税，就要交证明并且继续监管。海关针对不同性质的海关监管货物，实施不同的通关手续。从海关对进出境货物进行监管的全过程来看，报关程序按时间先后可以分为三个阶段：前期阶段、进出口阶段、后续阶段。

一般进出口货物的报关和通关流程如下：

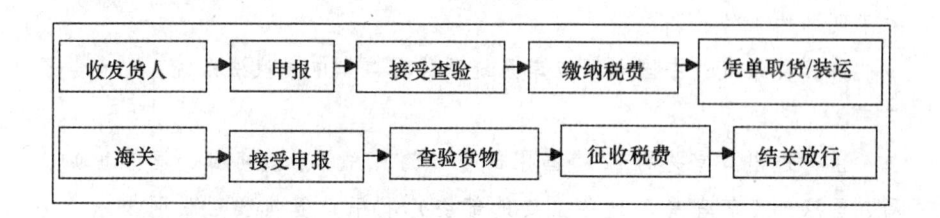

```
收发货人 → 申报 → 接受查验 → 缴纳税费 → 凭单取货/装运

海关 → 接受申报 → 查验货物 → 征收税费 → 结关放行
```

练习题

一、单选题

1. 货物进出境阶段，进出口货物收发货人或其代理人应当按照哪些步骤完成报关工作（ ）。

　　A. 进出口的申报—配合查验—缴纳税费—提取或装运货物
　　B. 提取或装运货物—进出口的申报—配合查验—缴纳税费
　　C. 进出口的申报—配合查验—提取或装运货物—缴纳税费
　　D. 提取或装运货物—配合查验—进出口的申报—缴纳税费

二、多选题

1. 报关程序按时间先后可以分为（ ）。

A. 前期阶段　　B. 进出境阶段　　C. 提货阶段　　D. 后续阶段

2. 根据货物进出境的不同目的，海关监管货物分为（　　）。

A. 一般进出口货物　　B. 保税货物　　C. 特定减免税货物

D. 暂时进出口货物　　E. 其他进出境货物

三、判断题

1. 报关程序是指进出口货物的收、发货人，运输负责人，物品的所有人或其专业代理人按照海关的规定，办理货物、物品、运输工具进出境及相关海关事务的手续及步骤。（　　）

2. 所有的货物进出口都要经过前期的申报备案阶段。（　　）

3. 特定减免税货物在进口之前，进口货物收发货人或其代理人应当办理加工贸易备案和登记手册的手续。（　　）

4. 对于特定减免税货物，进口货物收发货人或其代理人向海关办理后续的手续是，向海关申请办理解除海关监管的手续。（　　）

5. 一般进出口货物就是一般贸易货物。（　　）

四、讨论题

1. 李多多是国际贸易专业的一名大四学生，学校安排李多多在报关行跟随报关员老张实习。李多多进报关大厅面对着各个窗口上的标志牌说："张师傅，海关对进口货物监管是否分为预录入、审单、征税、退税四个环节？"老张说："是四个环节，但你只说对了两个环节。"请问：李多多说对了哪两个环节？

2. 资料：有这样四种货物：

①某加工贸易企业经批准从德国进口机器设备一套用于加工产品出口。

②某公司经批准以易货贸易方式进口货物一批在境内出售。

③张家港保税区批准出售橡胶一批给青岛汽车轮胎厂。

④某境外商人免费提供机器设备一套给境内某企业用以来料加工。

讨论：上述哪种货物适用一般进出口通关制度？为什么？

3. 讨论：下列货物哪种不适用于海关后续管理？

①外商在经贸活动中赠送的进口货物；

②进料加工进口料件；

③进境展览品；

④香港影视公司摄制电影电视用的暂时进口的摄制仪器。

4. 资料：某外贸企业进口设备1台，装载该设备的运输工具于2013年9月16日向海关申报进境，外贸企业于2013年10月12日向海关申报进口。

讨论：外贸企业到底滞报了几天？

5. 资料：黄埔海关查验一批贵重的精密仪器，交给发货人或其代理人后，有关发货人或其代理人当时并未提出异议，后来确切证实是海关查验时损坏的。

讨论：海关应负赔偿责任吗？为什么？

五、本章实训

模拟一般进出口货物报关

方法：全班同学分成8个小组，每个小组设置报关人员、海关官员等报关程序中所涉及的人员，自选一种商品来模拟一般进出口货物的报关程序。当某一组模拟完成后，其余小组对其进行提问。要求采用多种展示形式，尽可能多地融入本章所学的知识。

第五章

保税加工与保税物流货物的报关管理

引导案例

上海新世纪进出口有限公司（A类管理）向上海机场海关申报进口已鞣未缝制羊皮（限制类）500张（单价为18美元/张）以履行羊皮大衣的出口合同。货进口后，交由南京维达服饰有限公司（440736×××，B类管理企业）加工。合同执行期间，因加工企业生产规模有限，经与境外订货商协商后更改出口合同，故羊皮耗用数量为300张。经批准，剩余的200张羊皮中的185张结转至另一加工贸易合同项下；15张售予沈阳华艺服装有限公司（C类管理企业）用以生产内销产品（外汇牌价：1美元＝6.5元人民币）。请思考以下问题：

1. 根据加工贸易合同银行保证金台账制度的规定，500张羊皮进口是否需要开设台账、缴纳保证金及领取加工贸易手册？

2. 185张羊皮结转至另一加工贸易合同项下，必须符合什么规定？结转的程序是什么？

3. 15张羊皮转为内销是否要申请、交验许可证件？

（资料来源：张振华：《从两则案例看保税加工货物的报关要点》，《合作经济与科技》2011年9月）

学习目标

1. 熟悉保税加工货物的概念、特征、海关监管程序。
2. 掌握海关对加工贸易企业的联网监管。
3. 对比掌握出口加工区和珠海园区的报关程序。

4. 熟悉保税物流货物的概念、特点和海关监管程序。

第一节　保税加工货物报关管理

一　保税加工货物概述

（一）含义

保税加工货物是指经海关批准未办理纳税手续进境，在境内加工、装配后复运出境的货物。

保税加工货物通常称为加工贸易保税货物。加工贸易保税货物不完全等同于加工贸易货物。经海关批准准予保税进口的加工贸易货物才是保税加工货物，其内容包括加工贸易项下的进口料件、加工成品以及加工过程中产生的边角料、残次品、副产品等。

加工贸易是指经营企业进口全部或者部分原辅材料、零部件、元器件、包装物料（以下简称料件），经加工或者装配后，将制成品复出口的经营活动，包括来料加工和进料加工。其中，来料加工，是指进口料件由境外企业提供，经营企业不需要付汇进口，按照境外企业的要求进行加工或者装配，只收取加工费，制成品由境外企业销售的经营活动。进料加工是指进口料件由经营企业付汇进口，制成品由经营企业外销出口的经营活动。

（二）特征

1. 纳税暂缓

料件进口时暂缓进口关税及进口环节海关代征税，成品出口时除另有规定外无须缴纳关税。对按照规定进口时先征收税款的，待加工成品出口后，海关根据核定的实际加工复出口的数量退还已征收的税款。

2. 免交出口许可证

除国家另有规定外，加工贸易进口料件属于国家对进口有限制性规定的，经营企业免于向海关提交进口许可证件；加工贸易出口制成品属于国家对出口有限制性规定的，经营企业应当向海关提交出口许可证件。

3. 放行不等于结关

进出境海关办结货物现场放行手续并未结束海关监管。

（三）海关对保税加工货物的监管程序

海关对保税加工货物的管理可以归纳为商务审批、备案保税、纳税暂缓、监管延伸和核销结关。

1. 商务审批

加工贸易业务须经过商务主管部门审批才能进入海关备案程序。由于海关对加工贸易企业实施联网监管，即加工贸易企业通过数据交换平台或者其他计算机网络方式向海关报送能满足海关监管要求的物流、生产经营等数据，海关对数据进行核对、核算，并结合实物进行核查的一种加工贸易海关监管方式。在这种监管方式下，海关保税加工企业实施电子底账管理。电子底账包括电子账册和电子化手册（含分段式管理和以合同为单元常规管理）两种模式。因为电子账册和电子化手册建立单元、核销周期、监管对象的不同，所以商务审批也分为两种情况。

（1）建立电子化手册审批加工贸易合同

加工贸易经营企业在向海关办理加工贸易合同备案建立电子化手册之前，先要到商务主管部门办理合同审批手续。经审批后，凭商务主管部门出具的"加工贸易业务批准证书"和"加工贸易企业经营状况和生产能力证明"两个单证及商务主管部门审批同意的加工贸易合同到海关备案。

（2）建立电子账册审批加工贸易经营范围

加工贸易经营企业在向海关申请建立电子账册之前，先要到商务主管部门办理审批加工贸易经营范围的手续，由商务主管部门对加工贸易企业做出前置审批，凭商务主管部门出具的"经营范围批准书"和"加工贸易企业经营状况和生产能力证明"到海关申请建立电子账册。

2. 备案保税

备案是海关批准加工贸易料件保税进口的前提条件。凡是准予备案的加工贸易料件，进口时可以暂不办理纳税手续，即保税进口。电子化手册和电子账册管理下的保税加工货物报关都有备案程序，海关通过受理备案实现批准保税。海关特殊监管区的保税加工货物报关也有备案程序，主要体现在建立加工贸易电子账册。

3. 纳税暂缓

国家规定专为加工出口产品而进口的料件，按实际加工复出口成品所耗用料件的数量准予免缴进口关税和进口环节增值税、消费税。这里的免税是指加工贸易料件经海关保税进口,产品生产完工出口时确定适用在出口产品上的料件数量,用于出口的部分不予征税,不出口的部分由企业办理纳税手续。料件进境时未办理纳税手续,适用海关事务担保,具体担保手续按加工贸易银行保证金台账制度执行。保税料件或制成品内销的,海关除依法征收税款外,还应加征缓税利息。保税货物在规定的有效期限内(包括经批准延长的期限)全部出口的,由海关通知中国银行将保证金及其活期存款利息全部退还。

4. 监管延伸

海关对保税加工货物的监管延伸是指时间的延伸和地点的延伸。从时间角度来看,保税加工的料件在进境地被提取并不是海关保税监管的结束,而是继续。海关对保税加工货物的监管结束是该料件加工、装配后复运出境或者办结正式进口手续最终核销结案。从地点角度来看,保税加工的料件运离进境地口岸海关监管场所后,进行加工、装配的地方,都是海关监管场所。

5. 核销结关

核销是保税加工货物结束海关监管的最后一个环节。由于保税加工的料件进境经过加工、装配,复出口的商品与原进口的商品不同,所以,核销时既要确认进出数量是否平衡,又要分辨成品生产中所用料件的数量,以及边角料、剩余料件、残次品、副产品以及单耗等情况。

海关核销可以采取纸质单证核销和电子数据核销的方式,必要时可以下厂核查,企业应当予以配合。海关应当自受理报核之日起30日内予以核销。特殊情况需要延长的,经直属海关关长或者其授权的隶属海关关长批准,可延长30日。

二 海关对加工贸易企业的联网监管

(一) 定义

《中华人民共和国海关加工贸易企业联网监管办法》(以下简称《企业联网监管办法》)第二条规定:"海关对加工贸易企业实施联网监管,是指加工贸易企业通过数据交换平台或者其他计算机网络方式向海关报送能满足海关监管要求的物流、生产经营等数据,海关对数据进行核对、核算,并结合实物进行核查的一种加工贸易海关监管方式。"

第五章 保税加工与保税物流货物的报关管理

（二）联网监管资格的获得

《企业联网监管办法》规定实施联网监管的加工贸易企业（以下简称联网企业）应当具备三个条件：①具有加工贸易经营资格；②在海关注册；③属于生产型企业。同时注意，海关特殊监管区域、保税监管场所内的加工贸易企业不适用《企业联网监管办法》。

加工贸易企业需要实施联网监管的，首先提出申请，在商务部门对企业申请联网监管进行前置审批的基础上，主管海关对申请企业是否具备联网监管条件进行审核。经审核符合联网监管条件的，主管海关应向企业制发《海关实施加工贸易联网监管通知书》。

（三）联网监管方式的选择

联网企业通过数据交换平台或者其他计算机网络方式，经过加工贸联网监管身份认证，向海关报送所需进口料件、出口成品清单及对应的商品编号、加工贸易货物物流、库存、生产管理以及满足海关监管需要的其他动态数据。海关应当根据联网企业报送备案的资料建立电子底账，对联网企业实施电子底账管理。这里，电子底账是指海关根据联网企业申请，为其建立的用于记录加工贸易备案、进出口、核销等资料的电子数据库。

电子底账包括电子账册和电子手册。电子账册是海关以企业为单元为联网企业建立的电子底账；实施电子账册管理的，联网企业只设立一个电子账册。海关应当根据联网企业的生产情况和海关的监管需要确定核销周期，按照核销周期对实行电子账册管理的联网企业进行核销管理。电子手册是海关以加工贸易合同为单元为联网企业建立的电子底账；实施电子手册管理的，联网企业的每个加工贸易合同设立一个电子手册。海关应当根据加工贸易合同的有效期限确定核销日期，对实行电子手册管理的联网企业进行定期核销管理。

电子底账的两种类型也是联网监管的两种方式。主管海关根据企业实际情况确定实施联网监管的方式。采用电子账册模式进行联网监管的，不实行银行保证金台账制度；采用电子手册模式进行联网监管的，仍实行银行保证金台账制度。

联网监管方式的类别可以变动。联网企业管理类别下调的，应按调整后的企业管理类别确定联网监管模式或采取风险管理措施。联网企业能够缴纳风险担保金或提供银行担保的，主管海关可继续对其按电子账册模式实施联网监管；企业不能缴纳风险担保金或不能提供银行担保的，主管海关应将其电子账册模式调整为电子手册模式实施联网监管。风险担保金或银行担保的金额按照银行保证金台账"实转"的有关规定办理。

联网企业监管的停止有三种情形：第一，联网企业属于《中华人民共和国海关加工贸易企业联网监管办法》第十六条所列其他情形或涉嫌走私违规已立案调查的，主管海关可根据实际情况，要求企业缴纳风险担保金或提供银行担保；联网企业不缴纳风险担保金或不提供银行担保的，主管海关对其电子底账设置为停账状态，待联网企业办理海关相关手续或按要求整改后予以恢复。第二，联网企业由于身份识别卡丢失而申请停账的，主管海关可为其办理停账手续。第三，联网企业已不具备加工贸易经营资格的，主管海关相应注销其电子底账。

（四）联网监管的运转

联网监管的具体运转采用报送核销方式。联网企业应当如实向海关报送加工贸易货物物流、库存、生产管理以及满足海关监管需要的其他动态数据。若联网企业需要开展外发加工，首先应当将外发加工承接企业、货物名称和周转数量向主管海关备案。海关可以采取数据核对和下厂核查等方式对联网企业进行核查。下厂核查包括专项核查和盘点核查。联网企业实施盘点核查前，应当告知海关；海关可以结合企业盘点实施核查核销。海关结合企业盘点实施核查核销时，应当将电子底账核算结果与联网企业实际库存量进行对比，并分别进行处理。

三　电子化手册管理下的保税加工货物报关程序

电子化手册管理是加工贸易联网监管的一种监管方式。这种监管方式的主要特征是为以合同为单元进行监督，即海关为联网企业建立电子底账，一个加工贸易合同建立一个电子化手册。电子化手册管理的基本程序是合同备案、进出口报关、合同报核。

（一）合同备案

加工贸易合同备案是指加工贸易企业持经批准的加工贸易合同到主管海关备案，申请保税并建立加工贸易电子化手册或领取其他准予备案凭证的行为。海关受理加工贸易合同备案是指海关根据国家规定在接受加工贸易合同备案后，批准合同约定的进口料件保税，并把合同内容转化为手册内容建立电子化手册或其他准予备案的凭证。对不予备案的合同，海关应当书面告知经营企业。

企业办理加工贸易合同备案前需要报商务主管部门审批合同，领取"加工贸易业务批准证"和"加工贸易企业经营状况和生产能力证明"；需要领取其他许可证件的还要向有关部门申领许可证件。具体合同备案步骤为：①将合同相关内容预录入与主管海关联网的计算机。②由海关审核确定是否准予备案。准予备案的，海关确定是否需要开设加工贸易银行保证金台账。③需办理开设台账手续的，应向银行办理台账保证金专用账户设立手续。已设立台账保证金专用账户的企业，凭"海关注册登记证明"向银行进行一次性备案登记。银行与海关目前采用台账电子化联网管理模式。企业在预录入端收到回执后，直接凭借银行签发的电子"银行保证金台账登记通知单"向海关办理加工贸易备案手续，无须往返于海关和银行之间传递单证，有关单证的电子数据均实现网上传输。④不需要开设台账的，直接由海关建立电子化手册或合法其他备案凭证。

（二）进出口报关

电子化手册管理下的保税加工货物报关，适用进出口报关阶段程序，有进出境货物报关、深加工结转货物报关和其他保税加工货物报关等三种情形。

1. 进出境货物报关

保税加工货物进出境由加工贸易经营单位或其代理人向海关申报。保税加工货物进出境申报必须凭电子化手册编号或持有其他准予合同备案的凭证。保税加工货物进出境报关程序与一般进出口货物一样，也有四个环节，其中申报、配合查验、提取货物或装运货物三个环节与一般进出口货物基本一致。存在区别的是，保税加工货物进出境报关程序第三个环节不是缴纳税费，而是暂缓纳税，即保税。

加工贸易企业在主管海关备案的情况在计算机系统中已生成电子底账，有关电子数据通过网络传输到相应的口岸海关，因此企业在口岸海关报关时提供的有关单证内容必须与电子底账数据相一致。也就是说，报关数据必须与备案数据一致，一种商品报关的商品编码、品名、规格、计量单位、数量、币制等，必须与备案数据无论在字面上还是计算机格式上都完全一致。若不一致，报关就不能通过。

保税加工货物进出境报关的许可证件管理和税收征管要求如下：

（1）关于进出口许可证件管理

进口料件、除易制毒化学品、监控化学品、消耗臭氧层物质、原油、成品油等个别规定商品外，均可以免予交验进口许可证件。这里所称"免予交验进口许可证件"，并不包括涉及公共道德、公共卫生、公共安全所实施的进出口管制证件。出口成品，属于国家规定应交验出口许可证件的，在出口报关时必须交验出口许可证件。

（2）关于进出口税收征管

准予保税的加工贸易料件进口时暂缓纳税。加工贸易项下出口应税商品，如系全部使用进口料件加工生产的产品，不征收出口关税。加工贸易项下出口应税商品，如系部分使用进口料件、部分使用国产料件加工的产品，则按海关核定的比例征收出口关税。具体计算公式是：

出口关税＝出口货物完税价格×出口关税税率×出口产（成）品中使用的国产料件和全部料件的价值比例

加工贸易出口的特殊商品，应征进口关税的，按照有关规定办理。例如：加工贸易出口未锻铝，不论是否有国产料件投入，一律按一般贸易出口货物从价计征出口关税。

2. 深加工结转货物报关

加工贸易深加工结转是指加工贸易企业将保税进口料件加工的产品转至另一加工贸易企业进一步加工后复出口的经营活动。其报关程序为计划备案、收发货登记、结转报关三个环节。

（1）计划备案

加工贸易企业开展深加工结转、转入、转出企业应当向各自主管海关提交保税加工货物深加工结转申请表，申报结转计划。

（2）收发货登记

转出、转入企业办理结转计划申报手续后，应当按照经双方海关核准后的申请表进行实际收发货。转出、转入企业的每批次收发货记录应当在保税货物实际结转情况登记表上进行如实登记，并加盖企业结转专用名章。结转货物退货的，转入、转出企业应当将实际退货情况在登记表中进行登记，同时注明"退货"字样，并各自加盖企业结转专用名章。

(3) 结转报关

转出、转入企业分别在转出地、转入地海关办理结转报关手续：①转出、转入企业分别在转出地、转入地海关办理结转报关手续。转出、转入企业可以凭一份申请表分批或集中办理报关手续。转出企业每批实际发货后在 90 日内办结该批货物的报关手续，转入企业每批实际收货后 90 日内办结该批货物的报关手续。②转入企业凭借申请表、登记表等单证向转入地海关办理结转进口报关手续，并在结转进口报关后的第二个工作日内将报关情况通知转出企业。③转出企业自接到转入企业通知之日起 10 日内，凭申请表、登记表等单证向转出地海关办理结转出口报关手续。④结转进口、出口报关的申报价格为结转货物的实际成交价格。⑤一份结转进口货物报关单对应一份结转出口货物报关单，两份报关单之间对应的申报序号、商品编号、数量、价格和手册号应当一致。⑥结转货物分批报关的，企业应当同时提供申请表和登记表的原件及复印件。

3. 其他保税加工货物的报关

其他保税加工货物的报关是指，电子化手册管理下的联网企业以内销、结转、退运、放弃、销毁等方式处理保税进口料件、成品、副产品、残次品、边角料和受灾货物的报关手续。各种处理方式中，除放弃后应该销毁处理的外，其他处理方式都必须填制报关单报关。

(三) 合同报核

1. 报核和核销

加工贸易合同报核，是指加工贸易企业在加工贸易合同履行完毕或终止合同并按规定对未出口的货物进行处理后，按照规定的期限和规定的程序，向加工贸易主管海关申请核销、结案的行为。

加工贸易合同核销，是指加工贸易经营企业加工复出口并对未出口的货物办妥有关海关手续后，凭规定单证向海关申请解除监管，海关经审查、核查属实且符合有关法律、行政法规的规定，予以办理解除监管手续的海关行政许可事项。

2. 报核时间

经营企业应当在规定的期限内将进口料件加工复出口，并自加工贸易电子化手册项下最后一批成品出口之日起或者手册到期之日起 30 日内向海关报核。经营企业对外签订的合同因故提前终止的，应当自合同终止之日起 30 日内向海关报核。

3. 报核的单证

企业报核需要的单证如下：①企业合同核销申请表；②进出口货物报关单；③核销核算表；④其他海关需要的资料。

4. 报核的步骤

企业报核的步骤如下：①合同履约后，及时收集、整理、核对手册和进出口货物报关单；②根据有关账册记录、仓库记录、生产工艺资料等查清此合同加工生产的实际单耗，并据以填写核销核算表；③填写核销预录入申请单，办理报核预录入手续；④携带有关报核需要的单证，到主管海关报核，并填写报核签收回联单。

5. 海关受理报核和核销

海关对企业的报核依法进行审核，对不符合规定的，书面告知企业不予受理的理由，并要求企业重新报核；符合规定的，予以受理。海关自受理企业报核之日起 20 个工作日内核销完毕，特殊情况下，可以由直属海关的关长批转或者由直属海关关长授权的隶属海关关长批转，延长 10 个工作日。对未开设台账的电子化手册，经核销准予结案的，签发"银行保证金台账核销联系单"，企业凭以到银行销台账，其中"实转"的台账，企业在银行领回保证金和应得的利息或者撤销保函，并领取"银行保证金台账核销通知单"，凭以向海关领取核销结案的通知书。

四 电子账册管理下的保税加工货物报关程序

电子账册管理是加工贸易联网监管中海关以加工贸易企业的整体加工贸易业务为单元对保税加工货物实施监管的一种模式。海关为联网企业建立电子底账，联网企业只设立一个电子账册。根据联网企业的生产情况和海关的监管需要确定核销周期，并按照该核销周期对实行电子账册管理的联网企业进行核销。

（一）电子账册的建立

电子账册的建立要经过加工贸易经营企业的联网监管的申请和审批、加工贸易业务的申请和审批、建立商品归并关系和电子账册三个步骤。

1. 联网监管的申请和审批

加工贸易经营企业申请电子账册管理模式的加工贸易联网监管，一般应当具备下列条件：①在中国境内具有独立法人资格，并具备加工贸易经营资格，在海关注册的生产型企业；②守法经营，资信可靠，内部管理规范，对采购、生产、库存、销售等实行全程计算机管理；③能按照海关监管要求提供真实、准确、完整并具有被查核功能的数据。申请电子账册管理模式的加工贸易联网监管的企业在向海关申请联网监管前，应当先向企业所在地商务主管部门办理前置审批手续，由商务主管部门对申请联网监管企业的加工贸易经营范围依法进行审批。

经商务主管部门审批同意后，加工贸易企业向所在地直属海关提出书面申请，并提供加工贸易企业联网监管申请表、企业进出口经营权批准文件、企业上一年度经审计的会计报表、工商营业执照复印件、经营范围清单（含进口料件和出口制成品的品名及4位数的HS编码）及海关认为需要的其他单证。主管海关在接到加工贸易企业电子账册管理模式的联网监管申请后，对申请实施联网监管的企业进口料件、出口成品的归类和商品归并关系进行预先审核和确认。经审核符合联网监管条件的，主管海关制发"海关实施加工贸易联网监管通知书"。

2. 加工贸易业务的申请和审批

联网企业的加工贸易业务由商务主管部门审批。商务主管部门总体审定联网企业的加工贸易资格、业务范围和加工生产能力。商务主管部门收到联网企业申请后，对非国家禁止开展的加工贸易业务予以批准，并签发"联网监管企业加工贸易业务批准证"。

3. 建立商品归并关系和电子账册

联网企业凭商务主管部门签发的"联网监管企业加工贸易业务批准证"向所在地主管海关申请建立电子账册。海关以商务主管部门批准的加工贸易经营范围、年生产能力等为依据，建立电子账册。

电子账册包括加工贸易"经营范围电子账册"和"便捷通关电子账册"。"经营范围电子账册"用于检查控制"便捷通关电子账册"进出口商品的范围，不能直接报关。"便捷通关电子账册"用于加工贸易货物的备案、通关和核销。电子账册编码为12位。"经营范围电子账册"第一、第二位为标记代码"IT"，因此"经营范围电子账册"也叫"IT账册"；"便捷通关电子账册"第一位为标记代码"E"，因此"便捷通关电子账册"也叫"E账册"。

电子账册是在商品归并关系确立的基础上建立起来的，没有商品归并关系就不能建立电子账册，所以联网监管的实现依靠商品归并关系的确立。商品归并关系，是指海关与联网企业根据监管的需要按照中文品名、HS编码、价格、贸易管制等条件，将联网企业内部管理的"料号级"商品与电子账册备案的"项号级"商品归并或拆分，建立"一对多"或"多对一"的对应关系。

（二）报关程序

电子账册下的报关程序包括备案、进出口报关、报核和核销三个步骤。

1. 备案

由于电子账册包括"经营范围电子账册"和"便捷通关电子账册"，所以需要两个电子账册同时备案。

（1）"经营范围电子账册"备案

企业凭商务主管部门的批准证通过网络向海关办理"经营范围电子账册"备案手续，备案内容为：①经营单位名称及代码；②加工单位名称及代码；③批准证件编号；④加工生产能力；⑤加工贸易进口料件和成品范围（商品编码前4位）。企业在收到海关的备案信息后，应将商务主管部门的纸质批准证交海关存档。

（2）"便捷通关电子账册"备案

企业可通过网络向海关办理"便捷通关电子账册"备案手续。"便捷通关电子账册"的备案包括以下内容：①企业基本情况表，包括经营单位及代码、加工企业及代码、批准证编号、经营范围账册号、加工生产能力等；②料件、成品部分，包括归并后的料件、成品名称、规格、商品编码、备案计量单位、币制、征免方式等；③单耗关系，包括出口成品对应料件的净耗、损耗率等。海关将根据企业的加工能力设定电子账册最大周转金额，并对部分高风险或需要重点监管的料件设定最大周转数量。电子账册进口料件的金额、数量，加上电子账册剩余料件的金额、数量，不得超过最大周转金额和最大周转数量。

2. 进出口报关

电子账册模式下联网监管企业的保税加工货物报关与电子手册模式一样，适用进出口报关阶段程序的，也有进出境货物报关、深加工结转货物报关和其他保税加工货物报关三种情形。

(1) 进出境货物报关

联网企业在进行进出境货物报关时需要经历两个阶段：第一是报关清单的生成；第二是报关单的生成。

第一，报关清单的生成。使用"便捷通关电子账册"办理报关手续，企业应先根据实际进出口情况，从企业系统导出料号级数据生成归并前的报关清单，通过网络发送到电子口岸。报关清单应按照加工贸易合同填报监管方式，进口报关清单填制的总金额不得超过电子账册最大周转金额的剩余值，其余项目的填制参照报关单的填制规范。

第二，报关单的生成。联网企业进出口保税加工货物，应使用企业内部的计算机，采用计算机原始数据形成报关清单，报送中国电子口岸。电子口岸将企业报送的报关清单根据归并原则进行归并，并分拆成报关单后发送回企业，由企业填报完整的报关单内容后，通过网络向海关正式申报。

不涉及报关清单的报关单内容可直接进行修改，涉及报关清单的报关单内容修改必须先修改报关清单，再重新进行归并。报关单经海关审核通过后，一律不得修改，必须进行撤销重报。带报关清单的报关单撤销后，报关清单一并撤销，不得重复使用。报关单放行前修改，内容不涉及报关单表体内容的，企业经海关同意可直接修改报关单；涉及报关单表体内容的，企业必须撤销报关单重新申报。

(2) 深加工结转货物报关

电子账册管理下的联网企业深加工结转货物报关与电子化手册管理下的保税加工货物深加工结转报关一样。

(3) 其他保税加工货物报关

联网企业以内销、结转、退运、放弃、销毁等方式处理保税进口料件、成品、副产品、残次品、边角料和受灾货物的报关手续，参照电子手册管理。后续缴纳税款时，缓税利息计息日为电子账册上期核销之日（未核销过的为"便捷通关电子账册"记录首次进口料件之日）的次日至海关开具税款缴纳证之日。

经主管海关批准，联网监管企业可按月度集中办理内销征税手续。按月度集中办理内销征税手续的联网企业，在每个核销周期结束前，必须办结本期所有的内销征税手续。

3. 报核和核销

电子账册采用的是以企业为单元的管理方式，一个企业只有一个电子账册，因此，对电子账册模式的核销实行滚动核销的形式，即对电子账册按照时间段进行核销，将某个确定的时间段内企业的加工贸易进出口情况进行平衡核算。海关对采用电子账册管理模式的联网企业报核期限，一般规定180天为一个报核周期。首次报核期限，为从电子账册建立之日起180天后的30天内；以后报核期限，为从上次报核之日起180天后的30天内。

企业必须在规定的期限内完成报核手续，确有正当理由不能按期报核的，经主管海关批准可以延期，但延长期限不得超过60天。

企业报核和海关核销程序如下：

（1）企业报核

企业报核包括预报核和正式报核。预报核是加工贸易联网企业报核的组成部分。企业在向海关正式申请核销前，在电子账册本次核销周期到期之日起30天内，将本核销期内申报的所有的电子账册进出口报关数据按海关要求的内容，包括报关单号、进出口岸、扣减方式、进出标志等以电子报文形式向海关申请报核。正式报核是指企业预报核通过海关审核后，以预报核海关核准的报关数据为基础，准确、详细地填报本期保税进口料件的应当留存数量、实际留存数量等内容，以电子数据向海关正式申请报核。

海关认为必要时可以要求企业进一步报送料件的实际进口数量、耗用数量、内销数量、结转数量、边角料数量、放弃数量、实际损耗率等内容，对比对不相符且属于企业填报有误的可以退单，企业必须重新申报。经海关认定企业实际库存多于应存数，有合理正当理由的，可以计入电子账册下期核销，对其他原因造成的，依法处理。

联网企业不再使用电子账册的，应当向海关申请核销。电子账册核销完毕，海关予以注销。

（2）海关核销

海关核销的基本目的是掌握企业在某个时段所进口的各项保税加工料件的使用、流转、损耗的情况，确认是否符合以下的平衡关系：

进口保税料件（含深加工结转进口）＝出口成品折料（含深加工结转出口）＋内销料件＋内销成品折料＋剩余料件＋损耗－退运成品折料

海关核销除了对书面数据进行必要的核算外，还会根据实际情况采取盘库的方式。经核对，企业报核数据与海关底账数据及盘点数据相符的，海关通过正式报核审核，打印核算结果，系统自动将本期结余数转为下期期初数。企业实际库存量多于电子底账核算结果的，海关会按照实际库存量调整电子底账的当期结余数量；企业实际库存量少于电子底账核算结果且可以提供正当理由的，对短缺部分，联网企业按照内销处理；企业实际库存量少于电子底账核算结果且联网企业不能提供正当理由的，对短缺部分，海关将移交缉私部门处理。

五 出口加工区进出货物报关管理

（一）定义

出口加工区是由国务院批准，在中华人民共和国境内设立的，由海关对进出口加工区的货物及区内相关场所实行封闭式24小时监管的特定区域。封闭式监管是指加工区与中华人民共和国境内的其他地区（以下简称区外）之间，须设置符合海关监管要求的隔离设施及闭路电视监控系统。经海关总署对加工区的隔离设施验收合格后，方可开展加工区有关业务。

（二）开展的业务

《中华人民共和国海关对出口加工区监管的暂行办法》规定，出口加工区可以从事保税加工、保税物流及研发、检测、维修等业务。国家对区内加工产品不征收增值税。同时，注意区内不得经营商业零售、一般贸易、转口贸易及其他与加工区无关的业务。

（三）海关管理

海关采用隔离设施及闭路电视监控系统对出口加工区实施24小时封闭式监管。在出口加工区内企业开展加工贸易业务不实行加工贸易保证金台账制度，适用电子账册管理。除安全保卫人员和企业值班人员外，其他人员不得在加工区内居住。不得建立营业性的生活消费设施。

由于国家禁止进、出口的货物、物品，不得进、出加工区，所以，海关对进、出加工区的货物、物品、运输工具、人员及区内有关场所，有权依照《中华人民共和国海关法》的规定进行检查、查验。

（四）加工区与境外之间进出货物的报关管理

海关对加工区与境外之间进、出的货物，按照直通式或转关运输的办法进行监管。加工区与境外之间进、出的货物，由货主或其代理人根据加工区管理委员会的批件，填写进、出境货物备案清单，向主管海关备案。备案清单由海关总署统一制发。加工区与境外之间进、出的货物，除实行出口被动配额管理的外，不实行进出口配额、许可证件管理。

（五）加工区与区外之间进出货物的报关管理

1. 出区货物

对加工区运往区外的货物，海关按照对进口货物的有关规定办理报关手续，并按照制成品征税。如属许可证件管理商品，还应向海关出具有效的进口许可证件。

2. 入区货物

从区外进入加工区的货物、物品，应运入加工区内海关指定仓库或地点，区外企业填写出口报关单，并持境内购货发票、装箱单，向加工区的主管海关办理报关手续。如果从区外进入加工区的货物要复运出境，须经区内企业进行实质性加工后。从区外进入加工区的货物视同出口，办理出口报关手续。

（六）加工区内货物的监管

海关对进、出加工区货物的备案、报关、查验、放行、核销手续应在区内办理。区内企业进、出加工区的货物须向其主管海关如实申报，海关依据备案清单及有关单证，对区内企业进、出加工区的货物进行查验、放行和核销。区内企业自开展出口加工业务或仓储业务之日起，每半年持本企业账册和有关单据，向其主管海关办理一次核销手续。

加工区内的货物可在区内企业之间转让、转移，双方当事人须事先将转让、转移货物的具体品名、数量、金额等有关事项向海关备案。但是，区内加工企业，不得将未经实质性加工的进口原材料、零部件销往区外。区内从事仓储服务的企业，不得将仓储的原材料、零部件提供给区外企业。进入加工区的货物，在加工、储存期间，因不可抗力造成短少、损毁的，区内加工企业或仓储企业应自发现之日起10日内报告主管海关，并说明理由。经海关核实确认后，准其在账册内减除。

（七）加工区之间往来货物的监管

加工区之间货物的往来，应由收、发货物双方联名向转出区主管海关提出申请。经海关核准后，按照转关运输的有关规定办理。货物转关至其他加工区时，转入区主管海关在核对封志完整及单货相符后，即予放行入厂或入库。加工区之间往来的货物不能按照转关运输办理的，转入区主管海关应向收货企业收取货物等值的担保金。货物运抵转入区并经海关核对无误后，主管海关应在10个工作日内，将担保金退还企业。

六 珠海园区进出货物报关管理

（一）定义

珠海园区是经国务院批准设立的珠澳跨境工业区中由中国海关按照《海关法》和其他有关法律、行政法规进行监管的珠海经济特区部分的园区。

知识连接

珠澳跨境工业区

珠澳跨境工业区是经国务院批准设立，在我国珠海经济特区和澳门经济特别行政区之间跨越珠海和澳门关境珠澳跨境工业区由澳门政府提出建设，珠海市政府申报，于2003年12月经国务院批准设立。这个园区的建设，是中央为了加强粤澳、珠澳经贸合作，维护澳门长期繁荣稳定而设立的全国第一家跨境工业区。跨境工业区总占地面积0.4平方公里，其中珠海园区0.29平方公里，澳门园区0.11平方公里，由珠海和澳门特别行政区分别通过填海造地形成。两个园区之间由一条自然形成的水道作为隔离，开设专门口岸通道连接。跨境工业区珠海园区完全依靠土地出让资金进行各项基础设施和口岸联检设施建设，自2004年3月28日开始填海造地，2006年9月完成园区基础设施、海关监管设施和口岸联检设施，并通过海关总署等国家九部委联合验收，同年

12月8日，珠澳跨境工业区专用口岸开通启用（全天24小时开放），标志着珠澳跨境工业区正式运行。

（二）开展的业务

《中华人民共和国海关珠澳跨境工业区珠海园区管理办法》规定珠海园区可以开展以下业务：加工制造、检测维修研发、储存进出口货物以及其他未办结海关手续货物、包括国际转口贸易等进出口贸易、国际采购分销配送、国际中转、商品展示展销以及经海关批准的其他加工和物流业务8项具体业务，满足当前企业从事各项进出口业务的需要。

（三）海关管理

海关在珠海园区派驻机构，对进出珠海园区的货物、物品、运输工具以及珠海园区内企业、场所实行24小时封闭式监管。法律、行政法规禁止进出口的货物、物品，不得进出珠海园区。珠海园区与区外以及澳门园区之间，应当设置符合海关监管要求的围网隔离设施、卡口、视频监控系统以及其他海关监管所需的设施。珠海园区实行"保税区＋出口加工区进出口税收政策＋专用口岸"三重优惠政策的海关特殊监管区域。

海关对区内企业开展加工贸易业务，采取电子账册管理方式，无须办理纸质手册，也无须办理保证金台账。

第二节 保税物流货物报关程序

一 保税物流货物概述

（一）定义与特征

保税物流货物是指经海关批准未办理纳税手续进境，在境内进行分拨、配送或储存后复运出境的货物，也称作保税仓储货物。已办结海关出口手续尚未离境，经海关批准存放在海关保税监管场所或特殊监管区域的货物，带有保税物流货物的性质。

保税物流货物有以下特征：①进境时暂缓缴纳进口关税及进口环节海关代征税，复运出境免税，内销应当缴纳进口关税和进口环节海关代征税，不征收缓税利息。②进出境时除国家另有规定外，免予交验进出口许可证件。③进境海关现场放行不是结关，进境后必须进入海关保税监管场所或特殊监管区域，运离这些场所或区域必须办理结关手续。

（二）管理

海关对保税物流货物的监管模式有两大类：一类是非物理围网的监管模式，包括保税仓库、出口监管仓库；另一类是物理围网的监管模式，包括保税物流中心、保税物流园区、保税区、保税港区、综合保税区。

监管模式
- 非物理围网的监管模式
  - 保税仓库
  - 出口监管仓库
  - 保税物流中心A型
- 物理围网的监管模式
  - 保税物流中心B型
  - 保税物流园区
  - 保税区
  - 保税港区、综合保税区

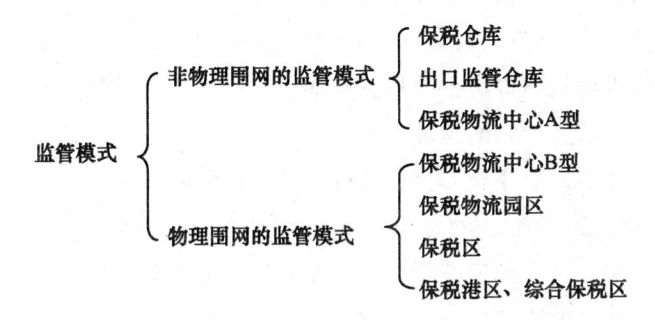

图 5-1　保税物流货物的监管模式

对各种监管形式的保税物流货物的管理，主要可以归纳为以下五点：

（1）设立审批

保税物流货物必须存放在经过法定程序审批设立的保税监管场所或者特殊监管区域。保税仓库、出口监管仓库、保税物流中心，要经过海关审批，并核发批准证书，凭批准证书设立及存放保税物流货物；保税物流园区、保税区、保税港区要经过国务院审批，凭国务院同意设立的批复设立，并经海关等部门验收合格才能进行保税物流货物的运作。未经法定程序审批同意设立的任何场所或者区域都不得存放保税物流货物。

（2）准入保税

保税物流货物通过准予进入保税监管场所或特殊监管区域来实现保税。海关对于保税物流货物的监管通过对保税监管场所和特殊监管区域的监管来实现，海关应当依法监管这些场所或者区域，按批准存放范围准予货物进入这些场所或者区域，不符合规定存放范围的货物不准进入。

（3）纳税暂缓

凡是进境进入保税物流监管场所或特殊监管区域的保税物流货物在进境时都可以暂不办理进口纳税手续，等到运离海关保税监管场所或特殊监管区域时才办理纳税手续，或者征税，或者免税。在这一点上，保税物流监管制度与保税加工监管制度是一致的，但是保税物流货物在运离海关保税监管场所或特殊监管区域征税时不需同时征收缓税利息，而保税加工货物（特殊监管区域内的加工贸易货物和边角料除外）内销征税时要征收缓税利息。

（4）监管延伸

保税物流货物的监管延伸也分为监管地点延伸和监管时间延伸。从监管地点延伸来看，进境货物从进境地海关监管现场，已办结海关出口手续尚未离境的货物从出口申报地海关现场，分别延伸到保税监管场所或者特殊监管区域。从监管时间延伸来看，不同的保税物流监管模式具有不同的监管时间。其中，保税仓库存放保税物流货物的时间是1年，可以申请延长，最长可延长1年；出口监管仓库存放保税物流货物的时间是6个月，可以申请延长，最长可延长6个月；保税物流中心存放保税物流货物的时间是2年，可以申请延长，最长可延长1年；保税物流园区、保税区、保税港区存放保税物流货物的时间没有限制。

（5）运离结关

除外发加工和暂时运离（维修、测试、展览等）需要继续监管以外，每一批货物运离保税监管场所或者特殊监管区域，都必须根据货物的实际流向办结海关手续。各种监管形式下的保税物流货物管理要点比较如表5-1所示。

表5-1　　　　各种监管形式下保税物流货物管理比较

监管模式	设立审批单位	存货范围	服务功能	存放保税物流货物的时间
保税仓库	直属海关	进口	储存	1年+1年
出口监管仓库	直属海关	出口	储存+出口配送+国内结转	6个月+6个月
保税物流中心A型	海关总署	进出口	存储+流通性增值服务+全球采购/配送+转口贸易	1年+1年
保税物流中心B型	海关总署	进出口	存储+流通性增值服务+全球采购/配送+转口贸易	2年+1年

续表

监管模式	设立审批单位	存货范围	服务功能	存放保税物流货物的时间
保税物流园区	国务院	进出口	储存+国际转口贸易+全球采购配送+中转+展示	无期限
保税区	国务院	进出口	物流园区功能+维修+加工	无期限
保税港区	国务院	进出口	保税区功能+港口功能	无期限

二 保税仓库货物的报关程序

（一）定义

《中华人民共和国海关对保税仓库及所存货物的管理规定》规定，保税仓库是指经海关批准设立的专门存放保税货物及其他未办结海关手续货物的仓库。保税仓库功能单一，就是仓储，而且只能存放进境货物。

（二）保税仓库的分类

保税仓库按照使用对象和内容不同，分为公用型保税仓库、自用型保税仓库和专用型保税仓库。

（1）公用型保税仓库由主营仓储业务的中国境内独立企业法人经营，专门向社会提供保税仓储服务。

（2）自用型保税仓库由特定的中国境内独立企业法人经营，仅存储供本企业自用的保税货物。

（3）专用型保税仓库是专门用来存储具有特定用途或特殊种类商品。

专用型保税仓库包括液体危险品保税仓库、备料保税仓库、寄售维修保税仓库和其他专用型保税仓库。液体危险品保税仓库，是指符合国家关于危险化学品仓储规定的，专门提供石油、成品油或者其他散装液体危险化学品保税仓储服务的保税仓库。备料保税仓库，是指加工贸易企业存储为加工复出口产品所进口的原材料、设备及其零部件的保税仓库，所存保税货物仅限于供应本企业。寄售维修保税仓库，是指专门存储为维修外国产品所进口寄售零配件的保税仓库。

（三）存放范围

保税仓库应当按照海关批准的存放货物范围和商品种类开展保税仓储

业务。保税仓库不得存放国家禁止进境的货物，不得存放未经批准的影响公共安全、公共卫生或健康、公共道德或秩序的国家限制进境货物以及其他不得存入保税仓库的货物。

下列货物，经海关批准可以存入保税仓库：①加工贸易进口货物；②转口货物；③供应国际航行船舶和航空器的油料、物料和维修用零部件；④供维修外国产品所进口寄售的零配件；⑤外商暂存货物；⑥未办结海关手续的一般贸易货物；⑦经海关批准的其他未办结海关手续的货物。

（四）海关管理

保税仓库所存货物的储存期限为1年。需要延长储存期限，应向主管海关申请延期，经海关批准可以延长，无特殊情形，延长的期限最长不超过1年。特殊情况下，延期后货物存储期超过2年的，由直属海关审批。保税仓库货物超出规定的存储期限未申请延期或海关不批准延期申请的，经营企业应当办理超期货物的退运、纳税、放弃、销毁等手续。

保税仓库所存货物，是海关监管货物，未经海关批准并按规定办理有关手续，任何人不得出售、转让、抵押、质押、留置、移作他用或者进行其他处置。货物在仓库储存期间发生损毁或者灭失，除不可抗力原因外，保税仓库应当依法向海关缴纳损毁、灭失货物的税款，并承担相应的法律责任。保税仓库货物可以进行分级分类、分拆分拣、分装、计量、组合包装、打膜、加刷或刷贴运输标志、改换包装、拼装等辅助性简单作业。在保税仓库内从事上述作业必须事先向主管海关提出书面申请，经主管海关批准后方可进行。保税仓库经营企业应于每月前5个工作日内，向海关提交月报关单报表、库存总额报表及其他海关认为必要的月报单证，将上月仓库货物入、出、转、存、退等情况以计算机数据和书面形式报送仓库主管海关。

（五）报关程序

保税仓库货物的报关分为进仓报关、出仓报关和流转报关。

1. 进仓报关

保税仓库货物进境入仓，收发货人或代理人应当在仓库主管海关办理报关手续。经主管海关批准，也可以直接在进境口岸海关办理报关手续。

保税仓库货物进境入仓，除国家另有规定外，免领进口许可证件。如果仓库主管海关与进境口岸海关不是同一直属海关的，经营企业可以按照"提前报关转关"的方式，先到仓库主管海关申报，再到口岸海关办理转关手续，货物运到仓库，由主管海关验放入仓；或者按照"直接转关"的方式，先到口岸海关转关，货物运到仓库，向主管海关申报，验放入仓。如果仓库主管海关与进境口岸海关是同一直属海关的，经直属海关批准，可不按照转关运输方式办理，由经营企业直接在口岸海关办理报关手续，口岸海关放行后，企业自行提取货物入仓。

2. 出仓报关

保税仓库货物出仓包括进口报关和出口报关两种情况，可以采用逐一报关和集中报关两种方式。

（1）出口报关

保税仓库出仓复运出境货物，应当按照转关运输方式办理出仓手续。仓库主管海关和口岸海关是同一直属海关的，经直属海关批准，可以不按照转关运输方式，由企业自行提取货物出仓到口岸海关办理出口报关手续。

知识连接

转关运输

转关运输（customs transit）指的是进出口海关监管货物需由进境地或启运地设立的海关转运至目的地或出境地海关，这种转运方式称为转关运输。经海关同意可采用不同的交通工具，承运接驳转关运输货物。

（2）进口报关

保税仓库货物出仓运往境内其他地方转为正式进口的，必须经主管海关保税监管部门审核同意。转为正式进口的同一批货物，要填制两份报关单，一份办结出仓报关手续，填制出口货物报关单，"贸易方式"栏填"保税间货物"；一份办理进口申报手续，按照实际进口监管方式，填制进口货物报关单。进口手续大体可分为：①保税仓库货物出仓用于加工贸易的,由加工贸易企业或其代理人按保税加工货物的报关程序办理进口报关手续;②保税仓库货物出仓用于可以享受特定减免税的特定地区、特定企业和特定用途的,由享受特定减免税的企业或其代理人按特定减免税货物的报关程序办理进口报关手续;③保税仓库货物出仓进入国内市场或使用于境内其他方面,包括保修期外维修,由保税仓库经营企业按一般进口货物的报关程序办理进口报关手续;④保税仓库内的寄售维修零配件申请以保修期内免税出仓的,由保税仓库经营企业办理进口报关手续,填制进口货物报关单,"贸易方式"栏填"无代价抵偿",并确认免税出仓的维修件在保修期内且不超过原设备进口之日起3年,维修件由外商免费提供,更换下的零部件合法处理。

(3) 集中报关

保税货物出仓批量少、批次频繁的,经海关批准可以办理定期集中报关手续。集中报关出仓的,保税仓库经营企业应当向主管海关提出书面申请,写明集中报关的商品名称、发货流向、发货频率、合理理由。集中报关由主管海关的分管关长批准,并按以下要求办理手续:①仓库主管海关可以根据企业资信状况和风险度收取保证金;②集中报关的时间根据出货的频率和数量、价值合理设定;③为保证海关有效监管,企业当月出仓的货物最迟应在次月前5个工作日内办理报关手续,并且不得跨年度申报。

3. 流转报关

保税仓库与海关特殊监管区域或其他海关保税监管场所往来流转的货物,按转关运输的有关规定办理相关手续。保税仓库和特殊监管区域或其他海关保税监管场所在同一直属关区内的,经直属海关批准,可不按转关运输方式办理。保税仓库货物转往其他保税仓库的,应当各自在仓库主管海关报关,报关时应先办理进口报关,再办理出口报关。

三 出口监管仓库货物的报关程序

(一) 定义

《中华人民共和国海关对出口监管仓库及所存货物的管理办法》规定,出口监管仓库是指经海关批准设立,对已办结海关出口手续的货物进行存储、保税物流配送、提供流通性增值服务的海关专用监管仓库。

第五章 保税加工与保税物流货物的报关管理

（二）分类

出口监管仓库分为出口配送型仓库和国内结转型仓库。出口配送型仓库是指存储以实际离境为目的的出口货物的仓库。国内结转型仓库是指存储用于国内结转的出口货物的仓库。

（三）存放范围

经海关批准，出口监管仓库可以存入下列货物：①一般贸易出口货物；②加工贸易出口货物；③从其他海关特殊监管区域、场所转入的出口货物；④出口配送型仓库可以存放为拼装出口货物而进口的货物，以及为改换出口监管仓库货物包装而进口的包装物料；⑤其他已办结海关出口手续的货物。

出口监管仓库不得存放下列货物：①国家禁止进出境货物；②未经批准的国家限制进出境货物；③海关规定不得存放的其他货物。

（四）海关管理

出口监管仓库所存货物的储存期限为6个月。如因特殊情况需要延长储存期限，应在到期之前向主管海关申请延期，经海关批准可以延长，延长的期限最长不超过6个月。货物存储期满前，仓库经营企业应当通知发货人或其代理人办理货物的出境或者进口手续。存入出口监管仓库的货物不得进行实质性加工。经主管海关同意，可以在仓库内进行品质检验、分级分类、分拣分装、加刷唛码、刷贴标志、打膜、改换包装等流通性增值服务。出口监管仓库必须专库专用，不得转租、转借给他人经营，不得下设分库。出口监管仓库经营企业应当如实填写有关单证、仓库账册，真实记录并全面反映其业务活动和财务状况，编制仓库月度进、出、转、存情况表和年度财务会计报告，并定期报送主管海关。出口监管仓库所存货物，是海关监管货物，未经海关批准并按规定办理有关手续，任何人不得出售、转让、抵押、质押、留置、移作他用或者进行其他处置。货物在仓库储存期间发生损毁或者灭失，除不可抗力原因外，出口监管仓库应当依法向海关缴纳损毁、灭失货物的税款，并承担相应的法律责任。

四 保税物流中心货物的报关程序

（一）定义

保税物流中心是指封闭的海关监管区域并且具备口岸功能，分A型和B型两种。A型保税物流中心,是指经海关批准,由中国境内企业法人经营、专门从事保税仓储物流业务的海关监管场所;B型保税物流中心,是指经海关批准,由中国境内一家企业法人经营,多家企业进入并从事保税仓储物流业务的海关集中监管场所。

A型物流中心按照服务范围分为公用型物流中心和自用型物流中心。公用型物流中心是指由专门从事仓储物流业务的中国境内企业法人经营,向社会提供保税仓储物流综合服务的海关监管场所。自用型物流中心是指中国境内企业法人经营,仅向本企业或者本企业集团内部成员提供保税仓储物流服务的海关监管场所。

保税物流中心A、B型两者的设立条件不同,而经营范围、存放货物的范围、进出货物报关程序都是相同的。

(二) 经营范围

无论A型还是B型保税物流中心,经营范围是相同的,具体如下:①保税存储进出口货物及其他未办结海关手续货物;②对所存货物开展流通性简单加工和增值服务;③全球采购和国际分拨、配送;④转口贸易和国际中转业务;⑤经海关批准的其他国际物流业务。

物流中心经营企业在物流中心内不得开展下列业务:①商业零售;②生产和加工制造;③维修、翻新和拆解;④存储国家禁止进出口货物,以及危害公共安全、公共卫生或者健康、公共道德或者秩序的国家限制进出口货物;⑤法律、行政法规明确规定不能享受保税政策的货物;⑥其他与物流中心无关的业务。

(三) 存放范围

对于A型和B型保税物流中心,货物的存放范围是相同的,具体如下:①国内出口货物;②转口货物和国际中转货物;③外商暂存货物;④加工贸易进出口货物;⑤供应国际航行船舶和航空器的物料、维修用零部件;⑥供维修外国产品所进口寄售的零配件;⑦未办结海关手续的一般贸易进口货物;⑧经海关批准的其他未办结海关手续的货物。中心内企业应当按照海关批准的存储货物范围和商品种类开展保税物流业务。

(四) 保税物流中心A型、B型进出货物报关程序

1. 物流中心与境外间的进出货物

保税物流中心A型、B型进出货物报关程序是相同的,具体如下:

(1) 报关手续办理地点

物流中心与境外间进出的货物，应当在物流中心主管海关办理相关手续。物流中心与口岸不在同一主管海关的，经主管海关批准，可以在口岸海关办理相关手续。

(2) 不实行进出口配额、许可证件管理

物流中心与境外间进出的货物，除实行出口被动配额管理和中华人民共和国参加或者缔结的国际条约及国家另有明确规定的以外，不实行进出口配额、许可证件管理。

(3) 保税

从境外进入物流中心内的货物，凡属于规定存放范围内的货物予以保税；属于物流中心企业进口自用的办公用品、交通、运输工具、生活消费用品等，以及物流中心开展综合物流服务所需进口的机器、装卸设备、管理设备等，按照进口货物的有关规定和税收政策办理相关手续。

2. 物流中心与境内间的进出货物

(1) 报关手续办理地点

物流中心内货物跨关区提取，可以在物流中心主管海关办理手续，也可以按照海关其他规定办理相关手续。

(2) 报关手续办理方式

企业根据需要经主管海关批准，可以分批进出货物，并按照海关规定办理月度集中报关，但集中报关不得跨年度办理。

(3) 进出口报关手续

物流中心货物进入境内视同进口，按照货物实际贸易方式和实际状态办理进口报关手续；货物属许可证件管理商品的，企业还应当向海关出具有效的许可证件；实行集中申报的进出口货物，应当适用每次货物进出口时海关接受申报之日实施的税率、汇率。货物从境内进入物流中心视同出口，办理出口报关手续。如需缴纳出口关税的，应当按照规定纳税；属许可证件管理商品，还应当向海关出具有效的出口许可证件。从境内运入物流中心的原进口货物，境内发货人应当向海关办理出口报关手续，经主管海关验放；已经缴纳的关税和进口环节海关代征税，不予退还。

五 其他保税物流监管场所

（一）保税物流园区

保税物流园区（以下简称园区）是指经国务院批准，在保税区规划面积或者毗邻保税区的特定港区内设立的、专门发展现代国际物流业的海关特殊监管区域。海关对园区企业实行电子账册监管制度和计算机联网管理制度。有关保税物流园区报关程序参见《中华人民共和国海关对保税物流园区的管理办法》。

（二）保税区

保税区是指经国务院批准在中华人民共和国境内设立的由海关进行监管的特定区域。有关进出保税区货物报关程序参见《保税区海关监管办法》。

（三）保税港区

保税港区是指经国务院批准，设立在国家对外开放的口岸港区和与之相连的特定区域内，具有口岸、物流、加工等功能的海关特殊监管区域。保税港区实行封闭式管理。保税港区与中华人民共和国关境内的其他地区（以下称区外）之间，应当设置符合海关监管要求的卡口、围网、视频监控系统以及海关监管所需的其他设施。海关对区内企业实行计算机联网管理制度和海关稽查制度。进出保税港区货物的报关程序参见《中华人民共和国海关保税港区管理暂行办法》

本章引导案例的答案

1. 根据海关对于加工贸易有关企业分类管理的有关规定"若经营企业（本案中采用A类管理）和加工企业（本案例中加工贸易B类管理）管理类别不同，则就低原则"，得出该案例中海关适用B类管理，且南京位于东部地区，进口已鞣未缝制羊皮（限制类），根据海关对于加工贸易有关企业分类管理的有关规定，理论上讲应是半实转、领手册。但是海关规定为了简化手续，进口料件金额在1万美元及以下的，AA类、A类、B类企业可以不设台账，即"不转"，但要领取手册。本案例中进口已鞣未缝制羊皮500张（单价为18美元/张），总金额为9000美（小于1万美元），且符合AA类、A类、B类企业可以不设台账，即"不转"的规定，所以500张羊皮进口不需要开设台账、不要缴纳保证金,但要领取加工贸易手册。

2. 剩余料件可以结转到另一个加工贸易合同生产出口,但必须在同一经营单位、同一加工厂、同样的进口料件和同一加工贸易方式的情况下结转。同时,结转时企业应向海关提出申请并提交:企业申请剩余料件结转的书面材料;企业拟结转的剩余料件清单;海关按规定需收取的其他单证和材料等。

3. 海关对加工保税货物内销有如下规定:加工贸易保税货物因故需转内销的,应经商务主管部门审批;经批准转内销的加工贸易保税货物属许可证管理的,补交许可证件;如申请内销的剩余料件,如果金额占该加工贸易合同项下实际进口料件总额3%及以下且总值在人民币1万元以下(含1万元),免予审批,免交许可证。本案例中:15张售予沈阳华艺服装有限公司用以生产内销产品(外汇牌价:1美元=6.5元人民币),折合人民币1755元(小于1万元),同时15张占500张的3%(符合金额占该加工贸易合同项下实际进口料件总额3%及以下的规定),所以,该企业内销是不需经商务部门审批,同时免交许可证,但要到主管海关办理备案手续。

本 章 小 节

本章将税货物分为保税加工货物和保税物流货物,分别讲述了各自的定义、特征和报关程序。

保税加工货物通常被称为加工贸易保税货物,是指经海关批准未办理纳税手续进境,在境内加工、装配后复运出境的货物。海关对保税加工货物实施加工贸易保证金台账制度和联网监管。联网监管包括电子账册和电子手册两种监管方式。电子化手册管理是加工贸易联网监管的一种监管方式。这种监管方式的主要特征是为以合同为单元进行监督,即海关为联网企业建立电子底账,一个加工贸易合同建立一个电子化手册。电子化手册管理的基本程序是合同备案、进出口报关、合同报核。电子账册是海关以企业为单元为联网企业建立的电子底账;实施电子账册管理的,联网企业只设立一个电子账册。海关应当根据联网企业的生产情况和海关的监管需要确定核销周期，按照核销周期对实行电子账册管理的联网企业进行核销管理。电子账册下的报关程序包括备案、进出口报关、报核和核销三个步骤。

保税物流货物是指经海关批准未办理纳税手续进境，在境内进行分拨、配送或储存后复运出境的货物，也称作保税仓储货物。海关对保税物流货物的管理可以归纳为设立审批、准入保税、纳税暂缓、监管延伸、运离结关。

有关特殊监管区的报关程序参见课本具体内容，保税货物的海关特殊监管区域如下：

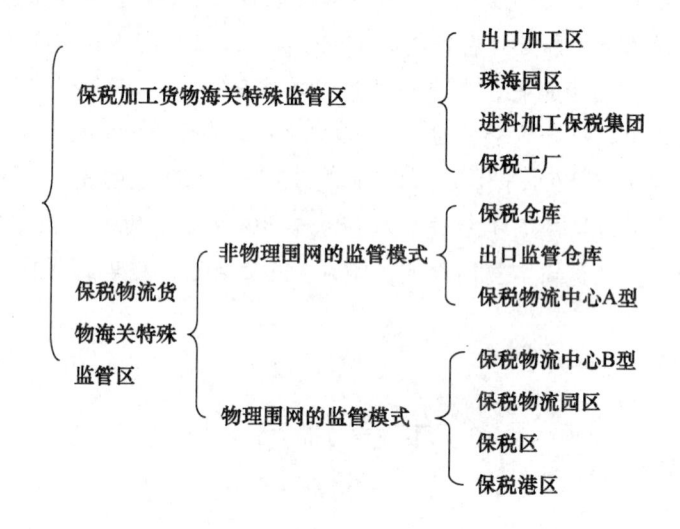

```
                          ┌ 出口加工区
          ┌ 保税加工货物海关特殊监管区 ┤ 珠海园区
          │               │ 进料加工保税集团
          │               └ 保税工厂
保税物流货 ┤
物海关特殊 ┤        ┌ 非物理围网的监管模式 ┬ 保税仓库
监管区     │                              ├ 出口监管仓库
          │                              └ 保税物流中心A型
          │
          └        ┌ 物理围网的监管模式 ┬ 保税物流中心B型
                                        ├ 保税物流园区
                                        ├ 保税区
                                        └ 保税港区
```

练习题

一、单选题

1. 设立保税仓库注册资本最低限额为（　　）万元人民币。

　　A. 100　　　　B. 150　　　　C. 200　　　　D. 300

2. 保税仓库所存货物的储存期限为（　　），特殊情况经批准延长期限最长不超过（　　）。

　　A. 1年；1年　　B. 6个月；6个月　　C. 6个月；1年　　D. 1年；6个月

3. 保税区与境外之间进出的货物，海关采用（　　）的申报方式

A. 备案制 B. 报关制
C. 备案制与报关制相结合 D. 以上答案都不对

4. 保税区须经（　）批准建立
A. 海关总署　　B. 国务院　　C. 省级人民政府　　D. 直属海关

5. 海关对联网企业实行定期或周期性的核销制度，首次报核期限是从电子账册建立之日（　）后的（　）内。
A. 60 天；7 天 B. 90 天；15 天
C. 180 天；15 天 D. 180 天；30 天

二、多选题

1. 目前，我国的保税仓库有（　）。
A. 公用型保税仓库　B. 自用型保税仓库　C. 自立保税仓库　D. 专用型保税仓库

2. 下列属于保税仓库设立的条件的是（　）。
A. 具有企业法人的资格　B. 注册资本 300 万元人民币
C. 具备向海关缴纳税款的能力
D. 经营特殊许可商品存储的，应当持有规定的特殊许可证件

3. 下列商品中，属于禁止开展加工贸易的是（　）。
A. 易制毒化学品　B. 化肥　　C. 鹿茸　　D. 煤炭

4. 联网企业的加工贸易业务向商务主管部门提出，商务主管部门总审定联网企业的（　），符合条件的，签发"联网监管企业加工贸易业务批准证"。
A. 加工贸易资格　B. 业务范围　C. 合同审批　D. 加工生产能力

三、判断题

1. 经海关批准设立的专门用于存放保税货物和其他未办结海关手续货物的仓库叫保税区。（　）

2. 保税区与境外之间进出境货物，属自用的，填写进出境备案清单。（　）

3. 加工贸易联网监管，根据实际需要办理进出口货物的备案，取代以合同为单元的备案手续。（　）

四、本章实训

进入珠海保税区、珠澳跨境工业园区的网站，观看园区视频介绍。

第六章

暂时进出境货物报关程序

引导案例

海关稽查擅自销售暂时进出境货物涉嫌走私案

2009年8月，国内B公司向海关申请以暂时进出境方式进口两台检测设备，价值约800万元人民币，外方为B公司的母公司美国A公司。经海关批准，B公司于2009年12月正式报关进口该检测设备，并于2010年5月向海关申请延期六个月。2010年8月，B公司尚未完成检测研究，这时A公司通知B公司两台设备已经由A公司与国内C公司达成买卖意向，并请B公司代表A公司与C公司签订买卖合同，将这两台设备已经卖给了C公司，并约定将于2010年10月交货。2010年9月6日C公司按约定向B公司支付了30%的货款。2010年9月13日，B公司所在地的主管海关接到其公司员工举报，擅自销售海关监管货物，随即主管海关对B公司进了专项稽查。海关稽查人员查封了公司的相关的账本、报关单证，办公用的电脑设备等，并分别对公司负责人、财务人员、关务人员进行问话调查。海关限令B公司在一周内向海关提供一份解释报告。

专业海关律师到B公司进行调查并咨询公司相关人员，发现情况如下：虽然B公司将检测设备买给了C公司，但它并没有交付，到交货时打算将向海关申请以一般贸易进口，办理完报关手续之后，再交给C公司。在此基础上，律师帮助B公司撰写了一份详细的解释报告，就整个事件的过程，都向海关作了清楚的说明，并辅以各种贸易单证、往来信函等书面资料，以证明B公司不存在擅自销售了海关监管货物的行为。特别是对"擅自销售"的法律性质、构成作了作了充分阐述。海关授受了甲公司的解释,没有对企业进行任何处罚。

在上述案例中,两台检测设备是暂时进出境货物,属于海关监管货物。未经海关许可,不得开拆、提取、交付、发运、调换、改装、抵押、质押、留置、转让、更换标记、移作他用或者进行其他处置。

(资料来源:《海关稽查擅自销售暂时进出境货物涉嫌走私案》,中国海关律师网,2012年5月)

学习目标

1. 熟悉暂时进出境货物的含义、特征与分类。
2. 了解 ATA 单证制度的渊源。
3. 领会 ATA 单证册的使用。
4. 掌握不使用 ATA 单证册报关的进出境展览品的进出境报关程序。

第一节 暂时进出境货物概述

一 含义

暂时进出境货物是暂时进境货物和暂时出境货物的合称。暂时进境货物是指为了特定的目的,经海关批准暂时进境,按规定的期限原状复运出境的货物。暂时出境货物是指为了特定的目的,经海关批准暂时出境,按规定的期限原状复运进境的货物。

二 特征

(一)有条件暂时免予缴纳税费

暂时进出境货物在向海关申报进出境时,可以有条件地暂时免予缴纳进出口税费,但收发货人须向海关提供担保。只要进口收货人或者出口发货人向海关保证,暂时进出口的货物只用于海关法规、规章认可的特定使用目的,并且在规定的期限之内,除因使用中正常的损耗外,按原状将货物复运出境或进境,即可免于缴纳进出口税费。一旦进出口收货人或者出口发货人改变了货物特定的使用目的,或超过了规定的期限货物仍未复运出境或复运进境，海关即可对货物补征进出口税费，并且视进出境人是违反海关法规、规章，可能对进出境人做出相应的处罚。

（二）免予提交进出口许可证件

暂时进出境货物不是实际进出口货物，只要按照暂时进出境货物的有关法律、行政法规办理进出境手续，可以免予交验进出口许可证件。但是，我国缔结或者参加的国际条约、协定及国家法律、行政法规和海关总署规章另有规定外，例如，涉及公共道德、公共安全、公共卫生所实施的进出境管制制度的暂时进出境货物应当凭许可证件进出境。

（三）规定期限内按原状复运进出境

暂时进出境货物应当自进境或者出境之日起6个月内复运出境或者复运进境；经收发货人申请，海关可以根据规定延长复运出境或者复运进境的期限。

（四）按货物实际使用情况办结海关手续

暂时进出境货物都必须在规定期限内，由货物的收发货人根据货物不同的情况向海关办理核销结关手续。

三 分类

（一）按照是否需要纳税分类

暂时进出境货物按照是否纳税可分为两大类：第一大类的暂时进出境货物不缴纳税费，只需提供担保；第二大类需要按照该货物的完税价格和其在境内、境外滞留时间与折旧时间的比例，按月缴纳进、出口税。

第一类是指经海关批准暂时进境，在进境时纳税义务人向海关缴纳相当于应纳税款的保证金或者提供其他担保可以暂不缴纳税款，并按规定的期限复运出境的货物和经海关批准暂时出境，在出境时纳税义务人向海关缴纳相当于应纳税款的保证金或者提供其他担保可以暂不缴纳税款，并按规定的期限复运进境的货物。第一类暂时进出境货物的范围如下：①在展览会、交易会、会议及类似活动中展示或者使用的货物；②文化、体育交流活动中使用的表演、比赛用品；③进行新闻报道或者摄制电影、电视节目使用的仪器、设备及用品；④开展科研、教学、医疗活动使用的仪器、设备和用品；⑤以上四项所列活动中使用的交通工具及特种车辆；⑥货样；⑦慈善活动使用的仪器、设备及用品；⑧供安装、调试、检测、修理设备时使用的仪器及工具；⑨盛装货物的容器；⑩旅游用自驾交通工具及其用品；⑪工程施工中使用的设备、仪器及用品；⑫海关批准的其他暂时进出境货物。

第二类是指第一类以外的暂时进出境货物。第二类暂时进出境货物应当按照该货物的完税价格和其在境内、境外滞留时间与折旧时间的比例，按月缴纳进、出口税。例如，暂时进出境货物在规定期限届满后不再复运出境或复运进境的，纳税义务人应当在规定期限届满前向海关申报进出口及纳税手续，缴纳剩余税款。计征税款的期限为60个月，不足一个月但超过15天的，按一个月计征；不超过15天的，免予计征。公式：每个月关税税额＝关税总额×（1÷60）；每个月进口环节代征税税额＝进口环节代征税总额×（1÷60）。

（二）按照监管模式分类

上述12项暂时进出境货物按照我国海关的监管方式可以归纳为以下几种：①使用ATA单证册报关的暂时进出境货物（使用ATA单证册报关的上述第1项货物）；②不使用ATA单证册报关的展览品（不使用ATA单证册报关的上述第1项货物）；③集装箱箱体（上述第9项"盛装货物的容器"中暂时进出境的集装箱箱体）；④其他暂时进出境货物（上述12项货物中除以上3种监管方式以外的暂时进出境货物）。

知识链接

ATA单证册制度在我国的实施

ATA单证册最早是由海关合作理事会（世界海关组织的前身）1961年在布鲁塞尔组织签署的《关于货物暂准进口的ATA通关单证册的海关公约》（又称《ATA公约》）规定使用的。在《暂准进口公约》（又称《伊斯坦布尔公约》）于1990年签署后，《ATA公约》被其收入作为附约A，即《关于暂准进口单证的附约》。

ATA单证册是一种保证海关手续在国际上的高度简化和协调，为国

际交流提供便利的统一的暂准（时）进出口货物的报关单证。它通过国际担保形式，简化海关手续，便利暂时进出口货物的通关，同时也为提高海关工作效率，为减少海关管理风险创造了条件。

我国从 1998 年开始实施 ATA 单证册制度。经国务院批准，海关总署授权，中国国际贸易促进委员会/中国国际商会是我国 ATA 单证册制度的出证和担保商会，具体事务由中国国际贸易促进委员会法律事务部 ATA 处负责办理。

随着我国 ATA 单证册制度实施的不断深入，ATA 单证册签证量的快速增长，我国 ATA 单证册制度的实施环境也在不断优化。一方面，中国海关和中国商检等监管部门对 ATA 单证册制度的了解逐渐深入，促使他们意识到 ATA 单证册制度的国际性和便利性在我国改革开放和对外交流工作中的重要性，并认识到 ATA 单证册制度给监管带来的风险微乎其微，因而制定出了一系列有利于 ATA 单证册制度发展的监管政策。另一方面，中国国际贸易促进委员会/中国国际商会利用其商会性质和系统资源，在不断完善签证网络建设的同时通过各种渠道积极推广 ATA 单证册制度，使我国外贸、文化、科技等各个行业的临时进出口活动当事人对这项制度有了全面的了解并能够按照监管部门的要求正确地使用这种通关工具。在上述两方面积极因素的共同作用下，有关 ATA 单证册使用的各种规章制度逐步健全，ATA 单证册的通关优势日益凸显，越来越多的临时进出口活动当事人开始习惯 ATA 单证册这种通关方式。

第二节　暂时进出境货物报关程序

暂时进出境货物的报关程序主要包括进出境阶段办理货物暂时进口或者暂时出口的申报手续以及货物复运进出境后办理核销结关手续，或者特定的进出境目的改变以后，按货物实际用途补办进出口申报、纳税或者减免税手续。对于进口展览品，报关手续还包括申报进口前需向海关办理举办展览会的报批备案手续。

一 《ATA 单证册》项下的暂时进出境货物

（一）ATA 单证册制度

1. ATA 单证册制度渊源

ATA 单证册制度兴起于 20 世纪 60 年代的欧洲。"ATA"是由法文"Admission Temporaire"和英文"Temporary Admission"的首字母缩合而成，字面含义为"暂时准许"，在 ATA 单证册制度中的解释为"暂准免税进口"。在《ATA 公约》和《伊斯坦布尔公约》所确立的法律框架下，ATA 单证册制度，从形式上统一了公约各成员国和地区的暂时进出口货物海关文件。由于它囊括了整个暂时进出口活动中货物所涉及的在本国和在暂时进口国的所有通关文件，ATA 单证册又被形象地称为"货物通关护照"。

2. ATA 单证册制度的核心内容

ATA 单证册制度的核心内容是实行暂准进出口的国际联保。这种联保形式的运作是通过国际商会国际局（IBCC）组织管理的国际担保连环系统（又称 ATA/IBCC 连环担保系统）进行的。这个系统是由各国经海关当局核准的国际商会组织作为国家担保机构共同组成。各国的担保机构负责签发本国申请的 ATA 单证册，并对 ATA 单证册项下的货物应付的关税及其他税费向 IBCC 履行全面担保义务。ATA 单证册的持证人在货物出境前向本国 ATA 担保机构申请签发 ATA 单证册后，凭此于有关货物在外国入境时向该国海关申报，并按规定复运出境；如货物在暂时进口期限届满时仍未复运出境，则进口国海关当局可在期满后 1 年内向本国的 ATA 担保机构提出索赔，要求支付该 ATA 单证册项下进口货物应付的进口税款，该国担保机构根据海关当局的索赔要求支付税款后，再通过 IBCC 向该 ATA 单证册签发国的担保机构追偿已付的税款。因此，ATA 单证册既是一份国际通用的暂准进口报关单证，又是一份具有国际效力的担保书。

（二）ATA 单证册的使用

由 ATA 单证册的渊源可知，ATA 单证册是"暂准进口单证册"的简称，是指世界海关组织通过的《货物暂准进口公约》及其附约 A 和《关于货物暂准进口的 ATA 单证册海关公约》（以下简称《ATA 公约》）中规定使用的。用于替代各缔约方海关暂时进出口货物报关单和税费担保的国际性通关文件。

1. ATA 单证册的格式

一份 ATA 单证册一般由 8 页 ATA 单证组成：一页绿色封面单证、一页黄色出口单证、一页白色进口单证、一页白色复出口单证、两页蓝色过境单证、一页黄色复进口单证、一页绿色封底。我国海关只接受用中文或者英文填写的 ATA 单证册。

2. ATA 单证册适用货物范围

ATA 单证册在中国海关适用范围是仅限于展览会、交易会、会议及类似活动项下的货物。对超出该范围的 ATA 单证册，我国海关不予接受。具体范围包括：①在展览会、交易会、会议及类似活动中展示的货物。②在展览会、交易会、会议及类似活动中为展示境外产品所需用的货物，如为展示境外机器或仪器，在演示过程中所需用的货物等，境外展览者设置临时展台用的建筑材料或装饰品，包括电器装置，为宣传示范境外展览品所需的广告品及展示物品，如录像带、影片、幻灯片及装置物品等；供国际会议使用的设备，如翻译用具、录音机及具有教育、科学或文化性质的电影片等。③其他经海关批准用于展示的货物。

3. ATA 单证册的管理

（1）出证担保机构

中国国际商会是我国 ATA 单证册的出证和担保机构，负责签发出境 ATA 单证册，向海关报送所签发单证册的中文电子文本，协助海关确认 ATA 单证册的真伪，并且向海关承担 ATA 单证册持证人因违反暂准进出境规定而产生的相关税费、罚款。

（2）管理机构

海关总署在北京海关设立 ATA 核销中心。ATA 核销中心对 ATA 单证册的进出境凭证进行核销、统计以及追索，应成员国担保人的要求，依据有关原始凭证，提供 ATA 单证册项下暂时进出境货物已经进境或者从我国复运出境的证明，并且对全国海关 ATA 单证册的有关核销业务进行协调和管理。

（3）延期审批

使用 ATA 单证册报关的货物暂时进出境期限为自货物进出境之日起 6

个月。超过6个月的，ATA单证册持证人可以向海关申请延期。延期最多不超过3次，每次延长期限不超过6个月。延长期届满应当复运出境、进境或者办理进出口手续。

ATA单证册项下货物延长复运出境、进境期限的，ATA单证册持证人应当在规定期限届满30个工作日前向货物暂时进出境申请核准地海关提出延期申请，并提交"货物暂时进/出境延期申请书"以及相关申请材料。直属海关受理延期申请的，应当于受理申请之日起20个工作日内制发"中华人民共和国海关货物暂时进出境延期申请批准决定书"或者"中华人民共和国海关货物暂时进/出境延期申请不予批准决定书"。参加展期在24个月以上展览会的展览品，在18个月延长期届满后仍需要延期的，由主管地直属海关报海关总署审批。ATA单证册项下暂时进境货物申请延长期限超过ATA单证册有效期的，ATA单证册持证人应当向原出证机构申请续签ATA单证册。续签的ATA单证册经主管地直属海关确认后可替代原ATA单证册。续签的ATA单证册只能变更单证册有效期限，其他项目均应当与原单证册一致。续签的ATA单证册启用时，原ATA单证册失效。

（4）ATA单证册的追索

ATA单证册项下暂时进境货物未能按照规定复运出境或者过境的，ATA核销中心向中国国际商会提出追索。自提出追索之日起9个月内，中国国际商会向海关提供货物已经在规定期限内复运出境或者已经办理进口手续证明的，ATA核销中心可以撤销追索；9个月期满后未能提供上述证明的，中国国际商会应当向海关支付税款和罚款。

4. ATA的正常使用过程

①持证人向ATA出证协会提出申请，缴纳一定的手续费；②按出证ATA协会的规定提供担保；③出证协会审核后签发《ATA单证册》；④持证人凭《ATA单证册》将货物在出口国暂时出口，又暂时进口到进口国，进口国海关经查验签章放行；⑤货物完成暂时进口的特定使用目的后，复运出口，又复运进口到原出口国；⑥持证人将使用过的，经各海关签注的《ATA单证册》交还给原出证协会核销。

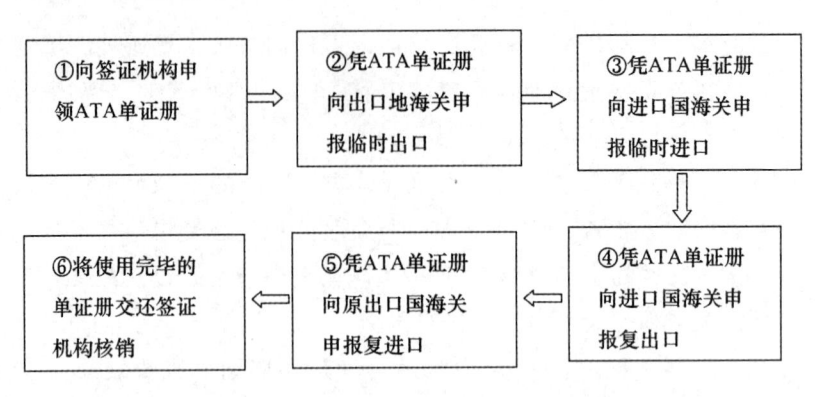

```
①向签证机构申领ATA单证册 → ②凭ATA单证册向出口地海关申报临时出口 → ③凭ATA单证册向进口国海关申报临时进口
                                                                              ↓
⑥将使用完毕的单证册交还签证机构核销 ← ⑤凭ATA单证册向原出口国海关申报复进口 ← ④凭ATA单证册向进口国海关申报复出口
```

图 6-1　ATA 单证册的正常使用过程

5. ATA 未正常使用的情况

《ATA 单证册》未正常使用的两种情况，一是货物未在规定的期限内复运出口，产生了暂时进口国海关对货物征税的问题；二是《ATA 单证册》持证人未遵守暂时进口国海关有关规定，产生了暂时进口国海关对持证人罚款的问题。在这两种情况下的索赔过程为，暂时进口国海关可以向本国担保协会索赔，暂时进口国担保协会代持证人垫付税款、罚款等款项后，然后向暂时出口国担保协会进行追偿，暂时出口国担保协会垫付款项后，再向持证人追偿，持证人偿付款项后，进程结束。

```
暂时进口海关向本国担保协会索赔 → 暂时进口国担保协会代持证人垫付税款、罚款 → 暂时进口国担保协会向暂时出口国担保协会进行追偿
                                                                          ↓
持证人偿付款项 ← 暂时出口国担保协会垫付款项后，再向持证人追偿
```

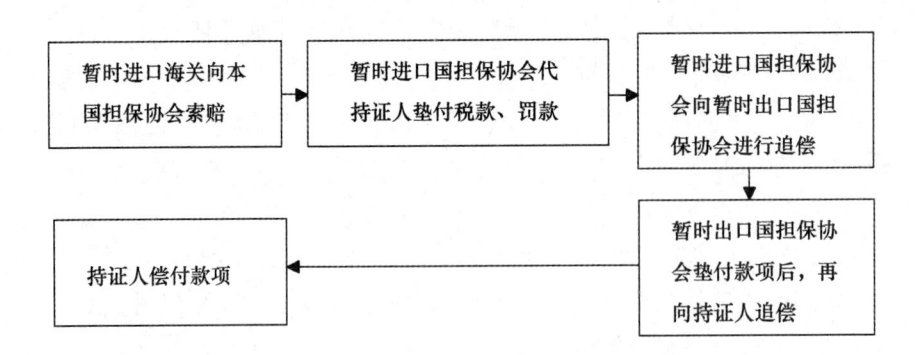

图 6-2　ATA 未正常使用时的索偿过程

(三) 报关程序

1. 进出口申报

持 ATA 单证册向海关申报进出境货物，不需向海关提交进出口许可证件，也不需另外再提供担保。但如果进出境货物受公共道德、公共

安全、公共卫生、动植物检疫、濒危野生动植物保护、知识产权保护等限制的，展览品收发货人或其代理人应当向海关提交相关的进出口许可证件。

（1）进境申报

进境货物收货人或其代理人持 ATA 单证册向海关申报进境展览品时，先在海关核准的出证协会中国国际商会以及其他商会，将 ATA 单证册上的内容预录进海关与商会联网的 ATA 单证册电子核销系统，然后向展览会主管海关提交纸质 ATA 单证册、提货单等单证。海关在白色进口单证上签注，并留存白色进口单证（正联），将存根联和 ATA 单证册其他各联退还给货物收货人或其代理人。

（2）出境申报

出境货物发货人或其代理人持 ATA 单证册向海关申报出境展览品时，向出境地海关提交国家主管部门的批准文件、纸质 ATA 单证册、装货单等单证。海关在绿色封面单证和黄色出口单证上签注，并留存黄色出口单证（正联），将存根联和 ATA 单证册其他各联退还给出境货物发货人或其代理人。

（3）异地复运出境、进境申报

使用 ATA 单证册进出境的货物异地复运出境、进境申报，ATA 单证册持证人应当持主管地海关签章的海关单证向复运出境、进境地海关办理手续。货物复运出境、进境后，主管地海关凭复运出境、进境地海关签章的海关单证办理核销结案手续。

（4）过境申报

过境货物承运人或其代理人持 ATA 单证册向海关申报将货物通过我国转运至第三国参加展览会的，不必填制过境货物报关单。海关在两份蓝色过境单证上分别签注后，留存蓝色过境单证（正联），将存根联和 ATA 单证册其他各联退还给运输工具承运人或其代理人。

2. 核销结关

（1）正常结关

持证人在规定期限内将进境展览品和出境展览品复运进出境，海关在白色复出口单证和黄色复进口单证上分别签注，留存单证（正联），将存根联和 ATA 单证册其他各联退还给持证人，正式核销结关。

（2）非正常结关

ATA 单证册项下暂时进境货物复运出境时，因故未经我国海关核销、签注的，ATA 核销中心凭由另一缔约国海关在 ATA 单证上签注的该批货物从该国进境或者复运进境的证明，或者我国海关认可的能够证明该批货物已经实际离开我国境内的其他文件，作为已经从我国复运出境的证明，对 ATA 单证册予以核销。

发生上述情形的，ATA 单证册持证人应当按照规定向海关交纳调整费。在我国海关尚未发出"ATA 单证册追索通知书"前，如果持证人凭其他国海关出具的货物已经运离我国关境的证明要求予以核销单证册的，海关免予收取调整费。

使用 ATA 单证册暂准进出境货物因不可抗力的原因受损，无法原状复运出境、进境的，ATA 单证册持证人应当及时向主管地海关报告，可以凭有关部门出具的证明材料办理复运出境、进境手续；因不可抗力的原因灭失或者失去使用价值的，经海关核实后可以视为该货物已经复运出境、进境。使用 ATA 单证册暂准进出境货物因不可抗力以外的原因灭失或者受损的，ATA 单证册持证人应当按照货物进出口的有关规定办理海关手续。

案例　ATA 单证册：一册在手，通行天下

某市杂技团赴泰国演出，其主要道具是一个由多个零部件组成的巨型铁球。根据《中华人民共和国海关暂时进出境货物管理办法》等规定，这些道具在出境时需要进行临时出境报关手续，并缴纳相当于税款的保证金或者海关依法认可的其他担保。在国外进境时同样需要按照泰国海关的规定办理烦琐的入境报关单、缴纳担保金等手续。此次演出前，该杂技团在货物运输代理的建议下，向当地贸促会申请了 ATA 单证册，提交了申请、货物清单表等纸面材料及相应担保金后，很快拿到了单证册，顺利通关。在回国后，又根据贸促会要求提交了核销申请，全额取回了担保金。

（资料来源：魏珊珊：《ATA 单证册：一册在手，通行天下》，中国国际商会，2013 年 3 月 1 日）

二 不使用 ATA 单证册报关的进出境展览品

进出境展览品的海关监管有使用 ATA 单证册的，也有不使用 ATA 单证册直接按展览品填制进出口货物报关单报关的。

（一）进出境展览品的范围

1. 进境展览品

进境展览品包含在展览会中展示或示范用的货物、物品，为示范展出的机器或器具所需用的物品，展览者设置临时展台的建筑材料及装饰材料，供展览品作示范宣传用的电影片、幻灯片、录像带、录音带、说明书、广告、光盘、显示器材等。

下列在境内展览会期间供消耗、散发的用品（以下简称展览用品），由海关根据展览会性质、参展商规模、观众人数等情况，对其数量和总值进行核定，在合理范围内的，按照有关规定免征进口关税和进口环节税：①在展览活动中的小件样品，包括原装进口的或者在展览期间用进口的散装原料制成的食品或者饮料的样品；②为展出的机器或者器件进行操作示范被消耗或者损坏的物料；③布置、装饰临时展台消耗的低值货物；④展览期间免费向观众散发的有关宣传品；⑤供展览会使用的档案、表格及其他文件。

上述货物、物品应当符合下列条件：①由参展人免费提供并在展览期间专供免费分送给观众使用或者消费的；②单价较低，作广告样品用的；③不适用于商业用途，并且单位容量明显小于最小零售包装容量的；④食品及饮料的样品虽未包装分发，但确实在活动中消耗掉的。展览用品中的酒精饮料、烟草制品及燃料不适用有关免税的规定。展览会期间出售的小卖品，属于一般进口货物范围，进口时应当缴纳进口关税和进口环节海关代征税，属于许可证件管理的商品，应当交验许可证件。

2. 出境展览品

出境展览品包含国内单位赴国外举办展览会或参加外国博览会、展览会而运出的展览品，以及与展览活动有关的宣传品、布置品、招待品、其他公用物品。与展览活动有关的小卖品、展卖品，可以按展览品报关出境；不按规定期限复运进境的办理一般出口手续，交验出口许可证件，缴纳出口关税。

（二）展览品的暂时进出境期限

进境展览品的暂时进境期限是6个月，即自展览品进境之日起6个月内复运出境。出境展览品的暂时出境期限为自展览品出境之日起6个月内复运进境。超过6个月的，进出境展览品的收发货人可以向海关申请延期。延期最多不超过3次，每次延长期限不超过6个月。延长期届满应当复运出境、进境或者办理进出口手续。

展览品申请延长复运出境、进境期限的，展览品收发货人应当在规定期限届满30个工作日前向货物暂时进出境申请核准地海关提出延期申请，并提交"货物暂时进/出境延期申请书"及相关申请材料。

直属海关受理延期申请的，应当于受理申请之日起20个工作日内制发"中华人民共和国海关货物暂时进/出境延期申请批准决定书"或者"中华人民共和国海关货物暂时进/出境延期申请不予批准决定书"。

参加展期在24个月以上展览会的展览品，在18个月延长期届满后仍需要延期的，由主管地直属海关报海关总署审批。

（三）展览品的进出境申报

1. 进境申报

（1）备案

境内展览会的办展人或者参加展览会的办展人、参展人（以下简称办展人、参展人）应当在展览品进境20个工作日前，向主管地海关提交有关部门备案证明或者批准文件及展览品清单等相关单证办理备案手续。展览会不属于有关部门行政许可项目的，办展人、参展人应当向主管地海关提交展览会邀请函、展位确认书等其他证明文件及展览品清单办理备案手续。

（2）申报进境

展览品进境申报手续可以在展出地海关办理。从非展出地海关进境的，可以申请在进境地海关办理转关运输手续，将展览品在海关监管下从进境口岸转运至展览会举办地主管海关办理申报手续。展览会主办单位或其代理人应当向海关提交报关单、展览品清单、提货单、发票、装箱单等。展览品中涉及检验检疫等管制的，还应当向海关提交有关许可证件。

展览会主办单位或其代理人应当向海关提供担保。在海关指定场所或者海关派专人监管的场所举办展览会的，经主管地直属海关批准，参展的展览品可免予向海关提供担保。

海关一般在展览会举办地对展览品进行开箱查验。展览品开箱前,展览会主办单位或其代理人应当通知海关。海关查验时,展览品所有人或其代理人应当到场,并负责搬移、开拆、封装货物。展览会展出或使用的印刷品、音像制品及其他需要审查的物品,还要经过海关的审查,才能展出或使用。对我国政治、经济、文化、道德有害的,以及侵犯知识产权的印刷品、音像制品,不得展出,由海关没收、退运出境或责令更改后使用。

2. 出境申报

(1) 备案

境内出境举办或者参加展览会的办展人、参展人应当在展览品出境20个工作日前,向主管地海关提交有关部门备案证明或者批准文件及展览品清单等相关单证办理备案手续。展览会不属于有关部门行政许可项目的,办展人、参展人应当向主管地海关提交展览会邀请函、展位确认书等其他证明文件及展览品清单办理备案手续。

(2) 申报出境

展览品出境申报手续应当在出境地海关办理。在境外举办展览会或参加国外展览会的企业应当向海关提交国家主管部门的批准文件、报关单、展览品清单(一式两份)等单证。展览品属于应当缴纳出口关税的,向海关缴纳相当于税款的保证金;属于核用品、核两用品及相关技术的出口管制商品的,应当提交出口许可证。

海关对展览品进行开箱查验,核对展览品清单。查验完毕,海关留存一份清单,另一份封入"关封"交还给发货人或其代理人,凭以办理展览品复运进境申报手续。

(四) 进出境展览品的核销结关

1. 复运进出境

进境展览品按规定期限复运出境,出境展览品按规定期限复运进境后,海关分别签发报关单证明联,展览品所有人或其代理人凭以向主管海关办理核销结关手续。异地复运出境、进境的展览品,进出境展览品的收发货人应当持主管地海关签章的海关单证向复运出境、进境地海关办理手续。货物复运出境、进境后,主管地海关凭复运出境、进境地海关签章的海关单证办理核销结关手续。

展览品未能按规定期限复运进出境的,展览会主办单位或出国举办展览会的单位应当向主管海关申请延期,在延长期内办理复运进出境手续。

2. 转为正式进出口

进境展览品在展览期间被人购买的,由展览会主办单位或其代理人向海关办理进口申报、纳税手续,其中属于许可证件管理的,还应当提交进口许可证件。出口展览品在境外参加展览会后被销售的,由海关核对展览品清单后要求企业补办有关正式出口手续。

3. 展览品放弃或赠送

展览会结束后,进口展览品的所有人决定将展览品放弃交由海关处理的,由海关依法变卖后将款项上缴国库。展览品的所有人决定将展览品赠送的,受赠人应当向海关办理进口手续,海关根据进口礼品或经贸往来赠送品的规定办理。

4. 展览品毁坏、丢失、被窃

进境展览品因毁坏、丢失、被窃等原因不能复运出境的,展览会主办单位或其代理人应当向海关报告。对于毁坏的展览品,海关根据毁坏程度估价征税;对于丢失或被窃的展览品,海关按照进口同类货物征收进口税。

进出境展览品因不可抗力的原因受损,无法原状复运出境、进境的,进出境展览品的收发货人应当及时向主管地海关报告,可以凭有关部门出具的证明材料办理复运出境、进境手续;因不可抗力的原因灭失或者失去使用价值的,经海关核实后可以视为该货物已经复运出境、进境。

进出境展览品因不可抗力以外其他原因灭失或者受损的,进出境展览品的收发货人应当按照货物进出口的有关规定办理海关手续。

三 集装箱箱体

海关总署根据《中华人民共和国海关法》第三十九条规定,制定了《中华人民共和国海关对用于装载海关监管货物的集装箱和集装箱式货车车厢的监管办法》,规定了集装箱箱体进出境监管程序。

(一)范围

集装箱箱体既是一种运输设备,又是一种货物。当货物用集装箱装载进出口时,集装箱箱体就作为一种运输设备;当一个企业购买进口或销售出口集装箱时，集装箱箱体就是普通的进出口货物。这里集装箱箱体是作为运输设备暂时进出境的。

（二）程序

暂时进出境的集装箱箱体报关有以下两种情况：

1. 境内生产的集装箱及我国营运人购买进口的集装箱在投入国际运输前，营运人应当向其所在地海关办理登记手续。海关准予登记并符合规定的集装箱箱体，无论是否装载货物，海关准予暂时进境和异地出境，营运人或其代理人无须对箱体单独向海关办理报关手续，进出境时也不受规定的期限限制。

2. 境外集装箱箱体暂时进境，无论是否装载货物，承运人或其代理人应当向海关申报，并应当于入境之日起 6 个月内复运出境。如因特殊情况不能按期复运出境的，营运人应当向暂时进境地海关提出延期申请，经海关核准后可以延期，但延长期最长不得超过 3 个月，逾期应按规定向海关办理进口报关纳税手续。

四 其他暂时进出境货物

（一）暂时进出口货物的适用范围

《关税条例》第四十二条规定，可以暂不缴纳税款的九项暂时进出境货物除使用 ATA 单证册报关的货物、不使用 ATA 单证册报关的展览品、集装箱箱体按各自的监管方式由海关进行监管外，其余的均按《中华人民共和国海关对暂时进出口货物监管办法》进行监管，因此均属于暂时进出口货物的范围。

（二）暂时进出口货物的期限

暂时进出口货物应当自进境或出境之日起 6 个月内复运出境或者复运进境。如果因特殊情况不能在规定期限内复运出境或者复运进境的，应当向海关申请延期，经批准可以适当延期，延长期最长不超过 6 个月。

（三）进出境申报

暂时进出口货物进出境要经过海关的核准。暂时进出口货物进出境核准属于海关行政许可范围，应当按照海关行政许可的程序办理。

1. 暂时进口货物进境申报

暂时进口货物进境时，收货人或其代理人应当向海关提交主管部门允许货物为特定目的而暂时进境的批准文件、进口货物报关单、商业及货运单据等，向海关办理暂时进境申报手续。

暂时进口货物不必提交进口货物许可证件，但对国家规定需要实施检验检疫的，或者为公共安全、公共卫生等实施管制措施的，仍应当提交有关的许可证件。

暂时进口货物在进境时，进口货物的收货人或其代理人免予缴纳进口税，但必须向海关提供担保。

2. 暂时出口货物出境申报

暂时出口货物出境，发货人或其代理人应当向海关提交主管部门允许货物为特定目的而暂时出境的批准文件、出口货物报关单、货运和商业单据等，向海关办理暂时出境申报手续。

暂时出口货物除易制毒化学品、监控化学品、消耗臭氧层物质、有关核出口、"核两用品"及相关技术的出口管制条例管制的商品以及其他国际公约管制的商品按正常出口提交有关许可证件外，不需交验许可证件。

（四）核销结关

1. 复运进出境

暂时进口货物复运出境，暂时出口货物复运进境，进出口货物收、发货人或其代理人必须留存由海关签章的复运进出境的报关单，准备报核。

2. 转为正式进口

暂时进口货物因特殊情况，改变特定的暂时进口目的转为正式进口，进口货物收货人或其代理人应当向海关提出申请，提交有关许可证件，办理货物正式进口的报关纳税手续。

3. 放弃

暂时进口货物在境内完成暂时进口的特定目的后，如货物所有人不准备将货物复运出境的，可以向海关声明将货物放弃，海关按放弃货物的有关规定处理。

4. 核销结关

暂时进口货物复运出境，或者转为正式进口，或者放弃后，暂时出口货物复运进境，或者转为正式出口后，收发货人向海关提交经海关签注的进出口货物报关单，或者处理放弃货物的有关单据以及其他有关单证，申请报核。海关经审核，情况正常的，退还保证金或办理其他担保销案手续，予以结关。

本 章 小 节

经海关批准的为了特定目的暂时进出境的货物都属于暂时进出境货物，暂时进出境货物原则上应当按原状在规定期限内复运出入境。出境货物分为四类监管模式：①使用 ATA 单证册报关的暂准进出境货物；②展览品；③集装箱箱体；④暂时进出境货物。

暂时进出境货物具有四个特点：①有条件暂时免予缴纳税费，但需要按照海关要求向主管地海关提交相当于税款的保证金或者海关依法认可的其他担保。②除另有规定外，免予提交进出口许可证件，存在例外情况，需要提交进出口许可证件。③规定期限（6个月）内按原状复运进出境。④按货物实际使用情况办结海关手续。同时，依照海关统计条例规定，暂时进出境货物不列入海关统计。

ATA 单证册制度为暂时进出境货物建立了国际统一的通关手续，使暂时进口货物可以凭 ATA 单证册，在各国海关享受免税进口和免予填写国内报关文件等通关便利，因此，ATA 单证册又被国际经贸界称为"货物护照"和货物免税通关证。

有时，由于有关企业、个人没有为自己的进出境展览品办理 ATA 单证册等一些原因，这些展览品就直接按展览品监管（不使用 ATA 单证册）。向我国海关报关时填写普通报关单，还有一种常见情形是：在我国举办的一些国际展览会是有主办方的，主办方一般是国内的会展企业，于是外国参展商不用另办 ATA 单证册，而是直接将货物托运到中国，收货人是主办方，由主办方或主办方的代理人统一向中国海关办理进口报关手续。

暂时进出境的集装箱箱体报关有两种情况：①境内生产的集装箱及我国营运人（例如我国的轮船公司）购买进口的集装箱在投入国际运输前，营运人应当向其所在海关办理登记手续，集装箱上安装海关批准牌照（中国船级社制发）。办理登记手续目的在于使营运人或者其代理人将来无须对该箱体单独向海关反复办理进出境报关手续，进出境时也不受规定的期限限制。并且该集装箱日后无论是否装载货物，海关均准予暂时进境以及异地出境。②境外集装箱箱体（指集装箱所有权属于境外轮船公司等境外企业的）暂时进境，无论是否装载货物，承运人或者其代理人应当对箱体单独向海关申报，并应当于入境之日起 6 个月内复运出境，经海关批准延期不超过 3 个月。

其他非 ATA 单证册项下的暂时进出境货物申报大体程序可参考非 ATA 单证册项下展品的申报，报关单上"贸易方式"栏填写"暂时进出货物 2600"。暂时进境货物的收货人或其代理人要向海关提供担保，后期也要核销结关，但展览品进出境前期的备案手续在此被暂时进出境的申请和海关许可程序所替代。

暂时进出境货物的监管期限及报关材料对比如表 6-1 所示：

表 6-1

货物类别	监管期限	报关提交的主要资料
适用 ATA 单证册的暂准进出境货物	6 个月，延期最多不超过 3 次，每次延长期限不超过 6 个月。	《ATA 单证册》
不使用 ATA 单证册报关的进出境展览品	6 个月，延期最多不超过 3 次，每次延长期限不超过 6 个月。	暂时进出境货物清单
集装箱箱体	境外集装箱箱体暂时进境，入境之日起 6 个月内复运出境。延长期最长不得超过 3 个月，逾期办理进口报关纳税手续。	
其他暂时进出口货物	6 个月，延长期最长不超过 6 个月	进出口报关单

练习题

一、单选题

1. 下列哪一选项货物不按照暂时进出口货物进行管理（ ）。

A. 进出境修理货物

B. 参加巴黎博览会的出境货物

C. 来华参加国际科技展览会运进的展示货物

D. 俄罗斯大马戏团来华表演运进的器材、服装、道具

二、多选题

1. 下列哪些选项不属于展览品的范围，应照章征税（　　）。

A. 布置展台用的油漆、涂料

B. 为展出的机器设备进行示范并在操作过程中被消耗的物料

C. 展览会期间出售的小卖品

D. 展览会期间使用的含酒精饮料、烟叶制品、燃料

2. 下列哪些选项的暂时出境货物，在出口报关时应向海关提交出口许可证件（　　）。

A. 消耗臭氧层物质

B. 易制毒化学品

C. 监控化学品及其他"两用物项许可证目录"所列商品

D. 其他出口许可证目录所列货物

三、判断题

1. 国际公约规定ATA单证册的有效期最长是1年，我国规定使用ATA单证册报关的暂时进出境的期限是自进出境之日起6个月。经直属海关批准可以延期，延期最多不超过3次，每次延长期限不超过6个月，对参展24个月以上展览会的展览品需报海关总署审批。（　　）

2. 海关规定，对非商业目的以外的暂时进出境货物，自申报进出境之日起，按月征收进出口税。（　　）

3. 海关规定，对于非商业目的的暂时进出境货物在6个月内应原状复运出境或复运进境，经直属海关批准可以延期，延期最多不超过3次，每次延长期限不超过6个月，在此期间包括延长期间，可以凭担保暂时免纳进出口税。（　　）

4. 使用ATA单证册办理报关手续的展览会、交易会、会议及类似货物项下的货物，可以凭此单证册报关，但应向海关另外提供担保。（　　）

5. 我国ATA单证册的出证单位是经海关核准的中国国际商会及其他商会。（　　）

四、本章实训

以下案例是一个暂时进出口报关程序的训练，请思考，并回答问题。

上海公安局邀请境外一无线电设备生产厂商到上海展览馆展出其价值100万美元的无线电设备，并委托上海某展览报关公司C办理一切手续。

上海展出后又决定把其中价值 40 万美元的设备运到杭州展出。设备从杭州返回后,上海公安局决定购买其中的 20 万美元设备。境外厂商为了感谢上海公安局赠送了 5 万美元的设备给上海公安部门。其余设备退出境外。作为 C 公司的报关人员应当办理哪些手续?

第七章

商品归类

引导案例

由商品归类引发的纳税争议案

2007 年 1 月 12 日，A 电子有限责任公司委托某国际货运代理有限公司申报进口 "010720071077003338" 号报关单项下商品：申报品名为 "微波信号源（通信用）"，型号为 "MG3691B"，数量为 4 台，申报税号为 "90304090"，缴纳增值税人民币 171787.38 元。首都机场海关经审核该票报关单及布控查验后，将上述商品税号变更为 "85432090.90"，并于 2007 年 5 月 11 日做出（0701）010720071077003338—A02/L03 号征税决定，征收进口关税人民币 80841.12 元，增值税人民币 13742.99 元。

2007 年 7 月 3 日，A 电子有限责任公司不服首都机场海关上述征税决定，向北京海关申请行政复议，认为涉案货物 "MG3691B 型微波信号源（通信用）"，是测量、检测通信产品电参数的电子测量仪器，应归入税号 "90304090.00"；而首都机场海关将其归入税号 "85432090.90" 有误。故向北京海关提起行政复议，请求变更税号，撤销原征税决定，退还多缴纳税款。本案复议审理期间，北京海关法规处与归类的主管部门归类办进行合议，就本案争议焦点——MG3691B 型射频/微波信号发生器税则归类问题进行再次复核确认，归类办认为在做出《北京海关进出口商品归类问答书》时，已多次和申请人交流沟通，认为根据该商品的技术指标、工作原理以及功能，该商品为接收机的灵敏度等参数进行测试时提供步进频率信号，单独使用无法直接实现测试功能，不应归入 90304090。

根据归类总规则一，上述商品应归入税号"85432090.00"。根据《中华人民共和国行政复议法》第二十八条第一款第（一）项的规定，北京海关做出了维持原征税决定的复议决定。

（资料来源：《由商品归类引发的纳税争议案件评析》，中国海关律师网，2010年4月28日）

学习目标

1. 了解《商品名称及编码协调制度》的产生与发展。
2. 掌握《商品名称及编码协调制度》的基本结构。
3. 熟练掌握《商品名称及编码协调制度》归类总规则。
4. 掌握我国进出口商品归类的基本操作流程。

第一节 《商品名称及编码协调制度》概述

《商品名称及编码协调制度》（Harmonized Commodity Description and Coding System，简称H.S）（以下简称《协调制度》）是指原海关合作理事会（1995年更名为世界海关组织）在《海关合作理事会商品分类目录》（CCCN）和联合国的《国际贸易标准分类》（SITC）的基础上，参照国际上主要国家的税则、统计、运输等分类目录而制定的一个多用途的国际贸易商品分类目录。经国务院批准，我国海关自1992年1月1日起开始采用《协调制度》，使进出口商品归类工作成为我国海关最早实现与国际接轨的执法项目之一。

一 《商品名称及编码协调制度》的产生与发展

（一）《商品名称及编码协调制度》的产生

在国际贸易中，各主权国家对进出本国的商品征收税金，需要对商品进行分类，政府为了解进出口贸易情况，也需要借助于商品目录。因此，各国不同程度地开发了多种商品分类目录。最早的商品目录极为简单，仅是将商品名称按笔画多少或字母顺序列成表。由于各国的商品目录在商品名称、目录结构和分类方法等方面存在种种差别，给贸易商造成很大不便，同时，由此产生的统计资料的国际可比性很差。对外贸易活动亟须具有国际通用的、系统科学的分类目录，相关机构就开始探索如何制定一个国际统一的商品分类目录。经过几十年的努力，两套国际通用的分类编码标准终于问世，分别是《国际贸易标准分类》和《海关合作理事会商品分类目录》。

1948年，联合国统计委员会制定了《国际贸易标准分类》（简称SITC）。欧洲经济委员会（欧洲海关同盟）于1950年12月15日在布鲁塞尔签订了《海关税则商品分类目录公约》，1972年修订后改名为《海关合作理事会商品分类目录》（简称CCCN）。SITC和CCCN的产生，对简化国际贸易程序，提高工作效率起到了积极的推动作用。但两套编码同时存在，仍不能避免商品在国际贸易往来中因分类方法不同而需重新对应分类、命名和编码。这些都阻碍了信息的传递，妨碍了贸易效率，增加了贸易成本，不同体系的贸易统计资料难以进行比较分析；同时也给利用计算机等现代化手段来处理外贸单证及信息带来很大困难。因此，从1973年5月开始，海关合作理事会成立了协调制度临时委员会，以CCCN和SITC为基础，以满足海关进出口管理、关税征收和对外贸易统计以及生产、运输、贸易等方面的需要为目的，着手编制一套国际通用的协调统一商品分类目录。约60多个国家和20多个国际组织参与了新目录的编制工作。

经过13年的努力，在1983年6月海关合作理事会第61届会议上终于通过了《商品名称及编码协调制度国际公约》及其附件《协调制度》，以HS编码"协调"涵盖了CCCN和SITC两大分类编码体系，1988年1月1日正式实施。这样，世界各国在国际贸易领域中所采用的商品分类和编码体系有史以来第一次得到了统一。

(二)《协调制度》的发展

被尊称为《协调制度》之父的原海关合作理事会目录归类司司长朝仓先生指出："目前没有哪一个国际贸易协定能够做到与《协调制度》无关，产业和贸易的高速发展促使WCO必须及时地对《协调制度》进行更新，以免落后于时代的步伐。"这段话形象地反映了《协调制度》在国际贸易中的地位和发展需要。事实上，《协调制度》在生效近30年来，也的确处于不断的发展过程中。

1. 《协调制度》的影响面越来越广

1987年,《协调制度》最初的缔约国仅有32个,而截至目前,实际采用《协调制度》的国家和地区已达到200多个,全球贸易总量98%以上的货物都是以《协调制度》进行分类。WTO及其成员国都采用《协调制度》作为贸易谈判的共同贸易语言;WTO的许多产品协议,如ITA产品、民用航空产品、药品等均已采用《协调制度》编码;大多数发达国家的WTO关税减让表也已根据《协调制度》来制定。此外,《协调制度》也为WCO和WTO共同发展的新国际原产地规则提供了共同的基础。

2. 《协调制度》本身得到不断修订和完善

《协调制度公约》建立了协调制度委员会,定期对《协调制度》进行全面的重审和修订。目前《协调制度》已经历了六个版本,分别是1988年、1992年、1996年、2002年、2007年和2012年版本。这种健全的自我完善机制,使《协调制度》能够不断适应科学技术的发展和贸易格局的改变,维护自身的权威性和科学性。

3. 《协调制度》不断向新的领域进行拓展

如前所述,《协调制度》最初的主要用途是征收关税和国际贸易统计,但由于其结构的合理性和内容的开放性,使其最终成为一个多用途的商品分类目录,为其不断适应新领域的需要奠定了坚实的基础。近年来,社会公共利益和环境保护问题越来越成为《协调制度》所关注的重要内容,WCO和协调制度委员会也因此逐步加强了与联合国环境规划署(UNEP)及禁止化学武器组织(OPEW)的合作,并通过发放建议书和增列子目的形式对受控制麻醉品、化学武器前体及有害环境物质的贸易情况进行监控。在这些新的领域,《协调制度》所被寄予的厚望正如《鹿特丹公约》第13条所述:各缔约方的会议应敦促世界海关组织为附约所列的化学品确定适当而具体的《协调制度》编码。某一种化学品的编码一旦确定,每一缔约方应规定在其出口运输文件上列出该化学品的编码。

二 《商品名称及编码协调制度》的基本结构

从总体结构上讲,《协调制度》目录与《海关合作理事会商品分类目录》基本一致，其将国际贸易涉及的各种商品按照生产部类、自然属性和不同功能用途等分为 21 类、97 章。《协调制度》主要是由税（品）目和子目构成［税（品）目号中第 1 至第 4 位称为税（品）目，第 5 位开始称为子目］，为了避免各税（品）目和子目所列商品发生交叉归类，在许多类、章下加有类注、章注和子目注释，设在类、章之首，是解释税（品）目、子目的文字说明，同时有归类总规则，作为指导整个《协调制度》商品归类的总原则。

《协调制度》是一部系统的国际贸易商品分类表，所列商品名称的分类和编排是有一定规律的。《协调制度》中商品的排列特点具体如下：

（1）从类别来看，它基本上按社会生产的分工（或称生产部类）分类的，将属于同一生产部类的产品归在同一类里。例如，第一类为活动物、动物产品；第二类为植物产品；第五类为矿产品；第六类为化学工业及其相关工业产品。

（2）从章来看，基本上按商品的自然属性或用途（功能）来划分的，例如 1—83 章按商品的自然属性分章，84—97 章按货物的用途或功能分章。

三 《商品名称及编码协调制度》不断更新的原因

随着经济技术与贸易的发展，新商品的产生和国际经济形势、关注问题的改变都将促进《商品名称及编码协调制度》的不断更新。

第二节 《商品名称及编码协调制度》归类总规则

归类总规则是为保证每一个商品，甚至是层出不穷的新商品都能始终归入同一个品目或子目，避免商品归类的争议而制定的商品归类应遵循的原则。归类总规则位于《协调制度》的部首，共由六条构成，它们是指导并保证商品归类统一的法律依据。这里值得注意的是：归类总规则的使用顺序为规则一优先于规则二，规则二优先于规则三，必须顺序使用。下面，本节将逐一介绍这六条归类总规则。

一 规则一

(一) 条文内容

类、章及分章的标题，仅为查找方便而设；具有法律效力的归类，应按品目条文和关类注或章注确定，如品目、类注或章注无其他规定，按以下规则确定。

(二) 条文解释

规则一有三层含义：①指出"类、章及分章的标题，仅为查找方便而设"。例如说，第一类，活动物；动物产品，按标题，它应该包括，所有的活动物和动物产品，但第一类中，根据章注可以知道，流动马戏团、动物园或其他类似巡回展出用的活动物，不包括在第一类里面。所以说"类、章及分章的标题，仅为查找方便而设"。②"具有法律效力的归类应按项目条文和有关类注或章注确定。"在第一章章注中有规定，本章不包括品目95.08的动物，不包括品目30.02的培养微生物及其他产品。那么95.08的动物、30.02的培养微生物，就不能归入本章。所以说，具有法律效力的归类应按项目条文和有关类注或章注确定。③"如项目、类注或章注无其他规定，按以下规则确定。"在对商品进行归类的时候，税目条文及相关的章注、类注是最重要的。如果按税目条文及相关的章注、类注还无法确定归类的，才能够按规则二、规则三、规则四、规则五、规则六来归类。

二 规则二

(一) 条文内容

规则二（一）品目所列货品，应视为包括该项货品的不完整品或未制成品，只要在进口或出口时该项不完整品或未制成品具有完整品或制成品的基本特征；还应视为包括该货品的完整品或制成品（或按本款可作为完整品或制成品归类的货品）在进口或出口时的未组装件或拆散件。

规则二（二）品目中所列材料或物质，应视为包括该种材料或物质与其他材料或物质混合或组合的物品。品目所列某种材料或物质构成的货品，应视为包括全部或部分由该种材料或物质构成的货品。由一种以上材料或物质构成的货品，应按规则三归类。

(二) 条文解释

规则二 (一) 将所有列出某一些物品的品目范围扩大为不仅包括完整的物品，而且还包括该物品的不完整品或未制成品，只要报验时它们具有完整品或制成品的基本特征。不完整品指货品缺少某些部分、不完整；未制成品指货品尚未完全制成，需进一步加工才成为制成品。但是，"基本特征"的判断有时是很困难的，例如缺少了多少零部件的电视机仍具有电视机的基本特征，仍可以按电视机归类。由于商品的繁杂，寄希望于通过制定几条"一刀切"的规则来确定货品的基本特征是行不通的，所以对于具体的某种不完整品或未制成品，需要综合结构、性能、价值、作用等方面的因素进行具体分析才能确定。但作为一般原则可以这样判断：对于不完整品而言，主要是看其关键部件是否存在，以冰箱为例，如果压缩机、蒸发器、冷凝器、箱体这些关键部件存在，则可以判断为具有冰箱的基本特征；对于未制成品而言，主要看其是否具有制成品的特征，如齿轮的毛坯，须经进一步完善方可作为制成品或制成零件使用，但已具有制成品或制成零件的大概形状或轮廓，则可以判断为具有齿轮的基本特征。

规则二 (一) 的第二部分规定，完整品或制成品的未组装件或拆散件应归入已组装物品的同一品目。例如，品目8517不仅包括已组装好的电话机，还应包括电话机的未组装件或拆散件。未组装件或拆散件指货品尚未组装或已拆散。货品以未组装或拆散形式报验，通常是由于包装、装卸或运输上的需要，或是为了便于包装、装卸或运输。本款规则也适用于以未组装或拆散形式报验的不完整品或未制成品，只要按照本规则第一部分的规定，它们可作为完整品或制成品看待。例如，缺少某些非关键零件（如螺丝、螺帽、垫圈等）的电话机的散件，同样应归入电话机品目。鉴于第一类至第六类各品目的商品范围，规则二 (一) 的规定一般不适用于这六类所包括的货品。

规则二 (二) 是针对混合及组合的材料或物质，以及由两种或多种材料或物质构成的货品而设的，目的在于将任何列出某种材料或物质的品目扩大为包括该种材料或物质与其他材料或物质的混合品或组合品，同时还将任何列出某种材料或物质构成的货品的品目扩大为包括部分由该种材料或物质构成的货品。它所适用的是列出某种材料或物质的品目。

例如，天然软木制成、外层包纱布的热水瓶塞子，它虽然包了纱布，但是并没有改变这个瓶塞是软木的基本特征,因此还是归入4503的品目。鲜牛奶里加糖了,但并没有改变鲜牛奶的基本特征和性质,仍然按牛奶来归类,"加入材料或物质并不改变原来材料或物质或其所构成货品的基本特征"。但是,本款规则绝不意味着将品目范围扩大到不按照规则一的规定,将不符合品目条文的货品也包括进来,即由于添加了另外一种材料或物质,使货品丧失了原品目所列货品特征的情况。例如稻谷中加入了杀鼠剂,已经成为一种用于杀灭老鼠的毒饵,就不能再按品目1006的"稻谷"归类。

只有在规则一无法解决时,方能运用规则二。规则二第二款还有一个含义即:如果由一种以上材料或物质构成的货品,或者看起来可归入两个或两个以上税目的,应按规则三归类。

三 规则三

(一) 条文内容

当货品按规则二(二)或由于其他原因看起来可归入两个或两个以上品目时,应按以下规则归类:

规则三(一)列名比较具体的品目,优先于列名一般的品目。但是如果两个或两个以上品目都仅述及混合或组合货品所含的某部分材料或物质,或零售的成套货品中的某些货品,即使其中某个品目对该货品描述得更为全面、详细,这些货品在有关品目的列名应视为同样具体。

规则三(二)混合物,不同材料构成或不同部件组成的组合物以及零售的成套货品,如果不能按照规则三(一)归类时,在本款可适用的条件下,应按构成货品基本特征的材料或部件归类。

规则三(三)货品不能按照规则三(一)或(二)归类时,应按号列顺序归入其可归入的最末一个品目。

(二) 条文解释

对于根据规则二(二)或其他原因看起来可归入两个或两个以上品目的货品,本规则规定了三条归类办法。这三条办法应按照其在本规则的先后次序加以运用。据此,只有在不能按照规则三(一)归类时,才能运用规则三(二);不能按照规则三(一)和(二)两款归类时,才能运用规则三(三)。因此,它们优先权的次序为:①具体列名;②基本特征；③从后归类。只有在品目条文和类、章注释无其他规定的条件下，才能运用本规则。例如，第九十七章章注四（二）规定，根据品目条文既可归入品目9701—9705中的一个品目，又可归入品目9706的货品，应归入品目9706以前的有关品目，即货品应按第九十七章章注四（二）的规定而不能根据本规则进行归类。

规则三（一）是本规则的第一条归类办法，它规定列名比较具体的品目应优先于列名比较一般的品目，简称为"具体列名"原则。例如，例：塑料碗就比塑料制品更为具体。如果两个或两个以上品目都仅述及混合或组合货品所含的某部分材料或物质，或零售成套货品中的某些货品，即使其中某个品目比其他品目对该货品描述得更为全面、详细，这些货品在有关品目的列名应视为同样具体。在这种情况下，货品应按规则三（二）或（三）的规定进行归类。规则三（二）是指不能按规则三（一）归类的混合物、组合物以及零售的成套货品的归类。它们应按构成货品基本特征的材料或部件归类。但是，不同的货品，确定其基本特征的因素会有所不同。例如，可根据其所含材料或部件的性质、体积、数量、重量或价值来确定货品的基本特征，也可根据所含材料对货品用途的作用来确定货品的基本特征。例如，由面饼、调味包、塑料小叉构成的碗面，由于其中的面饼构成了这个零售成套货品的基本特征，所以应按面食归入品目1902。还要注意，本款规则所称"零售的成套货品"，是指同时符合以下三个条件的货品：①由至少两种看起来可归入不同品目的不同物品构成的。例如，六把乳酪叉不能作为本款规则所称的成套货品。②为了迎合某项需求或开展某项专门活动而将几件产品或物品包装在一起的。③包装形式适于直接销售给用户而货物无须重新包装的。例如，装于盒、箱内或固定于板上。例如，成套理发工具，由一个电动理发推子、一把梳子、一把剪子、一把刷子及一条毛巾，装于一个皮匣子内组成，符合上述的三个条件，所以属于"零售的成套货品"。不符合以上三个条件时，不能看成是规则三（二）中的零售成套货品。例如"包装在一起的手表与打火机"，由于不符合以上第二个条件，所以只能分开归类。货品如果不能按照规则三（一）或（二）归类时，应按号列顺序归入其可归入的最后一个品目。例如由200克奶糖和200克巧克力糖果混和而成的一袋400克的糖果，由于其中奶糖和巧克力糖果的含量相等，"基本特征"无法确定，所以应从后归类,奶糖是归入1704,巧克力糖果是归入1806,那么就归入后一个税目1806。

四 规则四

(一) 条文内容

根据上述规则无法归类的货品,应归入与其最相类似的货品的品目。

(二) 条文解释

由于时代的发展、科技的进步,可能会出现一些《协调制度》在分类时无法预见的情况,这时按以上规则一至规则三仍无法归类的货品,只能用最相类似的货品的品目来替代,即将报验货品与类似货品加以比较以确定其与哪种货品最相类似。然后将所报验的货品归入与其最相类似的货品的同一品目。这里的"最相类似"指名称、特征、功能、用途、结构等因素,需要综合考虑才能确定。.

五 规则五

(一) 条文内容

除上述规则外,本规则适用于下列货品的归类:

规则五(一)制成特殊形状仅适用于盛装某个或某套物品并适合长期使用的照相机套、乐器盒、枪套、绘图仪器盒、项链盒及类似容器,如果与所装物品同时进口或出口,并通常与所装物品一同出售的,应与所装物品一并归类。但本款不适用于本身构成整个货品基本特征的容器。

规则五(二)除规则五(一)规定的以外,与所装货品同时进口或出口的包装材料或包装容器,如果通常是用来包装这类货品的,应与所装货品一并归类。但明显可重复使用的包装材料和包装容器可不受本款限制。

(二) 条文解释

规则五(一)仅适用于同时符合以下各条规定的容器:①制成特定形状或形式,专门盛装某一物品或某套物品的,即专门按所要盛装的物品进行设计的,有些容器还制成所装物品的特殊形状;②适合长期使用的,即容器的使用期限与所盛装的物品相比是相称的,在物品不使用期间,例如运输或储藏期间,这些容器还起保护物品的作用;③与所装物品一同报验的（单独报验的容器应归入其所应归入的品目）；④通常与所装物品一同出售的；⑤本身并不构成整个货品基本特征的。例如与所装电动剃须刀一同报验的电动剃须刀的皮套，由于符合以上条件，因此应与电动剃须刀一并归入品目 8510。但是，本款规则不适用于本身构成整个货品基本特征的容器。例如，银制的茶叶罐装入茶叶，这个茶叶罐相对于茶叶来说比较贵重，那么就构成了这个货品的基本特征，因此应按照银制品归类，而不是按茶叶来归类。

规则五（二）仅适用于同时符合以下各条规定的包装材料及包装容器：①规则五（一）以外的；②通常用于包装有关货品的；③与所装物品一同报验的（单独报验的包装材料及包装容器应归入其所应归入的品目）；④不属于明显可重复使用的。例如，装有电视机的瓦楞纸箱，由于符合以上条件，因此应与电视机一并归入品目 8528。但是，如果是明显可重复使用的包装材料和包装容器，则本款规定不适用。例如"煤气罐装有液化煤气"，由于具有明显可重复使用的特性，所以不能与液化煤气一并归类，而应与液化煤气分开归类。

六　规则六

（一）条文内容

货品在某一品目项下各子目的法定归类，应按子目条文或有关的子目注释以及以上各条规则来确定，但子目的比较只能在同一数级上进行。除条文另有规定的以外，有关的类注、章注也适用于本规则。

（二）条文解释

本规则是关于子目应当如何确定的一条原则，子目归类首先按子目条文和子目注释确定；如果按子目条文和子目注释还无法确定归类，则上述各规则的原则同样适用于子目的确定；除条文另有规定的以外，有关的类注、章注也适用于子目的确定。

在具体确定子目时，还应当注意以下两点：①确定子目时，一定要按先确定一级子目，再二级子目，然后三级子目，最后四级子目的顺序进行。②确定子目时，应遵循"同级比较"的原则，即一级子目与一级子目比较，二级子目与二级子目比较，依此类推。

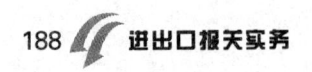

第三节　我国海关进出口货物商品分类目录

海关进出口商品分类目录是进出口商品归类的基本依据。我国的海关进出口商品分类目录是指根据海关征税和海关统计工作的需要，分别编制的《中华人民共和国海关进出口税则》和《中华人民共和国海关统计商品目录》。这两个分类目录品目号列在第1—97章完全一致，均是以《协调制度》为基础，结合我国进出口货物的实际情况编制而成的。

一　我国海关进出口货物商品分类目录概况

（一）产生与发展

我国海关统计商品目录是以海关合作理事会制定的《商品名称及编码协调制度》（以下简称《协调制度》）为基础，结合我国实际进出口货物情况编制而成，自1992年1月1日起实施。2012年版目录则是以2007年1月1日在世界范围实施的2007年版《协调制度》为基础编制而成的。

2012年版目录所列商品分为22类98章（其中第七十七章空缺，以备将来使用），计有7900余个八位数商品编号。第一章至第九十七章的前六位数编码及其商品名称与《协调制度》完全一致，第七、第八位数编码是根据我国关税、统计和贸易管理的需要增设的，第九十八章则仅根据我国海关统计的需要增设。本目录还根据海关合作理事会建议书的内容，为每一个八位数编码商品设置了国际标准计量单位。

（二）商品号列的意义、编排规律及其表示方法

《中华人民共和国海关进出口税则》中的商品号列称为税号，为征税需要，每项税号后列出了该商品的税率；《中华人民共和国海关统计商品目录》中的商品号列称为商品编号，为统计需要，每项商品编号后列出了该商品的计量单位，并增加了第二十二类"特殊交易品及未分类商品"（内分第98章）。

以《协调制度》为基础的海关商品分类目录对商品的分类和编排是有一定规律的。从类来看，基本按社会生产的分工（或称生产部类）

划分的，即将属于同一生产部类的产品归在同一类里。从章来看，基本上按商品的属性或功能、用途划分。而每章中各税（品）目的排列顺序一般按照动物、植物、矿物质产品或原材料、半制品、制成品的顺序编排。

目录采用结构号列，即税（品）目的号列不是简单的顺序号，而是有一定含义的编码。国际上通用的《协调制度》一般为6位编码，各国根据本国的实际及特殊情况，分出第七、八、九位数码。目前，我国使用的进出口编码为10位编码。常见编码为8位数，8位数中前4位数码表示税则号列，其中第1、第2位表示商品所在章，第3、第4位表示商品在该章的排列顺序，而第5—8位表示商品的子目，若第5—8位上出现数字"9"，则通常情况下代表未具体列名的商品，即在"9"的前面一般留有空序号以便用于修订时增添新商品。例如：

表 7-1　　　　　　　　　　编码案例

编码	0	2	0	7	1	4	2	9	
位数	1	2	3	4	5	6	7	8	
	章		同一章品目顺序号		一杠子目序号	二杠子目序号	三杠子目序号	四杠子目序号	
			品目号		一级子目	二级子目	三级子目	四级子目	
	与《协调制度》完全一致						国产子目		

上述编码的含义：该商品在《中华人民共和国海关进出口税则》和《中华人民共和国海关统计商品目录》的第2章，同时在第2章中的顺序号为7，顺序号（第5—8位）为子目，其中第8位子目为9表明该商品是未具体列明的商品。在商品编码表中的商品名称前分别用"—""——""———""————"代表一级子目、二级子目、三级子目、四级子目。

二 进出口商品分类目录结构

《中华人民共和国海关进出口税则》中的商品目录分为21类、97章。《中华人民共和国海关统计商品目录》中的商品目录分为22类、99章；其中前21类、97章与《中华人民共和国海关进出口税则》中的完全相同。这两个进出口商品分类目录各类、章的主要内容和结构如图7-1。

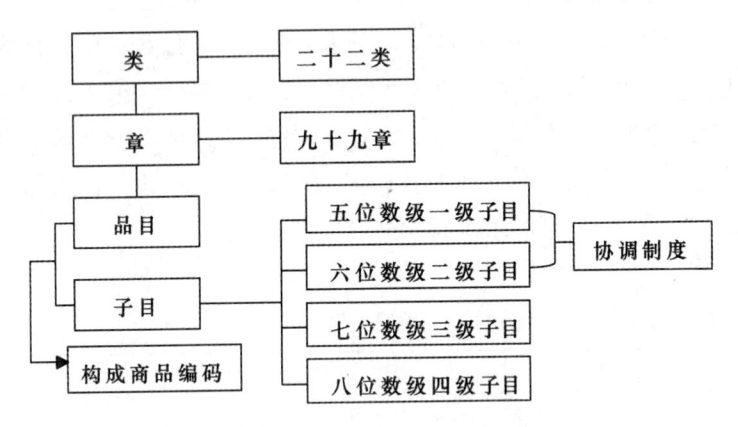

图7-1 《中华人民共和国海关统计商品目录》结构图

将国际贸易商品按生产部门归类，共划分为22类（section）。

第一类　活动物；动物产品（第一章至第五章）

第二类　植物产品

第三类　动、植物油、脂及其分解产品；精制的食用油脂；动、植物蜡

第四类　食品；饮料、酒及醋；烟草、烟草及烟草代用品的制品

第五类　矿产品

第六类　化学工业及其相关工业的产品

第七类　塑料及其制品；橡胶及其制品

第八类　生皮（毛皮除外）及皮革制品、毛皮、人造毛皮及其制品

第九类　木及木制品；木炭；软木及软木制品；稻草、秸秆、针茅或其他编结材料制品；篮筐及柳条编结品

第十类　木浆及其他纤维状纤维素浆；回收（废碎）纸或纸板；纸、纸板及其制品

第十一类　纺织原料及纺织制品

第十二类　鞋、帽、伞、杖、鞭及其零件；已加工的羽毛及其制品；人造花；人发制品

第十三类　石料、石膏、水泥、石棉、云母及类似材料的制品；陶瓷产品；玻璃及其制品

第十四类　天然或养殖珍珠、宝石或半宝石、贵金属、包贵金属及其制品；仿首饰；硬币

第十五类　贱金属及其制品

第十六类　机器、机械器具、电气设备及其零件；录音机及放声机、电视图像、声音的录制和重放设备及其零件、附件

第十七类　车辆、航空器、船舶及有关运输设备

第十八类　光学、照相、电影、计量、检验、医疗或外科用仪器及设备、精密仪器及设备；钟表；乐器；上述物品的零件、附件

第十九类　武器、弹药及其零件、附件

第二十类　杂项制品

第二十一类　艺术品、收藏品及古物

第二十二类　特殊交易品及未分类商品

第二十二类　特殊交易品及未分类商品

第四节　我国进出口商品归类的基本操作流程

商品归类是海关执行国家关税政策、贸易管制措施和编制海关进出口统计的基础。因此，正确进行商品归类在进出口货物的通关和海关监管中具有十分重要的意义。

为了规范进出口货物的商品归类，保证商品归类结果的准确性和统一性，根据《中华人民共和国海关法》、《中华人民共和国进出口关税条例》及其他有关法律、行政法规的规定，制定《中华人民共和国海关进出口货物商品归类管理规定》。

一 我国进出口商品归类的依据

商品归类是指在《商品名称及编码协调制度公约》商品分类目录体系下，按照我国相关法律、商品注释、海关总署发布行政裁定和归类决定的要求，确定进出口货物商品编码的活动。所以，我国进出口商品的归类的依据如下：①《中华人民共和国海关进出口税则》（简称《进出口税则》）；②《进出口税则商品及品目注释》（简称《商品及品目注释》）；③《中华人民共和国进出口税则本国子目注释》（简称《本国子目注释》）；④海关总署发布的关于商品归类的行政裁定；⑤海关总署发布的商品归类决定。

二 报关单位申报商品归类

为了规范进出口企业申报行为，提高申报数据质量，促进贸易便利化，海关总署制定了《中华人民共和国海关进出口商品规范申报目录》（以下简称《规范申报目录》）。《规范申报目录》按我国海关进出口商品分类目录的品目顺序编写的，并根据需要在品目级和子目级列出了申报要素。在报关时按有关法律法规以及海关要求如实、准确申报进出口货物的商品名称、规格型号等，对申报的进出口货物进行商品归类，确定相应的商品编码。

（一）进出口商品归类申报的状态

进出口货物的归类是按照货物报验时的状态确定的，因此报验状态的认定是正确进行商品归类的前提和基础。《中华人民共和国海关进出口货物商品归类管理规定》从两个方面对此予以了规范：一是实际状态。进出口货物的商品归类应当按照收发货人或者其代理人向海关申报时货物的实际状态确定。以提前申报方式进出口的货物，商品归类应当按照货物运抵海关监管场所时的实际状态确定。二是合并归类。由同一运输工具同时运抵同一口岸并且属于同一收货人、使用同一提单的多种进口货物，按照商品归类规则应当归入同一商品编码的，应视为同一报验状态，该收货人或者其代理人应当将有关商品一并归入该商品编码向海关申报。此外，法律、行政法规和海关总署规章对进出口货物的报验状态另有规定的，应按照有关规定办理。

(二) 进出口商品归类申报的要求

商品编码是报关单上的必填项目之一，也是直接决定进出口货物的税率及监管条件的申报内容，因此归类申报的真实性、准确性和规范性至关重要。《中华人民共和国海关进出口货物商品归类管理规定》对归类申报做出了相应要求：

一是如实、准确申报。收发货人或者其代理人应当按照法律、行政法规规定以及海关要求如实、准确申报其进出口货物的商品名称、规格型号等，并且对其申报的进出口货物进行商品归类，确定相应的商品编码。

二是提供有关资料。收发货人或者其代理人不得以商业秘密为由拒绝向海关提供资料，如果确实涉及商业秘密的，可通过事前书面申请的方式要求海关予以保密。

三是补充申报。由于报关单本身可填写的申报内容有限，因此，必要时，对一些较为复杂、需要较多资料说明才能满足归类需要的商品，则必须通过补充申报的方式来确保归类申报的完整性和准确性。

三　海关审核商品归类

海关应当依法对收发货人或者其代理人申报的进出口货物商品名称、规格型号、商品编码等进行审核。海关在审核收发货人或者其代理人申报的商品归类事项时，可以依照《海关法》和《关税条例》的规定行使下列权力，收发货人或者其代理人应当予以配合：①查阅、复制有关单证、资料；②要求收发货人或者其代理人提供必要的样品及相关商品资料；③组织对进出口货物实施化验、检验，并且根据海关认定的化验、检验结果进行商品归类。

海关可以要求收发货人或者其代理人提供确定商品归类所需的资料，必要时可以要求收发货人或者其代理人补充申报。收发货人或者其代理人隐瞒有关情况，或者拖延、拒绝提供有关单证、资料的，海关可以根据其申报的内容依法审核确定进出口货物的商品归类。

四　商品归类的修改

海关经审核认为收发货人或者其代理人申报的商品编码不正确的，可以根据《中华人民共和国海关进出口货物征税管理办法》有关规定，按照商品归类的有关规则和规定予以重新确定，并且根据《中华人民共和国海关进出口货物报关单修改和撤销管理办法》等有关规定通知收发货人或者其代理人对报关单进行修改、删除。

收发货人或者其代理人申报的商品编码需要修改的，应当按照进出口货物报关单修改和撤销的相关规定办理。

五 预归类

（一）定义

预归类是指在海关注册登记的进出口货物经营单位（以下简称申请人），可以在货物实际进出口的 45 日前，向直属海关申请就其拟进出口的货物预先进行商品归类。

（二）预归类申请条件

申请人提交的预归类申请，应当否符合以下条件：①申请人是在海关注册登记的进出口货物经营单位；②申请人能够提供所涉商品将在 45 日后实际进出口的证明资料，如真实有效的进出口合同等；③申请是向货物拟进出口所在地的直属海关提出；④《中华人民共和国海关商品预归类申请表》的填写规范完整，并提供资料足以说明申报情况，申请所附文件如为外文，申请人应当同时提供真实准确的中文译文。直属海关应当在收到预归类申请后审核确定是否受理，对不予受理的，应当在 3 个工作日内退回申请并向申请人说明原因。

（三）预归类的受理和决定

直属海关经审核认为申请预归类的商品归类事项属于《中华人民共和国海关进出口税则》、《进出口税则商品及品目注释》、《中华人民共和国进出口税则本国子目注释》以及海关总署发布的关于商品归类的行政裁定、商品归类决定有明确规定的，应当在接受申请之日起 15 个工作日内制发《中华人民共和国海关商品预归类决定书》（以下简称《预归类决定书》），并且告知申请人。

若直属海关经审核认为申请预归类的商品归类事项属于上述我国归类依据中没有明确规定的，应当在接受申请之日起 7 个工作日内告知申请人按照规定申请行政裁定。

（四）预归类的使用

申请人在制发《预归类决定书》的直属海关所辖关区进出口《预归类决定书》所述商品时，应当主动向海关提交《预归类决定书》，海关按照《预归类决定书》所确定的归类意见审核放行。《预归类决定书》内容存在错误的，做出《预归类决定书》的直属海关应当立即制发《中华人民共和国海关商品预归类决定书撤销通知单》（以下简称《通知单》），通知申请人停止使用该《预归类决定书》。做出《预归类决定书》所依据的有关规定发生变化导致有关的《预归类决定书》不再适用的，做出《预归类决定书》的直属海关应当制发《通知单》，或者发布公告，通知申请人停止使用有关的《预归类决定书》。

六　海关商品归类决定

（一）商品归类决定的来源

商品归类决定包括商品归类决定失效、撤销商品归类决定，都应由海关总署对外公布。商品归类决定来源于海关总署及其授权机构在处理海关内部疑难问题或监控过程中发现需要公开统一规范的商品归类问题，或是海关总署转发的中国海关协调制度商品归类技术委员会做出的商品归类意见和世界海关组织协调制度委员会做出的商品归类决定，以及其他海关总署认为需要做出商品归类决定的情形。

（二）商品归类决定的效力

商品归类决定由海关总署对外公布生效。进出口相同货物，应当适用相同的商品归类决定，归类决定具有普遍约束力，属于法律的补充。做出商品归类决定所依据的法律、行政法规以及其他相关规定发生变化的，商品归类决定同时失效，并由海关总署对外公布。归类决定存在错误的，由海关总署予以撤销，并由海关总署对外公布。被撤销的商品归类决定自撤销之日起失效。

（三）预归类、商品归类行政裁定以及商品归类决定的主要区别

预归类、商品归类行政裁定以及商品归类决定的主要区别见表7—2。

表 7-2　预归类、商品归类行政裁定以及商品归类决定对比表

	启动人	内容性质	决定人	适用对象	适用范围
预归类	管理相对人	有明确规定	直属海关	申请人	做出预归类决定的直属海关关区
商品归类行政裁定	管理相对人	无明确规定	海关总署或其授权机构	所有管理相对人	关境内统一适用
商品归类决定	海关	有明确规定/无明确规定	海关总署或其授权机构	所有管理相对人	关境内统一适用

因商品归类引起退税或者补征、追征税款以及征收滞纳金的，按照有关法律、行政法规以及海关总署规章的规定办理。

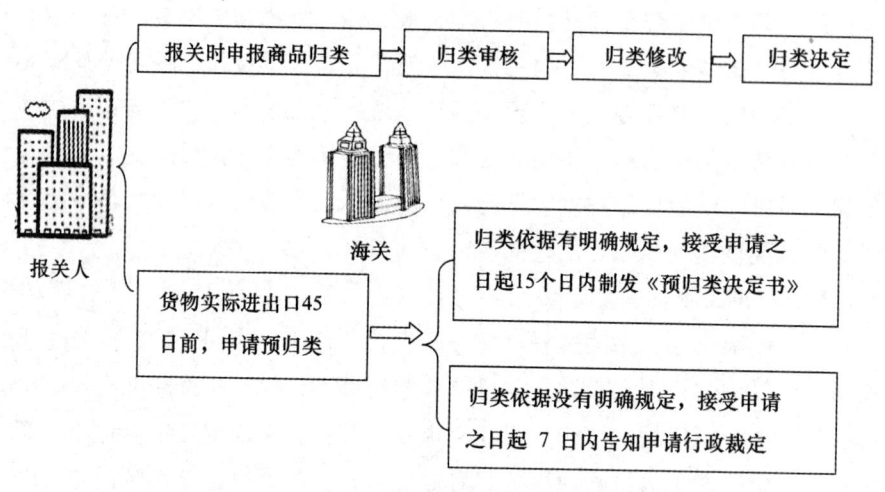

报关人 → 报关时申报商品归类 → 归类审核 → 归类修改 → 归类决定

货物实际进出口45日前，申请预归类

海关

归类依据有明确规定，接受申请之日起15个日内制发《预归类决定书》

归类依据没有明确规定，接受申请之日起 7 日内告知申请行政裁定

图 7-2　我国进出口商品归类的基本操作流程

式样表 7-1

中华人民共和国海关商品预归类申请表

（　）关预归类申请＿＿＿＿＿＿号

申请人：

企业代码：

通讯地址：

联系电话：

商品名称（中、英文）：

其他名称：

商品描述（规格、型号、结构原理、性能指标、功能、用途、成分、加工方法、分析方法等）：

进出口计划（进出口日期、口岸、数量等）：

随附资料清单（有关资料请附后）：

此前如就相同商品持有海关商品预归类决定书的，请注明决定书编号：

申请人（章）： 年　月　日	海关（章）： 签收人： 接受日期：　　年　月　日

注：1. 填写此申请表前应阅读《中华人民共和国进出口货物商品归类管理规定》；
　　2. 本申请表一式两份，申请人和海关各一份；
　　3. 本申请表加盖申请人和海关印章方为有效。

式样表 7-2

中华人民共和国海关商品预归类决定书

（　）关预归类书号

申请人：

企业代码：

通讯地址：

联系电话：

商品名称（中、英文）：

其他名称：

申请表编号：（　）关预归类申请_____号受理日期：　　年　　月　　日

此前就相同商品持有海关商品预归类决定书的，请注明决定书编号：

商品描述：

商品归类编码：	海关（章）： 年　月　日

注：1. 本决定书一式两份，申请人和海关各一份；
　　2. 本决定书加盖海关印章有效；
　　3. 本决定书涂改无效。

式样表 7-3

中华人民共和国海关商品预归类决定书撤销通知单

　　_____单位（公司）：

　　根据《中华人民共和国海关进出口货物商品归类管理规定》的规定，海关现通知你单位（公司），由于_____调整的原因，_____商品预归类决定书撤销。你单位（公司）应当停止使用上述预归类决定书进行申报，并且可以依照《中华人民共和国海关进出口货物商品归类管理规定》的规定到相关海关另行申请预归类。

海关（章）

_____年_____月_____日

本 章 小 节

　　本章着重讲述商品归类即《协调制度》的产生、发展、归类总规则及其在我国的应用。商品分类源于国际贸易中对于众多商品的税收和统计需要，而《协调制度》是指世界海关组织（WCO）主持制定的商品分类目录体系，是顺应国际贸易实践需要而产生的一种国际公约性质的商品分类标准，被称为国际贸易商品分类的一种"标准语言"。从总体结构上讲，《协调制度》目录与《海关合作理事会商品分类目录》基本一致，它将国际贸易涉及的各种商品按照生产部类、自然属性和不同功能用途等分为21类、97章。

　　归类总规则是为保证每一个商品，甚至是层出不穷的新商品都能始终归入同一个品目或子目，避免商品归类的争议而制定的商品归类应遵循的原则。归类总规则位于《协调制度》的部首，共由六条构成，它们是指导并保证商品归类统一的法律依据。

　　我国的海关进出口商品分类目录是指根据海关征税和海关统计工作的需要，分别编制的《中华人民共和国海关进出口税则》和《中华人民共和国海关统计商品目录》。这两个分类目录品目号列在第 1—97 章。在我国，商品归类的基本流程是进出口货物收发货人进出口时先申报归类、然后是归类审核、归类修改和归类决定。

练习题

一、单选题

1. 对商品进行归类时，品目条文所列的商品，应包括该项商品的非完整品或未制成品，只要进口或出口时，这些非完成品或未制成品具有完整品或制成品的（　　）。

　　A. 基本功能　　　　　　B. 相同用途

　　C. 基本特征　　　　　　D. 核心组成部件

2. 解决商品归类的具有法律效力的依据有：归类总则、类注、章注、子目注释。它们的优先顺序是（　　）。

　　A. 子目注释—章注—类注—归类总则

　　B. 归类总则—类注—章注—子目注释

　　C. 类注—章注—子目注释—归类总则

　　D. 章注—子目注释—类注—归类总则

二、多选题

1. 下列货品属于 HS 归类总规则中所规定的"零售的成套货品"的是（　　）。

　　A. 一个礼盒，内有咖啡一瓶、咖啡伴侣一瓶、塑料杯子两只

　　B. 一个礼盒，内有一瓶白兰地酒、一只打火机

　　C. 一个礼盒，内有一包巧克力、一个塑料玩具

　　D. 一碗方便面，内有一块面饼、两包调味品、一把塑料小叉

本章实训

进出口货物商品归类的操作

1. 对于进出口商品，确定品目（4 位数级编码）

明确待归类商品的特征，查阅类、章标题，列出可能归入的章标题，

查阅相应章中品目条文和注释，如可见该商品则确定品目；如无规定则运用归类总规则二至五确定品目。

2. 对于进出口商品，确定子目（5—8位数级编码）

查阅所属品目的一级子目条文和适用的注释，如可见该商品则确定一级子目（5位数级）；如无规定则运用作适当修改后的归类总规则，二至五确定一级子目；依次重复上述程序，确定6、7、8位数级子目，最终完成归类。

第八章

进出口货物报关单的填制

学习目标

1. 熟悉报关单的含义、内容和填制的基本要求。
2. 掌握报关单各个栏目的填写方法。
3. 熟悉进出口货物报关单填制中常用代码表。
4. 掌握报关所需各项单证填制的基本技能。

第一节 进出口货物报关单概述

进出口货物报关单及其他进出境报关单（证）在对外经济贸易活动中具有十分重要的法律效力，是货物的收发货人向海关报告其进出口货物实际情况及适用海关业务制度、申请海关审查并放行货物的必备法律文书。它既是海关对进出口货物进行监管、征税、统计以及开展稽查、调查的重要依据，又是出口退税和外汇管理的重要凭证，也是海关处理进出口货物走私、违规案件及税务、外汇管理部门查处骗税、逃套汇犯罪活动的重要凭证。

我国对报关单的填制制定了具体的规范条例，具体参照海关总署第218号令《中华人民共和国海关进出口货物申报管理规定》和《中华人民共和国海关进出口货物报关单填制规范》（简称《报关单填制规范》）的要求。其中《报关单填制规范》近年经过了多次修改，包括海关总署公告2008年第52号（关于再次修订《中华人民共和国海关进出口货物报关单填制规范》)、海关总署公告 2009 年第 6 号（关于修订进出口货报关单的填制要求）、海关总署公告 2013 年第 30 号（关于修改进出口货物报关单填制规范）和海关总署公告 2014 年第 15 号（《关于中华人民共和国海关进出口报关单填制规范的公告》)。

本章采用最新的规范条例，介绍纸质进出口货物报关单各栏目填制的基本要求及应注意的事项。

一 报关单定义

进出口货物报关单是指进出口货物的收发货人或其代理人，按照海关规定的格式对进出口货物的实际情况做出的书面申明，以此要求海关对其货物按适用的海关制度办理报关手续的法律文书。中华人民共和国出口货物报关单样本见式样表 8-1，中华人民共和国进口货物报关单样本见式样表 8-1。

二 报关单的分类

按货物的进出口状态、表现形式、贸易性质和海关监管方式的不同，进出口货物报关单可分为以下几种类型。

（一）按进出口货物流向分类

1. 进口货物报关单；
2. 出口货物报关单。

（二）按介质分类

1. 纸质报关单；
2. 电子数据报关单。

（三）按海关监管方式分类

1. 进料加工进（出）口货物报关单；
2. 来料加工及补偿贸易进（出）口货物报关单；
3. 一般贸易及其他贸易进（出）口货物报关单。

三 进出口货物报关单各联的用途

纸质进口货物报关单一式四联，分别是：海关作业联、企业留存联、海关核销联、进口付汇证明联；纸质出口货物报关单一式五联，分别是：

海关作业联、企业留存联、海关核销联、出口收汇证明联、出口退税证明联。

（一）进出口货物报关单海关作业联

进出口货物报关单海关作业联是报关员配合海关查验、缴纳税费、提取或装运货物的重要单据，也是海关查验货物、征收税费、编制海关统计以及处理其他海关事务的重要凭证。

（二）进口货物报关单付汇证明联、出口货物报关单收汇证明联

进口货物报关单付汇证明联和出口货物报关单收汇证明联，是海关对已实际进出境的货物所签发的证明文件，是银行和国家外汇管理部门办理售汇、付汇和收汇及核销手续的重要依据之一。

（三）进出口货物报关单加工贸易核销联

进出口货物报关单海关核销联是指接受申报的海关对已实际申报进口或出口的货物所签发的证明文件，是海关办理加工贸易合同核销、结案手续的重要凭证。加工贸易的货物进出口后，申报人应向海关领取进出口货物报关单海关核销联，并凭以向主管海关办理加工贸易合同核销手续。该联在报关时与海关作业联一并提供。

（四）出口货物报关单出口退税证明联

出口货物报关单出口退税证明联是海关对已实际申报出口并已装运离境的货物所签发的证明文件，是国家税务部门办理出口货物退税手续的重要凭证之一。对可办理出口退税的货物，出口货物发货人或其代理人应当在载运货物的运输工具实际离境，海关办理结关手续后，向海关申领出口货物报关单出口退税证明联，有关出口货物发货人凭以向国家税务管理部门申请办理出口货物退税手续。对不属于退税范围的货物，海关均不予签发该联。

出口退税报关单证明联因遗失、损毁申请补签，出口货物的发货人、受委托的报关企业应当自原出口退税报关单签发日起 1 年内向海关书面申请，随附主管其出口退税的地（市）国家税务局签发的"关于申请出具（补办报关单）证明"及有关证明材料，经海关审核同意后，可予以补签，并在出口退税专用报关单上注明"补签"字样。

出口货物退运进境，报关单位应向海关出具主管其出口退税的地（市）国家税务局签发的"出口商品退运已补税证明"，证明其货物未办

理出口退税或所退税款已退回税务机关，海关方予以办理该批货物的退运手续。

四　进出口货物报关单填制的一般要求及报关单的法律效力

（一）海关对进出口货物报关单填制的一般要求

进出境货物的收发货人或其代理人向海关申报时，必须填写并向海关递交进出口货物报关单。以下为进出口货物报关单填制时必须遵守的要求：①报关人必须按照《海关法》、《货物申报管理规定》和《报关单填制规范》的有关规定和要求，向海关如实申报。②报关单的填报必须真实，做到"两个相符"：一是单证相符，即所填报关单各栏目的内容必须与合同、发票、装箱单、提单以及批文等随附单据相符；二是单货相符，即所填报关单各栏目的内容必须与实际进出口货物的情况相符，不得伪报、瞒报、虚报。③报关单的填报要准确、齐全、完整、清楚，报关单各栏目内容要逐项详细准确填报，字迹清楚、整洁、端正，不得用铅笔或红色复写纸填写；若有更正，必须在更正项目上加盖校对章。④不同批文或许可证以及不同合同的货物、同一批货物中不同贸易方式的货物、不同备案号的货物、不同提运单的货物、不同征免性质的货物、不同运输方式或相同运输方式但不同航次以及不同运输工具名称的货物等，均应分单填报。一份原产地证书只能对应一份报关单。同一份报关单上的商品不能同时享受协定税率和减免税。在一批货物中，对于实行原产地证书联网管理的，如涉及多份原产地证书或含非原产地证书商品，亦应分单填报。⑤在反映进出口商品情况的项目中，须分项填报的主要有下列几种情况：商品编号不同的；商品名称不同的；原产国（地区）/最终目的国（地区）不同的。⑥已向海关申报的进出口货物报关单，如原填报内容与实际进出口货物不一致而又有正当理由的，申报人应向海关递交书面更正申请，经海关核准后，对原填报的内容进行更改或撤销。

（二）报关单的法律效力

《中华人民共和国海关法》第二十四条、第二十五条、第二十六条规定："进口货物的收货人、出口货物的发货人应当向海关如实申报，交验进出口许可证件和有关单证。"同时，在"办理进出口货物的海关申报手续，应当采用纸质报关单和电子数据报关单的形式"。"海关接受申报后，报关单证及其内容不得修改或者撤销,但符合海关规定情形的除外。"因此,申报人在填制报关单时,应当依法如实向海关申报,对申报内容的真实性、准确性、完整性和规范性承担相应的法律责任。

第二节 进出口货物报关单表头各栏目的填报

进出口货物报关单表头部分有 31(包括预录入编号和海关编号)个栏目,下面分别讲述。

一 预录入编号和海关编号

(一)含义

预录入编号指申报单位或预录入单位对该单位填制录入的报关单的编号,用于该单位与海关之间引用其申报后尚未接受申报的报关单。预录入编号规则由接受申报的海关决定,由计算机自动打印。

(二)填报要求

海关编号是指海关接受申报时给予报关单的 18 位顺序编号。一份报关单对应一个海关编号。海关编号由各直属海关在接受申报时确定,并标示在报关单的每一联上。

海关编号对进口和出口报关单分别编号,确保在同一公历年度内,能按照不同的进出口状态唯一地标识某个关区的每一份报关单。报关单海关编号为 18 位,其中第 1—4 位为接受申报海关的编号(海关规定的《关区代码表》中相应海关代码),第 5—8 位为海关接受申报的公历年份,第 9 位为进出口标志("1"为进口,"0"为出口;集中申报清单"I"为进口,"E"为出口),第 10—18 位为报关单顺序编号(见表 8-1)。

表 8-1　　　　　　　　海关编号案例

9501	2013	0	027514049
兰州海关	年份	出口	报关单顺序编号

一般来说，海关编号就是预录入编号，由计算机自动打印，不需要填写。

二　进（出）口口岸

（一）含义

进（出）口口岸亦称关境口岸，本指国家对外开放的港口及边界关口，具体而言是指设在一国关境内的对外开放的国际运输港口、国际民航航空站（港）、国际运输铁路车站、国际邮件交换局（交换站）、跨国（境）输出输入管道（线、网络），以及位于关界的国际运输公路通道等经一国（地区）政府批准的进出境地点。但在进出口货物报关单中，进口口岸和出口口岸特指海关名称。

（二）填报要求

1. 一般情况下，本栏目应根据货物实际进出境的口岸海关，填报海关规定的《关区代码表》中相应口岸海关的名称及代码。

口岸海关名称及代码指国家正式对外公布并已编入海关"关区代码表"的海关的中文名称及四位代码。出口货物报关单的"出口口岸"栏，应填报货物实际运出我国关境的口岸海关的名称及代码，如货物由上海吴淞港出境，"出口口岸"栏申报为"吴淞海关"+"2202"；若"关区代码表"中只有直属海关关别及代码的，填报直属海关名称及代码，如西宁海关，应填为"9701"。

2. 特殊情况下，"进口口岸"栏或"出口口岸"栏按以下方式填报：①进口转关运输货物应填报货物进境地海关名称及代码，出口转关运输货物应填报货物出境地海关名称及代码。按转关运输方式监管的跨关区深加工结转货物，出口报关单填报转出地海关名称及代码，进口报关单填报转入地海关名称及代码。②在不同海关特殊监管区域或保税监管场所之间调拨、转让的货物，填报对方特殊监管区域或保税监管场所所在的海关名称及代码。③其他无实际进出境的货物，填报接受申报的海关名称及代码。

三　备案号

（一）含义

备案号是指进出口货物收发货人在海关办理加工贸易合同备案或征、减、免税备案审批等手续时，海关核发的《中华人民共和国海关加工贸易手册》、电子账册及其分册（以下统称《加工贸易手册》）、《进出口货物征免税证明》（以下简称《征免税证明》）或其他备案审批文件的编号。备案号的字头为备案或审批文件的标记，如表8-2所列。

表8-2　　　　　　　　　备案号首位代码含义

首位代码	备案审批文件	首位代码	备案审批文件
B	加工贸易手册（来料加工）	RZ	减免税进口货物结转联系函
C	加工贸易手册（进料加工）	H	出口加工区电子账册
D	加工贸易不作价设备	J	保税仓库记账式电子账册
E	加工贸易电子账册	K	保税仓库备案式电子账册
F	加工贸易异地报关分册	Y	原产地证书
G	加工贸易深加工结转异地报关分册	Z	征免税证明
RT	减免税进口货物同意退运证明	RB	减免税货物补税通知书

（二）填报要求

1. 一份报关单只允许填报一个备案号。无备案审批文件的报关单，本栏目免予填报。

2. 备案号的标记码必须与"贸易方式"、"征免性质"、"征免"、"用途"及"项号"等栏目相协调。

3. 进出口货物报关单的"贸易方式"栏为下列表中的监管方式（部分）时，"备案号"栏应填报与其相应的编号，不得为空。

4. 进出口货物报关单的"征免性质"栏为下列表中的征免性质时，"备案号"栏应填相应的编号，不得为空。

5. 加工贸易项下货物，除少量低值辅料按规定不使用《加工贸易手册》及以后续补税监管方式办理内销征税的外，填报《加工贸易手册》编号。使用异地直接报关分册和异地深加工结转出口分册在异地口岸报关的，本栏目应填报分册号；本地直接报关分册和本地深加工结转分册限制在本地报关，本栏目应填报总册号。加工贸易成品凭《征免税证明》转为减免税进口货物的，进口报关单填报《征免税证明》编号，出口报关单填报《加工贸易手册》编号。对加工贸易设备之间的结转，转入和转出企业分别填制进、出口报关单，在报关单"备案号"栏目填报《加工贸易手册》编号。

6. 涉及征、减、免税备案审批的报关单，填报《征免税证明》编号。

7. 涉及优惠贸易协定项下实行原产地证书联网管理（香港 CEPA、澳门 CEPA，下同）的报关单，填报原产地证书代码"Y"和原产地证书编号。

8. 减免税货物退运出口，填报《减免税进口货物同意退运证明》的编号；减免税货物补税进口，填报《减免税货物补税通知书》的编号；减免税货物结转进口（转入），填报《征免税证明》的编号；相应的结转出口（转出），填报《减免税进口货物结转联系函》的编号。

9. 涉及构成整车特征的汽车零部件的报关单，填报备案的 Q 账册编号。

四 进口日期/出口日期

（一）含义

1. 进口日期

进口日期是指运载所申报进口货物的运输工具申报进境的日期。"进口日期"栏填报的日期必须与运载所申报货物的运输工具申报进境的实际日期一致。

2. 出口日期

出口日期是指运载所申报出口货物的运输工具办结出境手续的日期。

（二）填报要求

日期均为 8 位数字，顺序为年（4 位）、月（2 位）、日（2 位）。例如，2013 年 8 月 10 日申报进口一批货物，运输工具申报进境日期为 8 月 8 日，"进口日期"栏填报为："20130808"。进口货物收货人或其代理人在进口申报时无法确知相应的运输工具的实际进境日期时，"进口日期"栏允许为空。进口货物收货人或其代理人未申报进口日期，或申报的进口日期与运输工具负责人或其代理人向海关申报的进境日期不符的，应以运输工具申报进境的日期为准。"出口日期"以运载出口货物的运输工具实际离境日期为准。因本栏供海关打印报关单证明联用，可免予填报。对于无实际进出境的货物，报关单"进（出）口日期"栏应填报向海关办理申报手续的日期，以海关接受申报的日期为准。对集中申报的报关单，进口日期以海关接受报关申报的日期为准。

五　申报日期

申报日期是指海关接受进出口货物的收发货人或受其委托的报关企业向海关申报货物进出口的日期。

以电子数据报关单方式申报的，申报日期为海关计算机系统接受申报数据时记录的日期。以纸质报关单方式申报的，申报日期为海关接受纸质报关单并对报关单进行登记处理的日期。本栏目在申报时免予填报。

六　经营单位

（一）含义

经营单位是指经国家外经贸主管部门及其授权部门核准，并已在海关注册登记，有权在一定的范围内从事对外经济贸易进出口经营活动的法人、其他组织和个人。

进出口货物报关单中的经营单位专指对外签订并执行进出口贸易合同的我国境内企业、单位或者个人的名称及海关注册编码，两者缺一不可，必须同时填写。

（二）海关注册编码规则

1. 海关注册编码

由于海关对报关企业采用注册登记制度，这里的经营单位编码指经营单位向所在地主管海关办理注册登记手续时，海关为之设置的注册登记编码。该编码为10位数字或者字母组成，是报关单位通关和海关统计的重要标志。海关对报关单位的注册编码管理范围，包括进出口货物收发货人、报关企业、加工生产企业和临时注册登记企业。

2. 编码结构

例如，宏达有限责任公司的经营单位编码为4401423303，现将其编码结构分析如下（见表8-3）：

表8-3 经营编码的结构

44	01	4	2	3303
省、自治区、直辖市的行政区划代码	省辖市（地区、省直辖行政单位）的行政区划代码	第5位数为市内经济区划代码	第6位数为进出口企业经济类型代码	第7—10位数为顺序编号
第1—4位数为进出口单位属地的行政区划代码				
前五位的内容可以在《国内地区代码表》中查询			第6位在《企业性质代码表》中查询	

（1）第1—4位数为进出口单位属地的行政区划代码，其中第1、第2位数表示省、自治区、直辖市；第3、第4位数表示省辖市（地区、省直辖行政单位）。如：北京市西城区1102、广州市4401；如果第3、第4位用"90"的，则表示未列名的省直辖行政单位。

（2）第5位数为市内经济区划代码：①"1"表示经济特区（深圳特区可用"0"）；②"2"表示经济技术开发区和上海浦东新区、海南洋浦经济开发区；③"3"表示高新技术产业开发区；④"4"表示保税区；⑤"5"表示出口加工区；⑥"6"表示保税港区，包括已被整合到综合保税区或保税港区内的出口加工区、保税物流园区、保税区或保税物流中心；⑦"7"表示保税物流园区；⑧"9"表示其他。

（3）第6位数为进出口企业经济类型代码：①"1"表示有进出口经营权的国有企业；②"2"表示中外合作企业；③"3"表示中外合资企业；④"4"表示外商独资企业；⑤"5"表示有进出口经营权的集体企业；⑥"6"表示有进出口经营权的私营企业；⑦"7"表示有进出口经营权的个体工商户；⑧"8"表示有报关权而没有进出口经营权的企业；⑨"9"表示其他，包括外国驻华企事业机构、外国驻华使领馆和临时进出口货物的企业、单位和个人等。

（4）第7—10位数为顺序编号。

根据以上的分析，可以判断宏达有限责任公司是广州保税区的中外合作企业。

（三）填报要求

1. "经营单位"栏应填报经营单位的中文名称及编码。只填报经营单位中文名称或经营单位10位数编码都是错误的。承上例，经营单位为A企业（4401423303），在"经营单位"栏，正确的填报格式为："A企业4401423303"，错误的填报格式为："A企业"或"4401423303"。

2. 有代理报关资格的报关企业代理其他进出口企业办理进出口报关手续时，填报委托的进出口企业的名称及海关注册编码。

3. 进出口企业之间相互代理进出口，或没有进出口经营权的企业委托有进出口经营权的企业代理进出口的，"经营单位"栏填报代理方中文名称及编码。

4. 外商投资企业委托外贸企业进口投资总额以内设备、物品的（监管方式为合资合作设备"2025"、外资设备物品"2225"），"经营单位"栏填报外商投资企业的中文名称及编码，并在"标记唛码及备注"栏注明"委托××公司进口"。

七 运输方式

（一）含义

运输方式包括实际运输方式和海关规定的特殊运输方式，前者指货物实际进出境的运输方式，按进出境所使用的运输工具分类；后者指货物无实际进出境的运输方式，按货物在境内的流向分类。本栏目应根据货物实际进出境的运输方式或货物在境内流向的类别，按照海关规定的《运输方式代码表》选择填报相应的运输方式。

（二）海关规定的运输方式

海关规定的运输方式可分为两大类：实际运输方式和特殊运输方式。

1. 实际运输方式

海关规定的实际运输方式专指用于载运货物实际进出关境的运输方式，按进出境所使用的运输工具分类，主要有：①水路运输：指利用船舶在国内外港口之间，通过固定的航区和航线进行货物运输的一种方式。凡是以海洋运输、近海运输、沿海运输或内河运输的货物，均应按此项填报。②铁路运输：指利用铁路承担进出口货物运输的一种方式。③公路运输：指利用汽车承担进出口货物运输的一种方式。④航空运输：指利用航空器承担进出口货物运输的一种方式。⑤邮件运输：指通过邮局寄运货物进出口的一种方式。⑥其他运输：主要指采用人力、畜力、输油管道、输水管道、输送带和输电网络等方式输送进出口货物的运输方式。

海关规定的实际运输方式用于载运实际进出关境的货物。进境货物的运输方式，按货物运抵我国关境第一个口岸时的运输方式填报；出境货物的运输方式，按货物运离我国关境最后一个口岸时的运输方式填报。

2. 特殊运输方式

海关规定的特殊运输方式仅指没有实际进出境的运输方式，按货物在境内的流向分类，包括以下10种情况：①境内非保税区运入保税区货物和保税区退区的；②境内存入出口监管仓库和出口监管仓库退仓的；③保税区运往境内非保税区的；④保税仓库转内销的；⑤出口加工区与境内区外之间进出的；⑥从境内保税物流中心外运入保税物流中心或从保税物流中心运往境内非保税物流中心的；⑦从境内（指国境内特殊监管区域之外）运入保税物流园区或从保税物流园区运往境内的；⑧从保税港区（不包括直通港区）运往境内区外和境内区外运入保税港区的；⑨从境内运入边境特殊海关作业区的；⑩其他没有实际进出境的。

（三）填报要求

特殊情况填报要求如下：①非邮件方式进出境的快递货物，按实际运输方式填报；②进出境旅客随身携带的货物，按旅客所乘运输工具填报；③进口转关运输货物，按载运货物抵达进境地的运输工具填报；出口转关运输货物，按载运货物驶离出境地的运输工具填报；④不复运出（入）境而留在境内（外）销售的进出境展览品、留赠转卖物品等，填报"其他运输"（代码9）。

八　运输工具名称

（一）含义

运输工具是指从事国际（地区）间运营业务进出关境和境内载运海关监管货物的工具。本栏目填报载运货物进出境的运输工具名称或编号。填报内容应与运输部门向海关申报的舱单（载货清单）所列相应内容一致。

（二）运输工具名称填报要求

具体填报要求如下：

1. 直接在进出境地或采用"属地申报，口岸验放"通关模式办理报关手续的报关单填报要求如下：①水路运输：填报船舶编号（来往港澳小型船舶为监管簿编号）或者船舶英文名称。②公路运输：填报该跨境运输车辆的国内行驶车牌号，深圳提前报关模式的报关单填报国内行驶车牌号+"/"+"提前报关"。③铁路运输：填报车厢编号或交接单号。④航空运输：填报航班号。⑤邮件运输：填报邮政包裹单号。⑥其他运输：填报具体运输方式名称，例如管道、驮畜等。

2. 采用"集中申报"通关方式办理报关手续的，报关单本栏目填报"集中申报"。

3. 无实际进出境的报关单，本栏目免予填报。

（三）航次号的填报要求

具体填报要求如下：

1. 直接在进出境地或采用"属地申报，口岸验放"通关模式办理报关手续的报关单。①水路运输：填报船舶的航次号。②公路运输：填报运输车辆的8位进出境日期［顺序为年（4位）、月（2位）、日（2位），下同］。③铁路运输：填报列车的进出境日期。④航空运输：免予填报。⑤邮件运输：填报运输工具的进出境日期。⑥其他运输方式：免予填报。

2. 无实际进出境的报关单，本栏目免予填报。

3. 本栏目纸质报关单填报格式要求

①水路运输填报船舶英文名称（来往港澳小型船舶为监管簿编号）或者船舶编号+"/"+航次号，即运输工具名称+"/"+航次号。例如，"HANSA STAVANGER"号轮 HV300W 航次，在"运输工具名称"栏填报为："HANSA STAVANGER/HV300W"。②公路运输填报该跨境运输车辆的国内行驶车牌号+"/"+进出境日期［8位数字，顺序为年（4位）、月（2位）、日（2位），下同］。③铁路运输填报车厢编号或交接单号+"/"+进出境日期。④航空运输填报航班号。⑤邮件运输填报邮政包裹单号+"/"+进出境日期。⑥其他运输填报具体运输方式名称，例如，管道、驮畜等。⑦本栏目填报的内容必须与舱单电子数据一致。

九 提运单号

（一）含义

提运单号是指进出口货物提单或运单的编号，该编号必须与运输部门向海关提供的载货清单所列相应内容一致（包括数码、英文大小写、符号、空格等）。进出口货物报关单所列的"提运单号"栏，主要是填报这些运输单证的编号。

1. 提单（海运提单）号

提单是货物承运人或其代理人，在收到货物后签发给托运人的一种证件。

提单号是指水路运输的承运人编排的号码，便于承运人通知、查阅和处理业务。提单号一般在提单的右上角。

2. 运单号

运单是货物运单的简称，是货物运输的承运人签发的承认收到货物并同意负责运送至目的地的凭证，同时也是规定托运和承运双方权利和义务的一种契约。运单主要包括火车和航空器运输的货物运单。

3. 海运单号

海运单，是证明海上运输合同和货物由承运人接管或装船，以及承运人保证据以将货物交付给单证所载明的收货人的一种不可流通的单证，因此又称"不可转让海运单"。海运单号是指海运单的承运人编排的号码。

（二）填报要求

1. 直接在进出境地或采用"属地申报，口岸验放"通关模式办理报关手续的情形

（1）水路运输：填报进出口提单号。如有分提单的，填报进出口提单号+"*"+分提单号。（2）公路运输：免予填报。（3）铁路运输：填报运单号。（4）航空运输：填报总运单号+"_"+分运单号，无分运单的填报总运单号。（5）邮件运输：填报邮运包裹单号。

2. 转关运输货物的报关单

（1）进口：①水路运输：直转、中转填报提单号。提前报关免予填报。②铁路运输：直转、中转填报铁路运单号。提前报关免予填报。③航

空运输：直转、中转货物填报总运单号+"_"+分运单号。提前报关免予填报。④其他运输方式：免予填报。⑤以上运输方式进境货物，在广东省内用公路运输转关的，填报车牌号。

（2）出口：①水路运输：中转货物填报提单号；非中转货物免予填报；广东省内汽车运输提前报关的转关货物，填报承运车辆的车牌号。②其他运输方式：免予填报。广东省内汽车运输提前报关的转关货物，填报承运车辆的车牌号。

3. 采用"集中申报"通关方式办理报关手续的情形

报关单填报归并的集中申报清单的进出口起止日期［按年（4位）月（2位）日（2位）年（4位）月（2位）日（2位）］。如2013年1月15日至2013年2月4日，应填报为：2013011520130204。

4. 无实际进出境的，本栏目免予填报。

十　收货单位/发货单位

（一）含义

1. 收货单位是指已知的进口货物在境内的最终消费、使用单位，包括自行从境外进口货物的单位、委托进出口企业进口货物的单位等。

2. 发货单位是指出口货物在境内的生产或销售单位，包括自行出口货物的单位、委托进出口企业出口货物的单位等。

（二）填报要求

1. 收货单位填报已知的进口货物在境内的最终消费、使用单位的名称，包括：①自行从境外进口货物的单位；②委托进出口企业进口货物的单位。

2. 发货单位填报出口货物在境内的生产或销售单位的名称，包括：①自行出口货物的单位；②委托进出口企业出口货物的单位。

3. 收、发货单位已在海关注册登记的，本栏目应填报其中文名称及海关注册编码；未在海关注册登记的，本栏目应填报其中文名称及组织机构代码；未在海关注册登记且没有组织机构代码的，本栏目应填报NO。使用《加工贸易手册》管理的货物，报关单的收、发货单位应与《加工贸易手册》的"经营企业"或"加工企业"一致；减免税货物报关单的收、发货单位应与《征免税证明》的"申请单位"一致。[①]

十一 贸易方式（监管方式）

（一）含义

进出口货物报关单上所列的贸易方式专指以国际贸易中进出口货物的交易方式为基础，结合海关对进出口货物监督管理综合设定的对进出口货物的管理方式，即海关监管方式。监管方式代码为4位数字。前两位按照海关监管业务分类，例如02—08、44、46表示加工贸易货物，11—12表示保税仓储、转口货物，20—22表示外商投资企业进口货物，45表示退运货物，50—53表示特殊区域货物。后两位以海关统计方式为基础分类，其中10—39表示列入海关贸易统计，41—66表示列入单项统计；00表示不列入海关贸易统计和单项统计。

（二）填报要求

本栏目应根据实际对外贸易情况按海关规定的《监管方式代码表》选择填报相应的监管方式简称及代码。

一份报关单只允许填报一种监管方式。

十二 征免性质

（一）含义

征免性质是指海关根据《海关法》、《关税条例》及国家有关政策对进出口货物实施的征、减、免税管理的性质类别。

（二）填报要求

本栏目应根据实际情况按海关规定的《征免性质代码表》选择填报相应的征免性质简称及代码，持有海关核发的《征免税证明》的，应按照《征免税证明》中批注的征免性质填报。

一份报关单只允许填报一种征免性质。

加工贸易货物报关单应按照海关核发的《加工贸易手册》中批注的征免性质简称及代码填报。特殊情况填报要求如下：①保税工厂经营的加

[①] 海关总署公告2013年第30号《关于修改进出口货物报关单填制规范》，2013年7月1日起生效。

工贸易，根据《加工贸易手册》填报"进料加工"或"来料加工"。②外商投资企业为加工内销产品而进口的料件，属非保税加工的，填报"一般征税"或其他相应征免性质。③加工贸易转内销货物，按实际情况填报（如一般征税、科教用品、其他法定等）。④料件退运出口、成品退运进口货物填报"其他法定"（代码0299）。⑤加工贸易结转货物，本栏目免予填报。

十三 征税比例/结汇方式

（一）含义

征税比例用于原"进料非对口"贸易方式下进口料件的进口报关单。结汇方式是指出口货物的发货人或其代理人收结外汇的方式。

（二）填报要求

出口报关单填报结汇方式，按照海关规定的"结汇方式代码表"选择填报相应的结汇方式名称或代码。出口货物报关单"结汇方式"栏不得为空。出口货物不需结汇的，应填报"其他"。进口报关单本栏目免予填报。

十四 许可证号

（一）含义

许可证号是指商务部配额许可证事务局及其授权的部门签发的进出口许可证编号。本栏目填报以下许可证的编号：进（出）口许可证、两用物项和技术进（出）口许可证、两用物项和技术出口许可证（定向）、纺织品临时出口许可证、出口许可证（加工贸易）、出口许可证（边境小额贸易）。

（二）填报要求

一份报关单只允许填报一个许可证号。非许可证管理商品本栏目为空。

十五 起运国（地区）/运抵国（地区）

（一）含义

起运国（地区）是指进口货物起始发出直接运抵我国的国家或地区，

或者在运输中转国（地区）未发生任何商业性交易的情况下运抵我国的国家或地区。运抵国（地区）是指出口货物离开我国关境直接运抵的国家或地区，或者在运输中转国（地区）未发生任何商业性交易的情况下最后运抵的国家或地区。

（二）填报要求

本栏目应按海关规定的《国别（地区）代码表》选择填报相应的起运国（地区）或运抵国（地区）中文名称及代码。不经过第三国（地区）转运的直接运输进出口货物，以进口货物的装货港所在国（地区）为启运国（地区），以出口货物的指运港所在国（地区）为运抵国（地区）。经过第三国（地区）转运的进出口货物，如在中转国（地区）发生商业性交易，则以中转国（地区）作为起运/运抵国（地区）。无实际进出境的，起运国（地区）或运抵国（地区）应为"中国"（代码142）。无实际进出境货物的情形如下：①运输方式代码为"0"、"1"、"7"、"8"、"W"、"x"、"Y"、"Z"、"H"时；②贸易（监管）方式代码后两位为42—46、54—58时；③保税物流中心（A、B型）、保税区、出口加工区、保税物流园区、保税仓库、出口监管仓库等海关保税监管场所及特殊监管区域之间往来的货物（监管方式代码为1200）。

十六 装货港/指运港

（一）含义

装货港也称装运港，是指货物起始装运的港口。报关单上的"装货港"栏是专指进口货物在运抵我国关境前的最后一个境外装运港。指运港亦称目的港，指最终卸货的港口。报关单上的"指运港"栏专指出口货物运往境外的最终目的港。

（二）填报要求

本栏目应根据实际情况按海关规定的《港口航线代码表》选择填报相应的港口中文名称及代码。装货港/指运港在《港口航线代码表》中无港口中文名称及代码的，可选择填报相应的国家中文名称或代码。无实际进出境的，本栏目填报"中国境内"（代码142）。

十七 境内目的地/境内货源地

（一）含义

境内目的地是指已知的进口货物在我国关境内的消费、使用地区或最终运抵的地点。境内货源地是指出口货物在我国关境内的生产地或原始发货地（包括供货地点）。

（二）填报要求

"境内目的地"栏和"境内货源地"栏应按《国内地区代码表》选择国内地区名称或代码填报，代码含义与经营单位代码前5位的定义相同。"境内目的地"应填报进口货物在境内的消费、使用地或最终运抵地。其中最终运抵地为最终使用单位所在的地区。最终使用单位难以确定的，填报货物进口时预知的最终收货单位所在地。"境内货源地"应填报出口货物的生产地或原始发货地。出口货物产地难以确定的，填报最早发运该出口货物的单位所在地。

十八 批准文号

进出口货物报关单本栏目免予填报。

十九 成交方式

（一）含义

成交方式指国际贸易中的贸易术语，也称价格术语，我国习惯称为价格条件。可以理解为买卖双方就成交的商品在价格构成、责任、费用和风险的分担，以及货物所有权转移界线的约定。成交方式包括两个方面的内容：一方面表示交货的条件；另一方面表示成交价格的构成因素。

（二）填报要求

本栏目应根据进出口货物实际成交价格条款，按海关规定的《成交方式代码表》选择填报相应的成交方式代码。无实际进出境的报关单，进口填报CIF，出口填报FOB。采用集中申报的归并后的报关单，进口成交方式必须为CIF或其代码，出口的成交方式必须为FOB或其代码。

二十 运费

（一）含义

报关单中的运费是指成交价格中不包含运费的进口货物或成交价格中含有运费的出口货物，应填报该份报关单所含全部货物的国际运输费用。

（二）填报要求

本栏目可按运费单价、总价或运费率三种方式之一填报，同时注明运费标记，并按海关规定的《货币代码表》选择填报相应的币种代码。运保费合并计算的，运保费填报在本栏目。填写方式如表 8-4 所示。

表 8-4　　　　　　　　　　运费填写案例

运费标记	填写案例
"1" 表示运费率	4% 的运费率填报为 "4/1"
"2" 表示每吨货物的运费单价	30 美元的运费单价填报为 502/30/2；
"3" 表示运费总价	5000 美元的运费总价填报为 502/5000/3

二十一 保险费

（一）含义

报关单中的保费用于成交价格中不包含保险费的进口货物或成交价格中含有保险费的出口货物，应填报该份报关单所含全部货物国际运输的保险费用。

（二）填报要求

本栏目可按保险费总价或保险费率两种方式之一填报，同时注明保险费标记，并按海关规定的《货币代码表》选择填报相应的币种代码。

运保费合并计算的，运保费填报在运费栏目中。填写方式如表 8-5 所示。

表 8-5　　　　　　　　　　保险费填写案例

保险费标记	填写案例
"1" 表示保险费率	3‰ 的保险费率填报为 0.3
"3" 表示保险费总价	10000 港元保险费总价填报为 110/10000/3

二十二 杂费

(一) 含义

报关单中的杂费指成交价格以外的、应计入完税价格或应从完税价格中扣除的费用,如手续费、佣金、回扣等。

(二) 填报要求

本栏目可按杂费总价或杂费率两种方式之一填报,同时注明杂费标记,并按海关规定的《货币代码表》选择填报相应的币种代码。

应计入完税价格的杂费填报为正值或正率,应从完税价格中扣除的杂费填报为负值或负率。填报方式如表 8-6 所示。

表 8-6　　　　　　　　　　杂费填写案例

杂费标记	填写案例
"1"表示杂费率	应计入完税价格的 1.5% 的杂费率填报为 1.5/1 应从完税价格中扣除的 1% 的回扣率填报为—1/1
"3"表示杂费总价	应计入完税价格的 500 英镑杂费总价填报为 303/500/3

二十三 合同协议号

(一) 含义

在进出口贸易中,买卖双方或数方当事人根据国际贸易惯例或国家的法律、法规,自愿按照一定的条件买卖某种商品所签署的合同协议的编号。

(二) 填报要求

本栏目填报进出口货物合同(包括协议或订单)编号。

二十四 件数

(一) 含义

件数是指有外包装的单件进出口货物的实际件数,货物可以单独计数的一个包装称为一件。

（二）填报要求

本栏目填报有外包装的进出口货物的实际件数。特殊情况填报要求如下：舱单件数为集装箱的，填报集装箱个数。舱单件数为托盘的，填报托盘数。如："2PALLETS 100 CTNS"，件数应填报为2。本栏目不得填报为0，裸装货物填报为"1"。

二十五　包装种类

（一）含义

包括种类是指运输过程中货物外表所呈现的状态，也就是货物运输外包装的种类。

（二）填报要求

本栏目应根据进出口货物的实际外包装种类，按海关规定的《包装种类代码表》选择填报相应的包装种类代码。①裸装（Nude）：主要是指一些自然成件能抵抗外在影响，不必要用包装的货物。这些货物在存储和运输过程中可以保持原有状态，如圆钢、钢板、木材等。包装种类栏目填写"裸装"。②散装（Bulk）：主要是指一些大宗的、廉价的，成粉、粒、块状的货物，以及不必要包装、不值得包装的疏散地装载在运输工具内的货物，如煤炭、矿砂、粮食、石油等。包装种类栏目填写"散装"。③件货：指有包装（装入各种材料制成的容器内）或无包装的成件货物（包括捆扎成件的货物）的统称。件货进出口时应填报件货的运输包装的种类及其制作材料。件货又分单件运输包装和集合运输包装。单件运输包装的有箱（cases）、桶（drums，casks）、袋（bags）、包（bales）、捆（bundles）。填报时应说明出包装物的材料，如木箱（wooden cases）、纸箱（cartons）、木桶（wooden casks）、铁桶（iron drums）、塑料桶（plastic casks）、麻袋（gunny bags）、纸袋（paper bags）、塑料袋（plastic bags）、卷（rolls）等。集合运输包装的有集装袋、集装包（flexible container）、托盘（pallet）、集装箱（container）。

二十六　毛重

（一）含义

毛重是指商品重量加上商品的外包装物料的重量。

(二) 填报要求

本栏目填报进出口货物及其包装材料的重量之和，计量单位为千克，不足一千克的填报为"1"。如单证中是"GROSSWEIGHT1.8MT"，则此栏应填"1800"；如单证中是"GROSSWEIGHT98.4KG"，则应填"99"；如单证中是"GROSSWEIGHT0.3KG"，则应填"1"。本栏目不得为空。同时注意本栏目必须与发票、合同、提单、装箱单中相同栏目所显示的重量一致，达到单单一致。

二十七 净重

(一) 含义

净重是商品本身的实际重量，及货物的毛重扣除外包装材料后的重量。某些商品的净重还包括直接接触商品的销售包装物料的重量。

(二) 填报要求

本栏目填报进出口货物的毛重减去外包装材料后的重量，即货物本身的实际重量，计量单位为千克，不足1千克的填报为"1"。

二十八 集装箱号

(一) 含义

集装箱又称货柜，是船舶、公路运输时经常使用的用于装载货物的柜子。集装箱号（Container No.）：集装箱两侧标示着全球唯一的编号，通常前4位是字母，后跟一串数字。其组成规则是：箱主代号（3位字母）+设备识别号"U"+顺序号（6位数字）+校验码（1位数字）。例如，EASU9608490。集装箱规格（SIZE）：分为20英尺（20'，以外部的长计）、40英尺（40'，以外部的长计）、45英尺、48英尺、53英尺。自重（Tare weight）：集装箱本身的重量，以千克计。20'集装箱自重一般在2 000千克以上，40'集装箱自重一般在4000千克以上。

(二) 填报要求

本栏目填报装载进出口货物（包括拼箱货物）集装箱的箱体信息。该栏目应该填写"集装箱号"+"/"+"规格"+"/"+"自重"，多个集装箱的，第一个集装箱号等信息填报在"集装箱号"栏，其他依次按相同的格式填在"标记唛码及备注"栏中。例如，一个20尺的集装箱，箱号为"TEXU3605232"，自重是2275千克，则集装箱号栏填报格式如下"TEXU3605232/20/2275"。非集装箱货物填报为"0"。

二十九 随附单据

(一) 含义

随附单据指随进（出）口货物报关单一并向海关递交的单证或文件，但不包括合同、发票、装箱单、提单和报关单中"许可证号"栏目包含的许可证。所以，本栏目的填写只涉及《监管证件名称代码表》中许可证以外的监管证件。

(二) 填报要求

本栏目分为随附单证代码和随附单证编号两栏，其中代码栏应按海关规定的《监管证件代码表》选择填报相应证件代码；编号栏应填报证件编号。填报格式为"监管证件代码"＋"："＋"监管证件编号"。①合同、发票、装箱单、提单、许可证等必备的随附单证不在本栏目填报。②只填报监管证件代码表中的除去"进口许可证"、"出口许可证"的监管证件代码及编号。③本栏目只填写一个监管证件的信息，若所申报的货物涉及多个监管证件的，其余的监管证件代码和编号填写在"标记唛码及备注"栏中。至于哪个证件填在随附单据栏，哪些填在"标记唛码及备注"栏没有限制。

优惠贸易协定项下进出口货物原产地证书的填写（不填写原产地证书的编号），具体如下："Y"为原产地证书代码。优惠贸易协定代码选择"01"、"02"、"03"、"04"、"05"、"06"、"07"、"08"、"09"填报。其中，"01"为"亚太贸易协定"项下的进口货物；"02"为"中国—东盟自贸区"项下的进口货物；"03"为"内地与香港紧密经贸关系安排"（香港CEPA）项下的进口货物；"04"为"内地与澳门紧密经贸关系安排"（澳门CEPA）项下的进口货物；"05"为"对非洲特惠待遇"项下的进口货物；"06"为"台湾农产品零关税措施"项下的进口货物；"07"为"中巴自贸区"项下的进口货物；"08"为"中智自贸区"项下的进口货物；"09"为"对也门等国特惠待遇"项下的进口货物。

三十 用途/生产厂家

(一) 含义

进口货物报关单中的"用途"是指进口货物在境内实际应用范围。

出口货物报关单中的"生产厂家"是指出口货物的中国境内生产企业的名称,该栏仅供必要时填报。

(二) 填报要求

进口货物本栏目填报用途,应根据进口货物的实际用途按海关规定的《用途代码表》选择填报相应的用途代码。出口货物本栏目填报其境内生产企业。

三十一 标记唛码及备注

(一) 含义

本栏目实际包含两部分内容,一是标记唛码;二是备注。

标记唛码(Shipping Marks)就是指运输的标志,是为方便收货人查找,便于在装卸、运输、储运过程中识别而设。一般来说,在标记唛码中会列出如下信息:收货人的代号(标识)、合同号、目的地、原产国(地区)、中转信息、件数号码等。

备注指报关单其他栏目不能填写完全以及需要额外说明的内容,或其他需要备注、说明的事项。

(二) 填报要求

1. 标记标记唛码填报要求如下:

标记唛码中除图形以外的文字、数字。

2. 备注填报内容及要求如下:①报关单栏目"经营单位"填报需要备注说明的内容:受外商投资企业委托代理其在投资总额内进口投资设备、物品的外贸企业名称填写在本栏。应填写"委托××公司进口"。②关联备案号在此栏填写。关联备案号是指和本报关单申报的货物有关系和联系的其他的报关单上填写的备案号,按海关管理的要求要体现在本报关单上。③关联报关单号在此栏填写。关联报关单号是指与本报关单有关联关系的,同时在海关业务管理规范方面又要求填报的报关单号。④集装箱号:一票货物有多个集装箱需要填报的,在本栏目填写其余集装箱的信息。填写的格式与集装箱号栏相同,即"集装箱号/规格/自重"。(应按单证中的所给集装箱顺序填写)⑤随附单据栏:一个以上监管证件的,本栏目填写其余的监管证件的代码及编号。具体填报要求为:"监管证件代码"+":"+"监管证件号码"。监管证件是优惠贸易协定下的原产地证书的,按联网与不联网的原产地证书的填报格式填写。⑥其他申报时必须说明的事项。

第三节　进出口货物报关单表体主要栏目的填报

进出口货物报关单表体部分包括11个栏目。

一　项号

(一) 含义

项号是指申报货物在报关单中的商品排列序号及该项商品在加工贸易手册、征免税证明等备案单证中的顺序编号。

一张纸质报关单最多可打印5项商品,可另外附带3张纸质报关单,合计一份纸质报关单(即一个报关单编号)最多可打印20项商品,一张电子报关单(对应一份纸质报关单,由预录入公司或与海关有电子联网的公司录入)表体共有20栏,一项商品占据表体的一栏,超过20项商品时必须填报另一份纸质报关单。

填制报关单需注意的是,对于商品编号不同的、商品名称不同的、原产国(地区)/最终目的国(地区)不同的、征免不同的,都应各自占据表体的一栏。

(二) 填报要求

每项商品的"项号"栏分两行填报:①第一行填报货物在报关单中的商品排列序号。②第二行专用于加工贸易、减免税和实行原产地证书联网管理等已备案的审批货物,填报该项货物在加工贸易手册中的项号、征免税证明或对应的原产地证书上的商品项号。

加工贸易合同项下进出口货物,必须填报与加工贸易手册一致的商品项号,所填报项号用于核销对应项号下的料件或成品数量。如一张加工贸易料件进口报关单上某项商品的项号是上"01"、下"10",说明这是此报关单申报商品的第1项,且对应加工贸易手册备案料件第10项。

二 商品编号

(一)含义

商品编号是指在《商品名称及编码协调制度的国际公约》的基础上,按商品归类规则确定的进出口货物的海关监管商品代码。

(二)填报要求

本栏目应填报由《中华人民共和国进出口税则》确定的进出口货物的税则号列和《中华人民共和国海关统计商品目录》确定的商品编码,以及符合海关监管要求的附加编号组成的10位商品编号。

三 商品名称、规格型号

(一)含义

商品名称:所申报的进出口商品的规范的中文名称。规格型号:反映商品性能、品质和规格的一系列指标,如品牌、等级、成分、含量、纯度、大小等。商品名称和规格型号要规范准确详尽,这样才能够保证归类准确、统计清晰,便于监管。

(二)填报要求

本栏目分两行填报。第一行填报进(出)口货物规范的中文商品名称,必要时可加注原文。第二行填报规格型号,一般都使用发票、提单或装箱单中规格型号的原文。

举例如表8-7所示。

表8-7　　　　　商品名称、规格型号填写案例

项号	商品名称、规格型号	填写解释
01	女士短衫	第一行,规范的中文名称+原文
03	55% ACRYLIC 45% COTTON	第二行,规格型号

具体填报要求如下:①商品名称及规格型号应据实填报,并与进出口货物收发货人或受委托的报关企业所提交的合同、发票等相关单证相符。

②商品名称应当规范，规格型号应当足够详细，以能满足海关归类、审价及许可证件管理要求为准，可参照《中华人民共和国海关进出口商品规范申报目录》中对商品名称、规格型号的要求进行填报。③加工贸易等已备案的货物，填报的内容必须与备案登记中同项号下货物的商品名称一致。

四 数量及单位

（一）含义

报关单上的"数量及单位"指进出口商品的实际数量和计量单位。

（二）填报要求

本栏目分三行填报及打印。第一行，应按进出口货物的法定第一计量单位填报数量及单位，法定计量单位以《中华人民共和国海关统计商品目录》中的计量单位为准。第二行，凡列明有法定第二计量单位的，应在第二行按照法定第二计量单位填报数量及单位。无法定第二计量单位的，本栏目第二行为空。第三行，成交计量单位及数量

举例如表8-8。

表8-8　　　　　　　　数量及单位填写案例

项号	商品名称、规格型号	数量及单位	填写解释
01	女士短衫	6000 件	第一法定计量单位及数量
03	55% ACRYLIC 45% COTTON		第二法定计量单位及数量
		500 打	成交计量单位及数量

具体填报要求：

（1）法定计量单位为"千克"的数量填报，特殊情况下填报要求如下：①装入可重复使用的包装容器的货物，应按货物扣除包装容器后的重量填报，如罐装同位素、罐装氧气及类似品等。②使用不可分割包装材料和包装容器的货物，按货物的净重填报（即包括内层直接包装的净重重量），如采用供零售包装的罐头、化妆品、药品及类似品等。③按照商业惯例以公量重计价的商品，应按公量重填报，如未脱脂羊毛、羊毛条等。④采用以毛重作为净重计价的货物，可按毛重填报，如粮食、饲料等大宗

散装货物。⑤采用零售包装的酒类、饮料，按照液体部分的重量填报。

（2）成套设备、减免税货物如需分批进口，货物实际进口时，应按照实际报验状态确定数量。

（3）根据《商品名称及编码协调制度》归类规则，零部件按整机或成品归类的进出口商品，其对应《中华人民共和国海关统计商品目录》中的法定计量单位为非重量的，应按报验状态申报法定数量。[①]

（4）具有完整品或制成品基本特征的不完整品、未制成品，根据《商品名称及编码协调制度》归类规则应按完整品归类的，按照构成完整品的实际数量填报。

（5）加工贸易等已备案的货物，成交计量单位必须与《加工贸易手册》中同项号下货物的计量单位一致，加工贸易边角料和副产品内销、边角料复出口，本栏目填报其报验状态的计量单位。优惠贸易协定项下进出口商品的成交计量单位必须与原产地证书上对应商品的计量单位一致。

（6）法定计量单位为立方米的气体货物，应折算成标准状况（即摄氏0度及1个标准大气压）下的体积进行填报。

五　原产国（地区）/最终目的国（地区）

（一）含义

原产国（地区）指进口货物的生产、开采或加工制造国家（地区）。

最终目的国（地区）指已知的出口货物的最终实际消费、使用或进一步加工制造国家（地区）。

（二）填报要求

本栏目应按海关规定的《国别（地区）代码表》选择填报相应的国家（地区）名称或代码。

（1）原产国（地区）应依据《中华人民共和国进出口货物原产地条例》、《中华人民共和国海关关于执行〈非优惠原产地规则中实质性改变标准〉的规定》以及海关总署关于各项优惠贸易协定原产地管理规章规定的原产地确定标准填报。同一批进口货物的原产地不同的，应分别填报

---

① 海关总署公告2014年第15号《关于中华人民共和国海关进出口报关单填制规范的公告》，2014年2月10日生效。

原产国（地区）。进口货物原产国（地区）无法确定的，填报"国别不详"（代码701）。

（2）最终目的国（地区）填报已知的出口货物的最终实际消费、使用或进一步加工制造国家（地区）。不经过第三国（地区）转运的直接运输货物，以运抵国（地区）为最终目的国（地区）；经过第三国（地区）转运的货物，以最后运往国（地区）为最终目的国（地区）。同一批出口货物的最终目的国（地区）不同的，应分别填报最终目的国（地区）。出口货物不能确定最终目的国（地区）时，以尽可能预知的最后运往国（地区）为最终目的国（地区）。

（3）加工贸易报关单特殊情况下填报要求如下：①料件结转货物，出口报关单填报"中国"（代码"142"），进口报关单填报原料件生产国；②深加工结转货物，进出口报关单均填报"中国"（代码"142"）；③料件复运出境货物，填报实际最终目的国；加工出口成品因故退运境内的，填报"中国"（代码"142"），复运出境时填报实际最终目的国。

六 单价、总价、币制

（一）含义

单价是指进出口货物实际成交的商品单位价格的金额部分。总价是指进出口货物实际成交的商品总价的金额部分。币值是指进出口货物实际成交价格的计价货币的名称。

（二）填报要求

单价填报同一项号下进出口货物实际成交的商品单位价格。无实际成交价格的，本栏目填报单位货值。总价填报同一项号下进出口货物实际成交的商品总价格。无实际成交价格的，本栏目填报货值。币值应按海关规定的《货币代码表》选择相应的货币名称及代码填报，如《货币代码表》中无实际成交币种，需将实际成交货币按申报日外汇折算率折算成《货币代码表》列明的货币填报。

七 征免

（一）含义

征免是指海关依照《海关法》、《关税条例》及其他法律、行政法规，对进出口货物进行征税、减免、免税或特案处理的实际操作方式。

（二）填报要求

本栏目应按照海关核发的《征免税证明》或有关政策规定，对报关单所列每项商品选择海关规定的《征减免税方式代码表》中相应的征减免税方式填报。同一份报关单上可以填报不同的征减免税方式。加工贸易货物报关单应根据《加工贸易手册》中备案的征免规定填报；《加工贸易手册》中备案的征免规定为"保金"或"保函"的，应填报"全免"。

八 税费征收情况

本栏目供海关批注进（出）口货物税费征收及减免情况。

九 录入员及录入单位

录入员用于记录预录入操作人员的姓名。录入单位用于记录预录入单位名称。

十 申报单位

本栏目填报申报单位填制报关单的日期。本栏目为8位数字，顺序为年（4位）、月（2位）、日（2位）。

十一 海关审单批注放行日期（签章）

本栏目供海关作业时签注。

式样表 8-1

中华人民共和国海关出口货物报关单

预录入编号： 　　　　　　　　　　　　海关编号：

出口口岸		备案号		出口日期	申报日期	
经营单位		运输方式		运输工具名称	提运单号	
发货单位		贸易方式		征免性质	结汇方式	
许可证号		运抵国（地区）		指运港	境内货源地	
批准文号		成交方式		运费	保费	杂费
合同协议号		件数		包装种类	毛重（公斤）	净重（公斤）
集装箱号		随附单据			生产厂家	
标记号码及备注						

项号 商品编号 商品名称、规格 型号 数量及单位 最终目的地（地区）单价 总价 币制 征免

税费征收情况			
录入员录入单位	兹声明以上申报无讹并承担法律责任	海关审单批注及放行日期（签章）	
报关员		审单审价	
单位地址	申报单位（签章）	征税统计	
邮编电话	填制日期	查验放行	

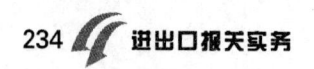

中华人民共和国海关进口货物报关单

预录入编号：　　　　　　　　　　　　海关编号：

进口口岸		备案号		进口日期		申报日期	
经营单位		运输方式		运输工具名称		提运单号	
发货单位		贸易方式		征免性质		征税比例	
许可证号		起运国（地区）		装货港		境内目的地	
批准文号		成交方式	运费		保费	杂费	
合同协议号		件数	包装种类		毛重（千克）	净重（千克）	
集装箱号		随附单据				用途	
标记唛码及备注							

项号　商品编号　商品名称、规格　型号　数量及单位　最终目的地（地区）　单价　总价　币制　征免

_____

_____

_____

_____

税费征收情况		
录入员录入单位	兹声明以上申报无讹并承担法律责任	海关审单批注及放行日期（签章）
报关员		审单审价
单位地址	申报单位（签章）	征税统计
邮编电话	填制日期	查验放行

本章小节

　　进出口货物报关单是指进出口货物的收发货人或其代理人，按照海关规定的格式对进出口货物的实际情况做出的书面申明，以此要求海关对其货物按适用的海关制度办理报关手续的法律文书。按货物的进出口状态、表现形式、贸易性质和海关监管方式的不同，进出口货物报关单可分为多种类型。纸质进口货物报关单一式四联，分别是：海关作业联、企业留存联、海关核销联、进口付汇证明联；纸质出口货物报关单一式五联，分别是：海关作业联、企业留存联、海关核销联、出口收汇证明联、出口退税证明联。

　　为促使报关效率的提高和报关自动化，需要掌握 14 种常用代码。同时，熟悉报关单 31 个表头项目和 11 个表体内容的填制方法。

练习题

一、案例题

　　资料 1：番禺对外经济贸易集团有限公司进口加工贸易合同项下白板纸材料一批，该货物于 2010 年 9 月 24 日运抵深圳皇岗海关（关区代码 5301），同一天装载该货物的运输工具报关；该批货物于 9 月 25 日转关，由该公司向广州番禺海关（关区代码 5160）报关。进料加工手册号：C51639300245（该商品列手册第 8 项）。经营单位与收货单位相同（经营单位编码：4401928006），商品编码：4805.8000，法定计量单位：千克，集装箱自重 4800 千克。

　　资料 2：商业发票中的相关信息如下：

　　　Contract No：QHDI102—18HH028

　　　From：HONGKONG　TO：PANYU

　　　收货单位：番禺对外经济贸易集团有限公司（广州番禺）

　　　发货人：丰田物流（香港）有限公司

名称 DESCRIPTION	数量 QUANTITY	单价 UNIT PRICE	金额 AMOUNT
白板纸 350 克 31cm×43cm（三山牌）	19850 千克	USD 0.37	CIF 番禺 USD7344.50

资料3：汽车载货清单的资料如下：

载货清单的号为：1000011781083

贸易性质：进料加工

原产国别（地区）：印尼

进境地/指运地：皇岗—番禺海关

车辆牌号：境内：02168689   境外：HK48669

资料4：装箱单的相关资料如下：

名称 DESCRIPTION	件数 PACKAGES	净重 NET WEIGHT	毛重 GROSS WEIGHT
白板纸 350 克 31cm×43cm（三山牌） CONTAINERS No： HNNK02825091	30 托盘 1CONTAINERS（40'）	19850 千克	20750 千克

中华人民共和国海关进口货物报关单

预录入编号：　　　　　　　　　　海关编号：

进口口岸	备案号	进口日期	申报日期
经营单位	运输方式	运输工具名称	提运单号
收货单位	贸易方式	征免性质	征税比例
许可证号	起运国（地区）	装货港	境内目的地
批准文号	成交方式	运费	保费	杂费
合同协议号	件数	包装种类	毛重（公斤）	净重（公斤）
集装箱号	随附单据		用途

标记唛码及备注

项号　商品编号　商品名称、规格　型号　数量及单位　原产国（地区）　单价　总价　币制　征免

课后题答案

第一章 报关与报关单位概述

一、单选题

1. A　2. A

二、多选题

1. ABCD　2. ABCDE

三、判断题

1. ×　2. √　3. ×

第二章 通关与海关管理

一、单选题

1. D　2. B

二、多选题

1. ABCD　2. AB　3. ABD　4. ABCDE

三、判断题

1. √　2. ×　3. ×

第三章 对外贸易管制概述

一、单选题

1. C　2. B　3. B　4. D

二、多选题

1. ABC　2. ABC

三、判断题

1. √　2. √

第四章　海关监管货物及一般进出口货物报关程序

一、单选题

1. A

二、多选题

1. ABD　2. ABCDE

三、判断题

1. √　2. ×　3. ×　4. √　5. √

四、讨论题目

答案：略

第五章　保税加工与保税物流货物的报关管理

一、单选题

1. D　2. A　3. C　4. B　5. D

二、多选题

1. ABD　2. ABCD　3. BCD　4. ABD

三、判断题

1. ×　2. ×　3. √

第六章　暂时进出境货物报关程序

一、单选题

1. A

二、多选题

1. CD　2. ABC

三、判断题

1. √　2. √　3. √　4. ×　5. √

四、本章实训

答：作为 C 公司的报关人员须进行的工作任务为：（1）办理上海展出手续；（2）办理杭州展出手续；（3）办理展品闭馆出境前的仓储手续；（4）办理留购与赠送手续；（5）办理销案手续

第七章　商品归类

一、单选题

1. C　2. A

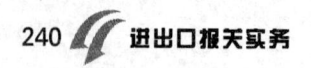

二、多选题

1. AD

第八章 进出口货物报关单的填制

一、案例题

中华人民共和国海关进口货物报关单

预录入编号： 　　　　　　　　　　　海关编号：

进口口岸 深圳皇岗海关 5301	备案号 C51639300245	进口日期 2010.9.24	申报日期 2010.9.25	
经营单位 番禺对外经济贸易集团有限公司（4401928006）	运输方式 汽车运输	运输工具名称 @1000011781083	提运单号	
收货单位 4401928006	贸易方式 进料加工	征免性质 进料加工	征税比例	
许可证号	起运国（地区） HONGKONG	装货港 HONGKONG	境内目的地 PANYU	
批准文号	成交方式 CIF	运费	保费	杂费
合同协议号 QHDI102—18HH028	件数 30	包装种类 托盘	毛重（公斤） 20750	净重（公斤） 19850
集装箱号 HNNK02825091/ 40/4800	随附单据		用途	
标记唛码及备注				

项号	商品编号	商品名称、规格、型号	数量及单位	原产国（地区）	单价	总价	币制	征免
08	014805.8000	白板纸（三山牌）19850 31cm×43cm	印尼 0.37		7334.5	USD	全免	

参考文献

主要著作

[1] 报关水平测试教材编写委员会：《报关水平测试教材：进出口商品编码查询手册》，中国海关出版社2014年版。

[2] 海关总署报关员资格考试教材编写委员会：《报关员资格全国统一考试教材（2013年版）》，中国海关出版社2013年版。

[3] 潘维琴、王艳娜：《进出口报关实务》，对外经贸大学出版社2014年版。

[4] 王艳娜：《进出口报关实务练习册》，对外经贸大学出版社2014年版。

[5] 倪淑如：《进出口商品归类实务精讲》，中国海关出版社2014年版。

[6] 张援越、席坤伦、毛小小：《进出口商品归类实务》，中国海关出版社2014年版。

[7] 吕玉花、翟士军、马松林：《货物进出口报关实务》，上海财经大学出版社2014年版。

[8] 孙康：《进出口商品归类基础》，中国人民大学出版社2013年版。

[9] 欧仙群：《国际货运商品进出口报检报关管理》，机械工业出版社2013年版。

[10] 孙丽萍：《进出口报关实务》，中国商务出版社2013年版。

[11] 林青：《进出口商品归类实务2012年修订版实用型报关与国际货运专业教材》，中国海关出版社2013年版。

[12] 严德成、龚江洪、程斌：《进出口报关实务》，清华大学出版社2012年版。

[13] 罗兴武：《进出口报关实务》，中国人民大学出版社2012年版。

[14] 邢娟、陈鼎：《进出口报关综合实训》，立信会计出版社2012年版。

[15] 贺翔：《进出口报关实务》，中国人民大学出版社2012年版。

[16] 顾永才、王斌义：《报检与报关实务（第二版）》，首都经济贸易大学出版社2012年版。

[17] 张炳达：《进出口货物报关实务》，立信会计出版社2012年版。

[18] 杨鹏强：《报关实务（第三版）》，中国海关出版社2011年版。

[19] 杨建国：《进出口报关》，浙江大学出版社2011年版。

[20] 刘庆珠、张淑欣、李卫：《进出口操作实务》，中国海关出版社2011年版。

[21] 孙丽萍：《进出口报关实务》，中国商务出版社2011年版。

[22] 何景师：《报关实务》，北京师范大学出版社2011年版。

[23] 张兵：《进出口报关实务》，清华大学出版社2010年版。

[24] 曲如晓：《报关实务》，机械工业出版社2010年版。

[25] 顾晓滨：《进出口报关业务基础与实务》，复旦大学出版社2010年版。

[26] 张援越、王永红、肖謏：《报关原理与实务（第3版）》，天津大学出版社2010年版。

[27] 王洪亮、杨海芳：《海关报关实务》，清华大学出版社2008年版。

[28] 张雪梅、陈永芳、张宗英、陈虹、李凌：《报关实务》，对外经贸大学出版社2007年版。

[29] 武晋军、唐俏、陈春燕、于小云：《报关实务》，电子工业出版社2007年版。

[30] 叶全良、王世春：《国际商务与原产地规则》，人民出版社2005年版。

[31] 钱学锋、吴瑾、周芳文：《国际商务与原产地规则》，人民出版社2005年版。

主要法规文献

[1]《中华人民共和国对外贸易法》

[2] 中华人民共和国主席令第八号：《中华人民共和国海关法》

[3]《中华人民共和国固体废物污染环境防治法》

[4] 海关总署第225号令：《中华人民共和国海关企业信用管理暂行办法》

[5] 海关总署第221号令：《中华人民共和国海关报关单位注册登记管理规定》

[6] 海关总署第220号令：《中华人民共和国海关进出口货物报关单修改和撤销管理办法》

[7] 海关总署第219号令：《中华人民共和国海关加工贸易货物监管办法》

[8] 海关总署第218号令：《海关总署关于修改部分规章的决定》

[9] 海关总署第218号令附件：《中华人民共和国海关对进料加工保税集团管理办法》

[10] 海关总署第218号令附件：《中华人民共和国海关关于异地加工贸易的管理办法》

[11] 海关总署第218号令附件：《中华人民共和国海关关于转关货物监管办法》

[12] 海关总署第218号令附件：《中华人民共和国海关关于超期未报关进口货物、误卸或者溢卸的进口货物和放弃进口货物的处理办法》

[13] 海关总署第218号令附件：《中华人民共和国海关进出口货物申报管理规定》

[14] 海关总署第218号令附件：《中华人民共和国海关关于加工贸易边角料、剩余料件、残次品、副产品和受灾保税货物的管理办法》

[15] 海关总署第218号令附件：《中华人民共和国海关实施〈中华人民共和国行政许可法〉办法》

[16] 海关总署第218号令附件：《中华人民共和国海关进出口货物征税管理办法》

[17] 海关总署第218号令附件：《中华人民共和国海关征收进口货物滞

报金办法》

[18] 海关总署第218号令附件：《中华人民共和国海关行政处罚听证办法》

[19] 海关总署第218号令附件：《中华人民共和国海关加工贸易单耗管理办法》

[20] 海关总署第218号令附件：《中华人民共和国海关进出口货物商品归类管理规定》

[21] 海关总署第218号令附件：《中华人民共和国海关办理行政处罚案件程序规定》

[22] 海关总署第218号令附件：《中华人民共和国海关行政复议办法》

[23] 海关总署第218号令附件：《中华人民共和国海关进出口货物集中申报管理办法》

[24] 海关总署第217号令：《中华人民共和国海关进口货物直接退运管理办法》

[25] 海关总署第216号令：《海关总署关于废止部分规章的决定》

[26] 海关总署第215号令：《中华人民共和国海关政府信息公开办法》

[27] 海关总署第213号令：《中华人民共和国海关审定进出口货物完税价格办法》

[28] 海关总署第212号令：《海关总署关于修改〈中华人民共和国海关暂时进出境货物管理办法〉的决定》

[29] 海关总署第211号令：《中华人民共和国海关审定内销保税货物完税价格办法》

[30] 海关总署第210号令：《海关总署关于修改〈中华人民共和国海关最不发达国家特别优惠关税待遇进口货物原产地管理办法〉的决定》

[31] 海关总署第207号令：关于公布《海关总署关于修改〈中华人民共和国海关关于执行《内地与澳门关于建立更紧密经贸关系安排》项下《关于货物贸易原产地规则》的规定〉的决定》

[32] 海关总署第142号令：《海关总署关于修改〈中华人民共和国海关关于执行《内地与澳门关于建立更紧密经贸关系安排》项下《关于货物贸易原产地规则》的规定〉的决定》

[33] 海关总署第 206 号令：关于公布《海关总署关于修改〈中华人民共和国海关关于执行《内地与香港关于建立更紧密经贸关系安排》项下《关于货物贸易原产地规则》的规定〉的决定》

[34] 海关总署第 205 号令：《海关总署关于废止〈中华人民共和国海关特别优惠关税待遇进口货物原产地管理办法〉的决定》

[35] 海关总署第 204 号令：《中华人民共和国海关管道运输进口能源监管办法》

[36] 海关总署第 203 号令：《海关总署关于修改〈中华人民共和国海关《中华人民共和国政府和新加坡共和国政府自由贸易协定》项下进出口货物原产地管理办法〉的决定》

[37] 海关总署第 201 号令：《海关总署关于废止〈中华人民共和国海关对外商投资企业进出口货物监管和征免税办法〉的决定》

[38] 海关总署第 200 号令：《中华人民共和国海关〈海峡两岸经济合作框架协议〉项下进出口货物原产地管理办法》

[39] 海关总署第 199 号令：《中华人民共和国海关〈中华人民共和国与东南亚国家联盟全面经济合作框架协议〉项下进出口货物原产地管理办法》

[40] 海关总署第 198 号令：《海关总署关于修改部分规章的决定》

[41] 海关总署第 196 号令：《中华人民共和国海关进出境运输工具监管办法》

[42] 海关总署第 194 号令：《海关总署关于修改〈中华人民共和国海关对非居民长期旅客进出境自用物品监管办法〉的决定》

[43] 海关总署第 193 号令：《海关总署关于修改〈中华人民共和国海关对常驻机构进出境公用物品监管办法〉的决定》

[44] 海关总署第 191 号令：《海关总署关于修改〈中华人民共和国海关保税港区管理暂行办法〉的决定》

[45] 海关总署第 190 号令：《海关总署关于修改〈中华人民共和国海关对保税物流园区的管理办法〉的决定》

[46] 海关总署第 189 号令：《海关总署关于修改〈中华人民共和国海关珠澳跨境工业区珠海园区管理办法〉的决定》

[47] 海关总署第 188 号令：《中华人民共和国海关办理行政处罚简单案

件程序规定》

[48] 海关总署第 186 号令：《中华人民共和国海关〈中华人民共和国政府和秘鲁共和国政府自由贸易协定〉项下进出口货物原产地管理办法》

[49] 海关总署第 184 号令：《中华人民共和国海关税收保全和强制措施暂行办法》

[50] 海关总署第 183 号令：《中华人民共和国海关关于〈中华人民共和国知识产权海关保护条例〉的实施办法》

[51] 国务院令第 572 号：《国务院关于修改〈中华人民共和国知识产权海关保护条例〉的决定》

[52] 海关总署第 182 号令：《中华人民共和国海关计核违反海关监管规定案件货物、物品价值办法》

[53] 海关总署第 181 号令：《中华人民共和国海关进出口货物优惠原产地管理规定》

[54] 海关总署第 180 号令：《中华人民共和国海关立法工作管理规定》

[55] 海关总署第 179 号令：《中华人民共和国海关进出口货物减免税管理办法》

[56] 海关总署第 177 号令：《中华人民共和国海关〈亚太贸易协定〉项下进出口货物原产地管理办法》

[57] 海关总署第 176 号令：《中华人民共和国海关化验管理办法》

[58] 海关总署第 175 号令：《中华人民共和国海关〈中华人民共和国政府和新西兰政府自由贸易协定〉项下进出口货物原产地管理办法》

[59] 海关总署第 174 号令：《中华人民共和国海关对外国驻中国使馆和使馆人员进出境物品监管办法》

[60] 海关总署第 173 号令：《中华人民共和国海关保税核查办法》

[61] 海关总署第 172 号令：《中华人民共和国海关进出境运输工具舱单管理办法》

[62] 海关总署第 171 号令：《中华人民共和国海关监管场所管理办法》

[63] 海关总署第 167 号令：《海关总署关于废止部分海关规章的决定》

[64] 海关总署第 161 号令：《中华人民共和国海关进出境印刷品及音像制品监管办法》

[65] 海关总署第 160 号令：《中华人民共和国海关珠澳跨境工业区珠海园区管理办法》

[66] 海关总署公告 2013 年第 26 号：关于公布 2013 年《中华人民共和国海关进出口货物商品归类管理规定》决定（1）

[67] 海关总署公告 2014 年第 24 号（关于执行《中华人民共和国海关进口货物直接退运管理办法》有关问题的公告）

[68] 海关总署第 154 号令：《中华人民共和国海关对高层次留学人才回国和海外科技专家来华工作进出口物品管理办法》

[69] 海关总署第 153 号令：《中华人民共和国海关统计工作管理规定》

[70] 海关总署第 151 号令（《中华人民共和国海关〈中华人民共和国与智利共和国政府自由贸易协定〉项下进口货物原产地管理办法》）

[71] 海关总署第 150 号令：《中华人民共和国海关加工贸易企业联网监管办法》

[72] 海关总署公告 2007 年第 1 号：关于执行《中华人民共和国海关加工贸易企业联网监管办法》（署令第 150 号）有关问题

[73] 海关总署第 147 号令：《海关总署关于修改〈中华人民共和国海关对进出境快件监管办法〉的决定》

[74] 海关总署第 104 号令：《中华人民共和国海关对进出境快件监管办法》

[75] 海关总署第 144 号令：《中华人民共和国海关实施人身扣留规定》

[76] 海关总署第 140 号令：《中华人民共和国海关行业标准管理办法（试行）》

[77] 海关总署第 138 号令：《中华人民共和国海关进出口货物查验管理办法》

[78] 海关总署第 133 号令：《中华人民共和国海关对出口监管仓库及所存货物的管理办法》

[79] 海关总署第 132 号令：《中华人民共和国海关对免税商店及免税品监管办法》

[80] 海关总署令第 130 号：《中华人民共和国海关对保税物流中心（B型）的暂行管理办法》

[81] 商务部、海关总署联合公告 2014 年第 47 号：关于调整 2014 年自动

进口许可证管理货物目录

[82] 海关总署令第101号：《中华人民共和国海关行政赔偿办法》

[83] 国家外汇管理局公告2012年第1号：国家外汇管理局、海关总署、国家税务总局关于货物贸易外汇管理制度改革的公告

[84] 质检总局、海关总署联合公告2014年第62号：关于调整《出入境检验检疫机构实施检验检疫的进出境商品目录》的公告

[85] 海关总署公告2014年第33号：关于加工贸易货物销毁处置有关问题的公告

[86] 海关总署公告2014年第28号：关于扩大"属地申报、属地放行"适用范围的公告

[87] 海关总署公告2014年第26号：海关总署关于公布《中华人民共和国海关报关单位注册登记管理规定》所涉及法律文书和报表格式的公告

[88] 海关总署公告2014年第23号：关于执行《中华人民共和国海关进出口货物报关单修改和撤销管理办法》有关问题的公告

[89] 国家林业局、海关总署联合令第34号：《野生动植物进出口证书管理办法》

[90] 海关总署公告2014年第2号：关于公布、废止部分商品归类决定的公告

[91] 国家食品药品监督管理总局、海关总署联合公告2013年第54号：关于麻醉药品和精神药品海关商品编号的公告

[92] 商务部、海关总署联合公告2013年第98号：关于公布2014年自动进口许可管理货物目录的公告

[93] 商务部、海关总署、质检总局联合公告2013年第97号：关于公布2014年进口许可证管理货物目录的公告

[94] 商务部、海关总署联合公告2013年第95号：关于公布2014年两用物项和技术进出口许可证管理目录的公告

[95] 海关总署、国家外汇管理局联合公告2013年第52号：关于深化海关通关作业无纸化改革减少纸质单证流转完善贸易外汇服务和管理的通知

[96] 海关总署公告2013年第46号：关于《中华人民共和国禁止进出境

物品表》和《中华人民共和国限制进出境物品表》有关问题解释

[97] 海关总署公告 2013 年第 36 号：海关特殊监管区域和保税监管场所内销货物适用协定税率或者特惠税率的有关事宜

[98] 海关总署公告 2013 年第 30 号：关于修改进出口货物报关单填制规范

[99] 海关总署公告 2013 年第 19 号：关于深化通关作业无纸化改革试点工作有关事项

[100] 商务部、海关总署联合公告 2013 年第 2 号：关于运行自动进口许可证联网核查系统

[101] 中华人民共和国国务院令第 454 号：《中华人民共和国海关统计条例》

[102] 国务院令第 420 号：《中华人民共和国海关行政处罚实施条例》

[103] 中华人民共和国国务院令第 532 号：《中华人民共和国外汇管理条例》

[104] 《货物贸易外汇管理指引》

[105] 《货物贸易外汇管理指引实施细则》

[106] 《关于货物暂准进口的 ATA 单证册海关公约》

[107] 《货物暂准进口公约》

主要网站

[1] 中国海关（http：//www.customs.gov.cn/publish/portal0/）

[2] 各直属海关网站

[3] 国家外汇管理局（http：//www.safe.gov.cn/）

[4] 中华人民共和国中央人民政府网站（http：//www.gov.cn/）

[5] 国家质量监督检验检疫总局（http：//www.aqsiq.gov.cn/）

[6] 中华人民共和国商务部网站（http：//www.mofcom.gov.cn/）

[7] 中国法律法规信息系统（http：//law.npc.gov.cn/）